思想政治理论课教学案例
川大故事

SIXIANG ZHENGZHI LILUN KE JIAOXUE ANLI
CHUANDA GUSHI

黄丽珊　李辽宁◎主编

四川大学出版社
SICHUAN UNIVERSITY PRESS

项目策划：王　军　段悟吾　宋彦博
责任编辑：曹雪敏　李畅炜
责任校对：宋彦博
封面设计：墨创文化
责任印制：王　炜

图书在版编目（CIP）数据

思想政治理论课教学案例：川大故事 / 黄丽珊，李
辽宁主编 . — 成都：四川大学出版社，2021.10
　ISBN 978-7-5690-5078-3

　Ⅰ．①思… Ⅱ．①黄… ②李… Ⅲ．①高等学校－思
想政治教育－教案（教育）－中国 Ⅳ．① G641

中国版本图书馆 CIP 数据核字（2021）第 214406 号

书　名	思想政治理论课教学案例·川大故事
主　　编	黄丽珊 李辽宁
出　　版	四川大学出版社
地　　址	成都市一环路南一段 24 号（610065）
发　　行	四川大学出版社
书　　号	ISBN 978-7-5690-5078-3
印前制作	四川胜翔数码印务设计有限公司
印　　刷	郫县犀浦印刷厂
成品尺寸	170mm×240mm
印　　张	20.75
字　　数	362 千字
版　　次	2021 年 12 月第 1 版
印　　次	2021 年 12 月第 1 次印刷
定　　价	68.00 元

◆ 读者邮购本书，请与本社发行科联系。
　电话：(028)85408408/(028)85401670/
　(028)86408023　邮政编码：610065
◆ 本社图书如有印装质量问题，请寄回出版社调换。
◆ 网址：http://press.scu.edu.cn

四川大学出版社
微信公众号

总　序

　　思想政治理论课（以下简称思政课）是落实立德树人根本任务的关键课程，发挥着不可替代的作用。讲好思政课，"要放在世界百年未有之大变局、党和国家事业发展全局中来看待，要从坚持和发展中国特色社会主义、建设社会主义现代化强国、实现中华民族伟大复兴的高度来对待"[①]。习近平总书记强调，新时代思政课改革创新必须坚持"八个统一"，不断提高思想性、理论性和亲和力、针对性。"讲理论要接地气，要让马克思讲中国话，让大专家讲家常话，让基本原理变成生动道理，让根本方法变成管用办法，将总体上的'漫灌'和因人而异的'滴灌'结合起来。"[②] 思政课"会讲故事、讲好故事十分重要"[③]。

　　讲好故事，是落实"八个统一"的重要着力点。思政课讲好故事，融案例教学、情境教学、探究教学、问题链教学等教学方法于一体，在故事选择与教材内容衔接上可以做到政治性和学理性相统一，在故事价值导向与知识体系建构上可以做到价值性和知识性相统一，在故事问题链设计与思维训练上可以做到建设性和批判性相统一，在故事讲述与理论学习上可以做到理论性和实践性相统一，在故事叙事与多维解读上可以做到统一性和多样性相统一，在故事呈现与故事延展上可以做到主导性和主体性相统一，在故事升华与理论解析上可以做到灌输性和启发性相统一，在故事情境设置与互动参与上可以做到显性教育和隐性教育相统一。思政课中讲好故事，把思政小课堂同社会大课堂结合起来，能够打通理论与实践，打通历史与现实，打通感性与理性，打通教材与教

[①]　习近平：《思政课是落实立德树人根本任务的关键课程》，《求是》，2020 年第 17 期。
[②]　《习近平关于社会主义文化建设论述摘编》，中央文献出版社，2017 年，第 100 页。
[③]　习近平：《思政课是落实立德树人根本任务的关键课程》，《求是》，2020 年第 17 期。

学，打通教师与学生，使理论接地气，使基本原理变成生动道理，增强思政课的吸引力、感染力，提高抬头率、点头率，提高认同感、获得感，有效促进思政课动起来、活起来、实起来、强起来。

四川大学高度重视思政课讲好故事，学校党委2019年制定实施的《四川大学贯彻落实习近平总书记在学校思想政治理论课教师座谈会上重要讲话精神工作方案》（川大委〔2019〕29号）规定"讲好思想政治理论课中国故事、红色故事、川大故事、专业故事'四个故事'"，《四川大学"新时代思想政治理论课创优行动"工作方案》（川大委〔2019〕68号）明确要求"讲好'四个故事'，打造案例教材"。

结合思政课课程体系和教学内容，要突出讲好"四个故事"。要讲好中国故事，重点要讲好中华民族的故事、中国共产党的故事、中华人民共和国的故事、中国特色社会主义的故事、改革开放的故事，特别是要讲好新时代的故事，引导学生深刻理解中国共产党为什么能、马克思主义为什么行、中国特色社会主义为什么好，坚定"四个自信"。要讲好红色故事，重点要讲好中国共产党领导中国人民争取民族独立、人民解放和实现国家富强、人民幸福的故事，重点讲好中国共产党的故事、中国革命的故事、英雄和烈士的故事，帮助学生了解党史、国史、国情，深刻领会历史和人民选择马克思主义、选择中国共产党、选择社会主义道路、选择改革开放的必然性，让红色基因代代相传，确保红色江山永不变色。要讲好川大故事，重点要讲好四川大学在120多年办学历程中始终与国家和民族同呼吸共命运的故事，以及川大人胸怀天下、科技报国、教育强国、追求卓越的故事，帮助学生筑牢理想信念之基，培育和践行社会主义核心价值观，传承四川大学优良传统，弘扬四川大学精神，厚植大学生家国情怀，激发使命担当。要讲好专业故事，重点要讲好学生所学专业在建立和发展中的标志性故事、代表性人物故事以及本专业奉献国家服务人民的故事，激发学生学好思政课的兴趣，增强学生学习动力，促进思政课程与课程思政融合发展、同频共振，促进大学生积极成长为担当民族复兴大任的时代新人。

讲好"四个故事"，前提在于生动讲述。习近平总书记说，"大思政课"要善用之，"拿着一个文件在那儿宣读，没有生命、干巴巴的，谁都不爱听，我也不爱听"①。处于拔节孕穗期的大学生，好奇心和求知欲强，对思想政治理论的学习并不排斥，但对照本宣科、古板说教、一味灌输则会敬而远之。思政课要让大学生真心喜爱、终身受益，就要善于讲故事，精心设计故事讲述方式，采取情景模拟、角色扮演、设置悬念等方式，把故事讲得生动形象、跌宕起伏，能够吸引人、打动人、感染人，引起学生学习兴趣，点燃学生学习热情，激发学生求知欲望，增强思政课的亲和力和感染力。

讲好"四个故事"，关键在于以事说理。思政课的根本任务在于立德树人。讲故事仅仅是手段，学理论、悟思想、强思维、增德行、厚情怀、提素养才是目的。要善于以小见大、以事说理，把"身边事"变成"天下事"，把"小故事"凡化为"大道理"，引导学生思考故事蕴含的道理和原理，探求故事揭示的思想和理论，把生动的叙事话语转化为抽象的学术话语，让故事有内容更有内涵，让抽象的理论变得具象，让有深度的理论有温度，增强思政课的吸引力和说服力。

讲好"四个故事"，要领在于以理析事。毛泽东同志说："对于马克思主义的理论，要能够精通它、应用它，精通的目的全在于应用。"② 理论来自实践，理论正确与否需要接受实践检验并在实践中得到丰富发展，理论只有紧密联系实际，才能发挥对实践的指导作用。实践性是马克思主义理论区别于其他理论的显著特征。通过故事推导、演化出思想政治理论，实现从感性到理性，从特殊到一般，使枯燥的理论学习变得有情有义、有滋有味。而要掌握理论，还需要运用所学理论解释故事、说明故事、拓展故事，提升理论的立体感、画面感，增强思政课的解释力和感召力。

四川大学马克思主义学院将讲好"四个故事"作为新时代思政课改革创新的重要抓手，设立重点教改专项，组织院内精干力量，精选、精炼、精讲每一个故事，通过故事点评引介理论，通过问题连接故事与理论，用故事诠释、演绎理论，用理论解释、说明故事，并编写成案例教材（学生读本）。经过两年多的努力，"四个故事"系列成果终于陆续出版。同时，《中国智慧：故事中的新思想》则是贯彻落实习近平总书记强调的"特别是要讲好新时代的故事"的

---

① 霍小光等：《从人民中汲取磅礴力量——习近平总书记同出席 2020 年全国两会人大代表、政协委员共商国是纪实》，http://www.gov.cn/xinwen/2020—05/29/content_5515809.htm.

② 《毛泽东选集（第 3 卷）》，人民出版社，1991 年，第 813 页。

讲话精神而编写的教学参考指导用书。本系列成果既是四川大学马克思主义学院思政课改革创新的重要成果，也是实现思政课高质量发展的新的出发点。

思政课改革创新，我们永远在路上。

丛书编委会

2021 年 6 月

前　言

习近平总书记多次强调要"讲好中国故事",指出:"思政课就要讲好中华民族的故事、中国共产党的故事、中华人民共和国的故事、中国特色社会主义的故事、改革开放的故事,特别是要讲好新时代的故事。"① 四川大学马克思主义学院在推进新时代思政课改革创新中,提出要在思政课中讲好中国故事、红色故事、川大故事、专业故事"四个故事"。培养大学生的家国情怀是思政课的重要任务,爱国就要从爱校做起。为增强大学生对四川大学的认同感和自豪感,激发其爱国热情,增强文化自信,我们从百廿校史中发掘具有代表性的故事,用川大故事演绎思政课理论,用思政课理论阐释川大故事,形成新时代思政课的案例教材。

四川大学历来是"四川进步势力的大本营"和"传播革命种子的园地"。在四川大学 120 多年的历史上,涌现出无数为国家独立、民族解放和革命事业忘我奋斗、鞠躬尽瘁乃至流血牺牲的仁人志士。川大师生中,既有辛亥革命的先驱吴玉章、张澜、张培爵等,又有四川早期的马克思主义者王右木、恽代英、杨闇公,以及后来担任党和国家领导人的朱德、杨尚昆等;既有五四运动的先锋王光祈、周太玄等,又有为革命事业英勇献身的烈士江竹筠、马秀英等。在他们身上,充分体现了川大人追求光明、英勇斗争、不畏牺牲的革命精神和家国情怀,他们是川大红色校史的书写者、创造者。从他们的故事中,今天的川大学子能够感受到信仰的力量、人格的力量、榜样的力量。

一代代川大人以"仰副国家、造就通才"为使命。无论是建校初期的中西

---

① 习近平:《思政课是落实立德树人根本任务的关键课程》,《求是》,2020 年第 17 期。

融合，还是抗战时期的兼容并包，抑或新中国成立后的几次调整，川大始终坚守"培养高尚品格，教授高深学术，造就专门人才，适应社会需要"的办学理念，崇尚科学，追求新知，造就了一批批学术大师、治国栋梁、兴业精英，在各个领域服务国家和社会。他们有文学家郭沫若、巴金、艾芜、李劼人等；有国学大师谢无量、赵少咸、向楚、蒙文通、缪钺、徐中舒、姜亮夫、杨明照、卿希泰等；有科学家魏时珍、方文培、张铨、刘承钊、柯召、侯光炯、熊达成、徐僖、涂铭旌等；有救死扶伤的医学家陈志潜、宋儒耀、乐以成等；还有经济学家蒋学模，音乐家郎毓秀等。他们既是各专业领域的杰出代表，也是爱国敬业、无私奉献的典范，是川大校史上光彩夺目的明星。

自 1896 年 9 月 29 日四川总督鹿传霖创办"四川中西学堂"、开启四川近代高等教育序幕以来，百廿川大，历经数次分合，其中主要有：1902—1903 年尊经书院、锦江书院与四川中西学堂合并为四川通省大学堂（四川省城高等学堂）；1931 年国立成都大学、国立成都师范大学、公立四川大学合并为国立四川大学；1994 年和 2000 年四川大学、成都科技大学、华西医科大学组建新四川大学。无论如何变化，川大的办学理念一直顺应着时代的潮流，与时代的精神相契合。吴玉章校长的"崇尚学术、启用新派"，张澜校长的"学术自由、兼容并包"，毕启校长的"积极提倡实业教育"，任鸿隽校长的"国立化、现代化"，等等，最终汇聚成"海纳百川、有容乃大"的川大精神。四川大学校史文化的演变发展历程，就是中国近现代高等教育发展的缩影。从这部波澜壮阔的历史画卷中，新时代的大学生定能清晰地认识到我们所处的历史方位和时代赋予的责任。

本书从川大百廿校史众多人物中选择了比较有代表性的 42 位人物，讲述他们在革命斗争、科学研究和教书育人中的感人故事和杰出贡献。编写者们查阅了大量文献及档案材料，参考了不少相关的书籍和媒体文章，力求做到史实准确、材料丰富、故事生动。除了人物故事本身，编写者还作了简要的"案例点评"，并附有"教学建议"和"学习思考题"，供读者参考。本书既可用于思想政治理论课课堂教学的案例学习讨论，也可作为学生课后学习的材料，亦可作为一般读者了解川大校史和川大人物的通俗读物。

四川大学各级领导和相关部门对于我校思想政治理论课教学改革给予了极大的鼓励和支持，使得"四个故事"系列成果得以立项出版。本书也是在丛书编委会的指导和马克思主义学院领导的督促下完成的。我们期待这本《四川大学思想政治理论课教学案例·川大故事》能够助益思想政治理论课教学质量的提高，能够激励川大师生继承和弘扬川大精神，自觉投身建设世界一流大学的伟大事业中，培养担当民族复兴大任的时代新人。

编者

2021 年 5 月

目　录

第四编　经世致用、勇攀高峰的科学家

第一编

进步势力大本营中的时代先锋

王右木：传播马克思主义的先驱

王右木
图片来源：江油市党史办

王右木（1887—1924），原名王丕昌，又名王燧，四川省江油市武都镇人。1919 年入国立成都高等师范学校（四川大学前身）任学监兼教员，并投身五四运动，组织"马克思读书会"，创办《新四川旬刊》等，宣传马克思主义。1922—1923 年，他领导创建了中国社会主义青年团成都地方执行委员会和中共成都支部。1924 年在赴广州参加会议返川途经贵州土城时失踪。1952 年，中央人民政府追认王右木为革命烈士。

创办马克思读书会与四川党团组织

1907 年，20 岁的王右木考入四川通省师范学堂优级部学习。正值辛亥革命前夕，成都已是四川革命党人活动的中心，四川通省师范学堂也是他们活动的主要场所，师生思想十分活跃，革命气氛浓厚。王右木深受影响，他阅读了大量进步书刊，民主革命的思想得到启蒙。辛亥革命爆发后，王右木的大哥王初龄在江油县首倡共和，王右木深受鼓舞，"乃立志专攻数理，以提倡科学为己任，并经常团结有志之士，研讨国家政治，广为倡导，以发扬民主"①。但是，辛亥革命推翻了封建专制，却并没有改变中国贫穷落后的面貌。苦苦思索后，王右木决定前往日本考察。

1914年，王右木留学日本，这时他已经27岁。留日期间他结识了李大钊、李达等人，参加了留学生总会组织的反袁爱国活动。留学生中聚集了一批有志于马克思主义思想研究的爱好者，他们经常在一起研读马克思著作，深深为马克思主义所吸引和折服。他还见到了俄国革命诗人爱罗先珂，了解了十月革命的胜利并深受鼓舞。

1918年秋，王右木毕业后回国，他的大哥王初龄想让他补选省议员，却被他拒绝了。他说："我绝不能求自身荣达，去走升官发财之路。我到日本留学，是为了寻找救国救民的方法。现在我从日本回来，当然是准备去革命的。"②

1919年6月，王右木被聘为国立成都高等师范学校学监，并兼任经济学和日语教员。他在学校创办了马克思读书会，主要成员有袁诗荛、童庸生、廖恩波等。继而创办了《人声》报，以深入浅出的文字介绍马克思主义的基本原理，揭露抨击反动派和社会弊病，为四川的革命运动指明了方向。王右木还亲自向读书会会员讲授《资本论》《唯物史观》等，指导会员学习《共产党宣言》《阶级斗争》《〈政治经济学批判〉序言》。马克思读书会和《人声》报的创立为四川党团组织的成立奠定了思想基础和组织基础。

---

① 转引自陈光复、靳用春：《四川地区的马克思主义先驱——王右木烈士》，载罗中枢：《四川大学历史·精神·使命》，四川大学出版社，2009年，第60页。
② 同上。

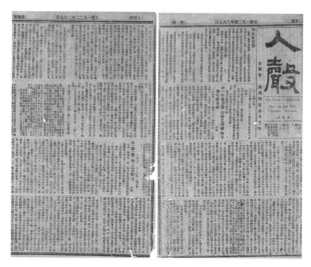

四川第一份系统宣传马克思主义的报纸《人声》

图片来源：四川大学校史馆

1921 年 7 月，中国共产党成立。1922 年 5 月，中国社会主义青年团第一次全国代表大会在广州举行，宣告中国社会主义青年团正式成立。王右木得到消息后，便于 1922 年夏亲赴上海与团中央联系，商讨四川的建团工作。他在上海见到了团中央负责人张太雷等。由上海回川，王右木带回了社会主义青年团第一次全国代表人会章程及各种决议，并积极筹备四川建团工作，物色和考察入团对象。他亲自从几十名马克思读书会会员中挑选出符合标准的 12 人，由其介绍入团。10 月 15 日，中国社会主义青年团成都地方执行委员会成立会议在他家里召开，会议选出童鲁（即童庸生）、郭祖劼、傅双无、吕式宪、张治国为中国社会主义青年团成都地方执委，刘度、杨通、钟善辅为候补执委。王右木本人因为超龄，未担任职务，但继续指导团的工作。随后，重庆、内江、泸县等地的团组织也先后成立。在建团的基础上，经请示党中央同意，中国共产党成都独立小组于 1923 年年底成立了。

成都党组织在建立过程中始终得到了党中央的关注。1923 年 11 月 24 日，中国共产党召开第三届中央执行委员会第一次会议，会议要求在全国加快党组织的建设，认为"四川、江西、福建均可望有新的发展"。1924 年 5 月 14 日，中国共产党又召开第三届中央执行委员会第三次会议，正式宣布中国共产党"成都独立一组"已成立。四川党团组织的先后建立，标志着全省革命斗争进入了一个新阶段。

王右木和他组织的马克思读书会部分成员

图片来源：四川大学校史馆

领导轰轰烈烈的工农群众运动

四川党团组织建立之后，首要任务便是领导广大工农群众运动。王右木不仅注意做教职员工和学生的工作，同时大力推动工农群众的实际斗争。除重庆之外，当时成都也是四川工人较为集中的城市，城内有兵工厂、电灯公司、印刷局、丝厂和手工作坊，手工业工人有四五万之众。但众多工人处境艰难，其中尤以女工、童工之苦为甚。对工人之疾苦，王右木甚为关切，决心将他们组织起来参加斗争。他派大批学生深入工厂、作坊，发动工人组织工会、组织罢工。他还亲自深入工人群众之中，了解他们的疾苦和要求。他经常到小茶馆与工人促膝谈心，启发他们的觉悟，从中发现人才。他创办了工人训练班和平民学校，每周都要为工人上一次课。工人训练班和平民学校不仅成为教育训练工农的基地，培养了一批劳工联合会骨干，同时还是公开组织和领导革命斗争的中心。在王右木的努力下，成都原有的劳工自治会终于被争取过来，真正成为为工人阶级谋利益而斗争的重要阵地。

在领导和开展群众运动中，王右木很重视总结和借鉴外省职工运动的经验。他在写给团中央的报告中提到，希望团中央寄来一些有关劳工运动的报纸和资料，以便借鉴各地的经验。他对毛泽东所领导的湖南农民运动及江西安源工人运动的经验非常重视，指出要向湖南学习。在开展工人运动的同时，对于学生运动，王右木也不时加以指导。

在灾难深重的四川，军阀势力为争夺地盘连年混战不息，老百姓深受其苦。1923年年初，军阀刘成勋、邓锡侯为争夺地盘再次发生战争；吴佩孚则趁机扩大在四川的势力，一面联络刘湘为内应，一面派王汝勤助杨森回川。四川顿时战祸纷起。为扩兵备战，他们不仅大肆搜刮民脂民膏，还肆意克扣、截留少得可怜的教育经费，致使川内广大教职员工常常不能按时领到工资。在此种情况下，王右木不顾个人安危，挺身而出，团结教育界广大群众并亲率上千学生与反动军阀进行坚决的斗争，以争取教育经费独立。重庆学界亦积极响应，与军阀展开了激烈斗争。而军阀对轰轰烈烈的学生运动进行了血腥镇压。在成都，军阀们收买的大批流氓恶棍大打出手，结果打伤学生数十人，打死学生数人。王右木也遭到军警追捕。在重庆，军警逮捕了学生领袖5人，准备以所谓"过激党"罪名处以死刑。军阀的残酷镇压激起了全省学界的抗议怒潮，亦激起了全国学生的义愤和声援。随后，北京学联发出呼吁书，要求刘成勋释放被捕学生。这次学潮震动全国，意义深远，不仅打击了四川军阀的淫威，同时宣传了马克思主义，提高了广大青年的觉悟，加强了人民反帝反军阀斗争的意志，从而使四川的斗争汇入党所领导的轰轰烈烈的反帝反封建斗争的巨大洪流之中。

为巩固和发展党团组织奋斗不息

保持组织和思想的纯洁性是党团组织建设的基本原则之一，也是王右木最为关心的问题之一。他创办马克思读书会，是为了训练和培养为共产主义事业奋斗的人才。他的经济来源主要靠教学收入，但他却随时面临被解聘之危险。虽自身处境艰难，他仍不惜将无处居住的并肩战斗的战友接到自己家里。对于发展团员的条件，他认为必须首先承认马克思主义团体的纲领、章程、决议，自私自利、一切从个人利益出发、搞小团体是不行的。其目的是要求团员真正具备无产阶级的觉悟，要打破旧时的派别性。同时要求每个团员必须知行合一，参加团体工作、参加实际斗争。对一些思想不明确、动机不纯的人，他也认真负责地报告团中央，请团中央考察。他有很强的组织纪律观念，将坚持组织纯洁性的原则贯穿于整个建团工作中。

建团初期，团员大部分来自学生。由于学生毕业和放假，团员数量往往时增时减，影响到团组织的巩固和发展。对于此种状况，他深为不满，并有诸多思考。他在给团中央负责人的信中汇报了这种情况，并且力主在工人农民中发展团员，扩大影响。为了加强领导，他和吴玉章一起请时在泸州的恽代英来成都教书，以便于共同研究和商讨团的建设工作。之后，四川团员数量增加较快。至1923年，成都团员已发展到数十人，有的成为团组织的中坚，有的还被输送到外省和党中央。比如张齐帆不久被党中央调去河南组建中共豫陕区委，成为中共豫陕区委负责人之一；余泽鸿不久亦被调到党中央，后担任了党中央秘书长，长征途中不幸在四川牺牲。1923年，恽代英在团的"二大"上被选为团中央候补执委，他虽离开了四川，但仍时时关心四川团组织的工作，与王右木保持密切的联系。

在抓好成都建团工作的同时，王右木也十分关心全川建团工作的开展。1922年8月，他从上海回川，沿途一路进行调查，了解情况，以便帮助各地建立团组织。在重庆，他与热心建团工作的人谈了话，并将刚从法国回国的周钦岳介绍给团中央。张澜、张秀熟请他去川北工作并指导建团，但他考虑应先把成都的团组织基础打好——这对全省有重要指导作用——故辞而未往。后来团成都地方执行委员会改选，王右木被选为团成都地方执行委员会委员和书记。

对于党组织的建设，王右木要求更加严格。当时马克思读书会会员和社会主义青年团员已达数名，其中已显露出一批出类拔萃的工运和学运领袖人才，如孟本斋、余泽鸿等。按照党的三大通过的《中国共产党第一次修正章程》，有党员5人至10人或不足5人者，可成立党小组；有党员10人以上者，可以成立地委；有2个地委以上者，可以成立区委。王右木经过认真考核，只发展了两三个人入党，故组织了一个党小组。1923年，中共成都支部成立。在王右木、恽代英等的正确指导之下，四川党团组织稳固健全，发展较快，成为党在四川开展各项斗争的领导核心。四川的党组织建设在艰苦的条件下稳步推进，成效显著，得到了党中央的肯定。

1924年以前，由于党的秘密通信渠道尚未建立，地方组织与党中央的联系除不十分秘密的书信通过邮寄之外，一些重要问题均依靠地方组织负责人前往党中央汇报，才能互通信息。为此，王右木常穿行于山岭逶迤、河流湍急的川黔道上。1924年夏，王右木赴上海、广州参加会议、汇报工作，在回川途中经过贵州土城时失踪（一说被军阀秘密杀害），年仅37岁。

王右木从事革命活动的时间虽然短暂，但他却是一个充满革命激情的播火者。在他的带领和组织下，国立成都高等师范学校成为马克思主义在四川传播的重要阵地，一大批进步青年找到了组织，走上了革命道路。

1952年，中央人民政府追认王右木同志为革命烈士。

案例点评

王右木是在四川传播马克思主义的先驱者之一，是中国共产党成立初期的优秀干部。与当时许多具有远大抱负的青年知识分子一样，他苦苦追寻着救国救民的良方。在接触和学习了马克思主义后，他们就为马克思主义科学真理所折服，共产主义理想信念日益坚定。从1919年5月开始，他在广大青年学生和群众中传播马克思主义、建立革命组织，向着黑暗的旧社会发起猛烈进攻。他在国立成都高等师范学校任教期间，通过各种方式开展马克思主义的宣传教育。他组织马克思读书会，在课堂上讲授马克思主义理论，在师生心中播下了革命的种子，激励了大批青年投身革命事业，使学校成为中国共产党在西南地区开展革命活动的重要阵地。在短短的五年时间里，在党中央的直接领导下，他以对革命事业忠贞不渝的献身精神，忘我地奋斗、战斗，为党和人民立下了不可磨灭的伟大功绩。王右木的革命精神，为川大百廿校史增添了鲜艳的红色印记。

教学建议

王右木的事迹充分说明了崇高理想信念对于党的事业和个人成长的重要意义和作用。理想信念是精神之"钙"，体现于理想信念昭示奋斗目标、提供前进的动力和精神支柱。当代大学生要成为堪当大任的时代新人，就要以王右木为代表的革命前辈为学习榜样，树立远大的理想志向，坚定马克思主义信仰，投身民族复兴的伟大事业，建功立业。

王右木对党、对人民无限忠诚，对革命事业充满激情。他顾全大局，不计个人得失，不求名利，勇于牺牲，充分体现了中国共产党人的伟大建党精神和高尚道德品质。教师可引导学生以王右木作为个人道德修养的楷模，从他的事迹中汲取榜样的力量，激发正向的道德认同和道德情感。

 **学习思考题**

1. 王右木对于革命的主要贡献体现在哪些方面？从他的故事中表现了什么样的革命精神？当代青年应该如何传承他的革命精神？

2. 王右木在成都建立和发展党团组织的做法，为今天加强党团组织建设提供了哪些经验？

 **参 考 文 献**

[1] 中共江油市委党工委. 王右木研究 [M]. 成都：四川大学出版社，1989.

[2] 罗中枢. 四川大学：历史·精神·使命 [M]. 成都：四川大学出版社，2009.

[3] 冯兵，刘宗灵. 思想拓荒：川大人与马克思主义在西南地区的早期传播 [M]. 成都：四川大学出版社，2021.

杨闇公：早期四川党组织的优秀领导人

杨闇公

图片来源：四川大学校史馆

杨闇公（1898—1927），名尚述，又名琨，四川省潼南县双江镇（今属重庆市）人。他是四川党组织的创建人之一，是第一次大革命时期四川党组织的优秀领导人。1923 年，杨闇公被聘为四川公立外国语专门学校（四川大学前身）的教员。1927 年 4 月，杨闇公在重庆壮烈牺牲，年仅 29 岁。2009 年杨闇公被评为"100 位为新中国成立作出突出贡献的英雄模范人物"之一。

"自命为马氏信徒"

1913 年，年仅 15 岁的杨闇公在他兄长、同盟会会员杨尚荃（号剑秋）和堂兄杨宝民的影响下，怀着振武救国的愿望，考入江苏军官教导团，立志"做旧社会的叛徒，新社会的催生者"。

他参与反袁斗争，曾两次受到当局追捕，均机智脱险。1917 年，他东渡日本留学，组织留日同学读书会，阅读《资本论》《唯物史观》等马克思主义著作，马克思主义思想逐渐在他头脑中萌芽。

1920 年杨闇公从日本回国，后离开家乡到成都。在成都，他先后结识了吴玉章、童庸生、恽代英、刘伯承、萧楚女、朱德、陈毅等同志，认定"资本论是教科书"，"自命为马氏信徒"。①

1922 年，吴玉章担任国立成都高等师范学校的校长。这时，四川省的新文化运动已经开展起来，革命形势很好。吴玉章和杨闇公等同志以国立成都高等师范学校为基地，积极展开革命活动。他们除了在校内活动外，还派人深入工厂，组织工会，发动罢工；深入乡村，发动农民，组织农会。

1924 年 1 月 1 日，杨闇公在日记中写道："吾国自辛亥改革以后，算是骤进共和，民人的程度实与共和相去很远；兼辛亥以前的旧有势力者并未打倒，所以才有这十二年纷扰。"② 他追根溯源，强烈抨击军阀混战给人民带来的灾难。

1924 年 1 月 12 日，在成都娘娘庙街 24 号杨闇公家中，杨闇公、吴玉章、廖划平等人组建了"中国青年共产党"，并出版机关报《赤心评论》。《赤心评论》的通讯处就设在位于成都少城东马棚街的四川公立外国语专门学校。根据吴玉章回忆，"当宣传和组织工作深入到工人、农民中去以后，我们迫切感到有成立一个无产阶级政党的必要。这时，中国共产党早已成立，但因四川地处偏远，我们还不知道；社会主义青年团（简称 S.Y）虽然已在高师建立了组织，但因我已年过四十，又不能参加；我于是便与闇公等同志在 1923 年冬秘密组成了'中国青年共产党'（简称 C.Y），作为领导革命斗争的机构，并发行《赤心评论》，作为机关报。"同年，杨闇公被聘为四川公立外国语专门学校的教员，教授体操。

1924 年夏，杨闇公赴上海，寻求中共中央指导。同年 8 月，他回到重庆，

---

① 杨绍中、周永林、李畅培：《杨闇公日记》，四川人民出版社，1979 年，第 142 页、第 140 页。
② 同上书，第 25 页。

担任中国社会主义青年团重庆地方执行委员会组织部部长，同年冬加入中国共产党。1926 年 2 月，经中共中央批准，中国共产党重庆地方执行委员会（简称中共重庆地委）成立，杨闇公当选首任书记。1926 年 10 月，中共重庆地委增设军事委员会，领导顺庆（南充）、泸州起义，以配合北伐战争。杨闇公兼任军委书记，朱德、刘伯承为委员，陈毅参加了领导工作。顺泸起义是中国共产党人独立地创建革命武装的一次重要尝试。

吴玉章和杨闇公创办的《赤心评论》

图片来源：四川大学校史馆

临危不惧　视死如归

1927 年 3 月 31 日，在杨闇公与同志们的组织领导下，重庆市群众在打枪坝集会，抗议英、美军舰炮轰南京城的罪行。国民党特务侦知 3 月 31 日有群众大会要召开的消息，立刻密报蒋介石。蒋随即电复刘湘，并派卢师谛传达指示，嘱其镇压。接着，这些军阀就拟定了"黑名单"，决定实行屠杀。他们先是采取威胁利诱的办法，要杨闇公取消群众运动。3月30日，刘湘指使他的师长罗汉三恫吓杨闇公："明天的大会最好不要开，外面军队的大炮已脱去了炮衣。"杨闇公严辞拒绝了。当晚，杨闇公有一位在刘湘那里当参谋的亲戚又派人送信来说："明日大会将有事故发生，恐对你不利。"又说，"若能不去赴会，军座（指刘湘）定有好音。"杨闇公看完信后，冷笑置之。

不管形势多么险恶，大会还是如期召开。当浩浩荡荡的群众队伍进入会场的时候，一些身份不明、形迹可疑的分子混入会场。杨闇公便指挥工人纠察队和童子军把他们劝了出去，以防不测，却仍未能阻止悲剧发生。大会刚要开始，忽然枪声大作，军阀王陵基预伏在会场里面的便衣队和布置在会场周围的武装人员里应外合、刀枪并用，对手无寸铁的广大群众实行有计划的血腥屠杀。一时血流遍地，呼声震天，惨不忍睹，当时死难者即达500多人，伤者不计其数。这就是震惊全国的重庆"三三一"惨案。

会场上枪声四起时，杨闇公正在主席台上。他连忙指挥大家不要惊慌，就地卧倒。后来枪声更密，死伤渐多，会场秩序大乱，已无法指挥，杨闇公只得撤离。他跳出城墙后，敌人又紧紧追击。他机警灵活，设法甩开了敌人，才暂时脱险。

第二天，杨闇公又冒着极大危险布置好善后工作，然后准备亲自去武汉向中央报告。这时重庆暗探密布，亲友劝他暂避一时。他说，敌人虽然万分残暴，但一想到同志们死得那样惨，我岂能顾及个人安危啊！4月2日晚，他动身上船，因发现有便衣跟踪，当夜就退回家中。次日晚，他又乔装起程，与他的爱人赵宗楷和另外一位同志登上亚东轮船，不幸被敌人发觉。第二天黎明，轮船开至江心，特务们借口检查，将杨闇公和赵宗楷逮捕了。为了使同行的同志不致暴露身份，杨闇公便假装不认识他，特务们以为那个同志不是共产党员，便没有抓捕他。

杨闇公被捕的时候，敌人问他："你是不是杨闇公？"他面不改色地说："我是，你们又怎么样？"敌人说："那你不要干什么共产党了，跟到我们才有命。"他斩钉截铁地说："你们国民党反动派、反动军阀是什么东西！你们是一伙凶恶的强盗，无耻的卖国贼，是一伙屠杀工农的刽子手，你们眼看就要死无葬身之地了。"敌人要把他和赵宗楷同志分别押走,他镇定地对妻子说:"你不要害怕和难过,转告同志们,我会斗争到底的。孩子们大了,要他们为我报仇!"

后来,赵宗楷同志经营救获释,杨闇公则被囚在浮图关军阀蓝文彬的司令部,由军阀刘湘、王陵基、蓝文彬及蒋介石派来的特务共同审讯他。无论敌人怎样威胁利诱,怎样严刑拷打,杨闇公都丝毫不为所动。敌人问他:"你难道不怕死吗?和我们一起干,你的前途还大嘞!"杨闇公回答说:"哼!怕死,只有你们才怕死,也必然快要死无葬身之地!你们只能砍下我的头,绝不能丝毫动摇我的信仰。一句话,我头可断,志不可夺。"杨闇公表现出共产党人视死如归的崇高革命气节。敌人用尽一切卑鄙手段,都无法使杨闇公屈服。1927年4月6日,杨闇公被反动军阀割舌、断手、剜目后,身中三弹,壮烈牺牲于浮图关,年仅29岁。

杨闇公曾说:"人生如马掌铁,磨灭方休。"作为四川地区党团组织的早期领导人,他为革命事业做出了不可磨灭的贡献。

 **案例点评**

1962年2月,吴玉章老人为缅怀杨闇公烈士,写下一首七律《忆杨闇公同志》:"锦城五一举红旗,革命风云壮华西/为救万民于水火,不辞千里转成渝/打枪坝上留英迹,扬子江中系健儿/血沃鹃花红四野,巴山蜀水现神奇。"这首诗概括了杨闇公烈士的英雄事迹和重要贡献。

杨闇公同志是我党在四川地区的早期领导者,为马克思主义在四川乃至西南的传播做出了巨大贡献。面对民不聊生、国家贫弱的局面,他立志"做旧社会的叛徒,新社会的催生者",虽牺牲生命亦在所不惜。这是中国共产党人的优秀品质,也是其坚定的理想信念带来的强大精神动力。没有什么能改变他的坚定信仰,没有什么能动摇革命者的崇高气节,杨闇公同志对革命事业的巨大贡献、他的革命精神将永载中国共产党光辉的史册中。他永远是川大人的骄傲!

 教学建议

　　杨闇公早年留学日本，接触到马克思主义学说，认识到只有马克思主义能够解决中国革命道路的问题，只有代表广大劳苦大众利益的无产阶级政党，才能带领人民推翻帝国主义、封建主义和军阀的统治压迫，获得自由解放。杨闇公从一个民主主义者走向坚定的共产主义者的成长道路，是那个时代许多追求进步的青年知识分子共同的成长道路；他的思想转变的历程对当代大学生仍然具有深刻的启发作用。在思政课教学中，可以通过本案例的学习讨论，引导大学生认识马克思主义在中国为什么能够得到传播，中国人民为什么选择了马克思主义、选择了中国共产党、选择了社会主义道路等一系列问题。

　　以杨闇公为代表的共产党人具有高尚的品德和人格力量，他们为了革命事业出生入死而不畏惧，面对敌人的屠刀，面不改色。学习本案例，还可以引导大学生思考坚定的理想信念对于人生的重要作用，从中深刻领悟远大理想、崇高信仰的巨大力量，促进大学生树立正确的理想信念。

 学习思考题

　　1. 有哪些因素影响了杨闇公，使其走上革命道路？

　　2. 杨闇公说"人生如马掌铁，磨灭方休"，如何理解这句话的含义？

参 考 文 献

[1] 吴玉章. 吴玉章回忆录 [M]. 北京：中国青年出版社，1978.

[2] 党跃武，陈光复. 川大记忆：校史文献选辑：第四辑 [M]. 成都：四川大学出版社，2011.

[3] 杨绍中，周永林，李畅培. 杨闇公日记 [M]. 成都：四川人民出版社，1979.

[4] 鲜为人知的伟大英烈——杨闇公 [EB/OL]. (2019−08−02). 潼南网，http://www.cqtn.com/html/2019−08/02/content_50601046.htm.

[5] 郑洪泉. 杨闇公 [EB/OL]. (2018−01−22). 四川党史文献网，http://www.scds.org.cn/2018−1/22/279−6047−159.htm.

张培爵：辛亥革命元勋

张培爵

图片来源：四川大学校史馆

张培爵（1876—1915），字列五，号智涵，别署志韩，四川省荣昌县荣隆场（今重庆市荣昌区荣隆镇）人，中国民主革命先驱、辛亥革命元勋。1903年，张培爵考入四川省城高等学堂（四川大学前身）优级理科师范班学习。1906年加入同盟会，从事民主革命活动。1911年11月重庆独立后，任蜀军政府都督。1912年3月，蜀军政府和四川军政府合并，统称中华民国四川都督府，张培爵任副都督。同年6月，张培爵担任四川民政长。1913年，袁世凯调张培爵到北京，委其为"总统府高等顾问"。二次革命时，张培爵毅然辞去顾问一职，秘密从事反袁斗争。1915年2月20日，张培爵遭袁世凯诱捕，当年4月17日被害于北京宛平，就义时年仅39岁。

革新思想的萌芽

张培爵幼时天资聪慧，勤敏好学，拜当地名儒王申甫为师，系统学习四书五经，以备参加科举考试。王申甫博学多闻，富于民族气节，经常用明末亡国的残酷史实来激励、教育张培爵事事以国家民族为重，万万不可为一己私利而丧失了崇高的民族气节。老师的谆谆教诲在张培爵的幼小心灵上留下了深深的印记。

1889年，张培爵参加了隆昌县的一次科举考试，这次考试使他深受刺激。按照惯例，参加科举考试，只有种地纳征者才有资格报名。张家世代为医，连半亩田地都没有，当然也就不能取得报名资格。无奈之下，张培爵从隆昌县八石粮张家祠堂的公产中借来一张30亩地的地契，才得以参加科举考试，成为隆昌县的诸生。但张培爵对这种科举制度非常反感，参加科举报名的风波，进一步激发了张培爵探求变革现行制度的思想。

1899年，张培爵顺利考入隆昌县学。隆昌属叙府，他凭借热情和才干被选为叙属旅省同乡会会长。其间，他和同学李宗吾等奔走于叙属各州县，争取到从各地办学积谷中拨出的3000两白银，在成都南门外宫保府创办了叙府公立中学堂（后改名为叙属联合县立旅省中学堂，即今成都列五中学），该校后来成为同盟会在成都活动的重要据点。

1903年，张培爵考入四川省城高等学堂优级理科师范班学习。在校学习期间，他一方面努力学习课程内规定的相关知识，一方面贪婪地吸取欧美日变革的经验，阅读了大量反对民族压迫、反对帝制、提倡共和、宣传革命的进步书籍，结识了杨庶堪、谢持等革命青年。

四川省城高等学堂的教师中有不少留学归来的"洋学生"，这些人大多西装革履，剪发无辫。张培爵与李宗吾、廖绪初等在他们的影响下，率先剪掉了自己头上的辫子，并在校中发起组织了"剪辫队"，与同学一道沿街演说，劝人剪辫。张培爵口才极佳，讲演时感情充沛，听者莫不动容。他们把剪辫宣传与革命宣传巧妙地结合起来，虽然冒了极大的风险，但却收到了极好的效果。

参加同盟会

1906 年，同盟会会员黄复生、熊克武等奉孙中山之命回川发动革命，张培爵经谢持介绍加入同盟会。1907 年，熊克武赴成都与张培爵、杨维、黄方等在草堂寺密谋起义。他们计划在慈禧太后寿辰前夜发动起义，以聚歼集会于万寿宫朝贺的四川总督等要员，从而占领成都。但因奸细告密，杨维、黄方等六人被捕。这就是轰动一时的丁未"成都六君子事件"。张培爵因未暴露，独留成都主持照料和营救狱中同志的工作。他奔走求救于耆老乡绅之门，四川省城高等学堂监督胡峻为之感动，遂出面邀集当地翰林伍崧生等向督抚大员进言："政治不良，青年谋求改革出于爱国热忱，若以大逆不道之罪加以杀戮，后患将不堪设想。"四川当局因众怒难犯，最终判处杨维等监禁，被捕诸君幸免一死。之后，同盟会日常工作多集于张培爵一身。同盟会重庆支部负责人杨庶堪对他勤奋忘我的精神作了高度评价："曩共客成都，猥以'朕即国家'相戏，意谓川省无机关，培爵乃机关也。"

张培爵自参加同盟会，即把生死置之度外，抱定为了振兴中华、挽救民族危亡以身殉国的决心。他在叙府公立中学堂任教时，与李宗吾、廖绪初、雷民新等同志朝夕相处，共策革命。他常说："要革命就不怕杀头，得经常练习临危如常、砍头不惧的本事。被杀头时要盘足而坐，当钢刀架在脖子上时，把头颈一挺，人头就落地了。"说完他便自己做给李、廖等人看，并要他们都试一试。李宗吾先生后来回忆说："此事虽小，可见列五（张培爵字）为革命献身的决心，我至今仍深为敬佩！"

组织起义

1910 年夏，杨庶堪返渝任重庆府中学堂监督，张培爵受邀担任学监。此时，同盟会已掌控包括重庆在内的川东各地的许多教育阵地。他们利用学校仪器、原料等制造炸弹，同时加紧联络工商界人士和哥老会等组织，募集经费，购买武器弹药。由于同盟会发展很快，张培爵、杨庶堪等还建立"乙辛学社"，作为领导革命的核心组织。1911 年 4 月，清廷宣布"铁路国有"。"夺路于国人，卖路于外人"的无耻行径激起川人公愤，全川各地纷纷成立保路同志会，掀起了声势浩大的保路运动。6月28日，重庆召开铁路股东大会，决定成立"重庆保路同志协会"，杨庶堪、张培爵等力主把保路运动转变为推翻清王朝的武装起义。9月7日，四川总督赵尔丰在成都残杀保路请愿群众，全川各地纷纷组织保路同志军奋起抗争。同盟会重庆支部决定加快起义。杨庶堪统筹全局，张培爵负责联络各地武装力量、哥老会，编制起义计划，指挥各地保路同志军起义。在同盟会的领导下，11月13日黔江发动起义，成立了军政府；18日，长寿独立。同一天，从成都出发的同盟会员夏之时率起义部队抵达重庆江北。11月22日夏之时所部进城后，杨庶堪、张培爵等在敢死队的簇拥下，来到朝天观举行起义大会。杨庶堪在起义大会上宣讲了革命宗旨，发布了《蜀军政府政纲》《对外宣言》《对内宣言》《维护治安办法》，宣告蜀军政府成立，并通电全国。11月23日，张培爵被推选为蜀军政府都督，夏之时任副都督，杨庶堪、朱之洪任高等顾问。蜀军政府减免苛捐杂税，整顿各地财政经济，倡行民主，尊重民意，曾发布文告："前代为英雄革命，今日为国民革命。所谓国民革命者，全国人民皆有自由、平等、博爱的精神，即皆负革命的责任。"张培爵还发布《蜀军政府求言公告》："如有美意良法，请投书礼贤馆……倘可实行，立为延见，咨询一切。"

密谋讨袁

1912年3月11日，蜀军政府和四川军政府合并，统称中华民国四川都督府，尹昌衡、张培爵分别担任正、副都督。6月，时任临时大总统的袁世凯为铲除异己，以"军民分治"为由，免去张培爵副都督职，任命他为四川民政长。10月，张培爵被袁世凯调赴北京"咨询川政"。11月中旬，张培爵北上途经上海时，见到了孙中山、黄兴等人。他在《与受乾两弟书》（1913年2月11日）中写道："并赴中山先生之约，与伟人一商国是也。抵沪晤孙及黄外，又为海内外同志及各机关迭次开会欢迎。"张培爵经过与孙中山等人多次晤谈，对反袁斗争形势有了更深刻的了解。到达北京后，张培爵即向袁世凯提出辞去四川民政长职务，要求出国考察政治。袁世凯矫情挽留，委以总统府高等顾问职务，留其长住北京，以便监视。

1913 年 7 月，孙中山兴兵讨伐袁世凯，二次革命爆发。张培爵秘密赴上海为反袁革命军李烈钧、黄兴等部筹措军费。同时，他和谢持、夏之时、黄复生议定，准备回川参加熊克武、杨庶堪、余际唐等组织的讨袁军，但因航运受阻未能成行。不久，熊、杨讨袁失败的消息传来，张培爵不愿出国避害，毅然北上卜居天津英租界。之后，他坚决辞去总统府高等顾问等职，拒绝出任袁世凯许以的四川巡按使一职，拒领每月 600 块大洋的俸禄。他在《答李寒友书》（1914 年 1 月 23 日）中写道："宁隐以求志，断不愿俯同群碎，争腥啄腐，以自贬其操也。"

从容就义

张培爵在天津购买了三架织袜机，以开设织袜作坊为掩护，继续为讨袁革命做准备。1915 年 2 月 20 日，袁世凯手下派密探李捷三以合股扩大袜厂经营为名，将张培爵从租界诱出拘捕，其挚友邹杰同时被捕。随后，他们被解送到北京西郊宛平军政执法处监禁。4 月 17 日凌晨，狱卒高呼张培爵、邹杰出监。这一天，京门刑场阴云密布、风卷尘沙，张培爵整饬衣衫后，坐地不跪，从容就义，年仅 39 岁。

1934 年，国民政府明令褒扬张培爵："辛亥之役，首义重庆，全蜀风从""从容就义，大节昭然"。国民政府还为其举行了国葬。1935 年，中国国民党中央执行委员会发布公函："查先烈张培爵，早岁从事革命，艰苦擘画，辛亥光复西蜀，厥功甚伟。其后晦迹京、津，密谋讨袁，中途殉国，大节昭然……希予明令褒扬，以彰遗烈。"1942 年，荣昌人民在县城南郊卧佛寺侧营修张培爵烈士墓，以表达川人对张培爵的追思。1982 年，荣昌县人民政府重建张培爵烈士墓园于城北海棠公园。2011 年 10 月 9 日，张培爵纪念馆在荣昌落成开馆。2012 年 7 月，该馆被批准为重庆市爱国主义教育基地。

案例点评

综观民主革命先驱、辛亥革命元勋张培爵的一生，其少年时即深晓民族大义，矢志挽救民族危亡。参加同盟会后，恪守孙中山先生"恢复中华，建立民国"的革命宗旨，毕生信仰不渝。在川西南多次武装起义中，临危不避，遇乱不惊。成渝合并后，他不争权利，不恋名位，胸怀坦荡，磊落光明。张培爵身上所体现出来的立志振兴中华的爱国情怀，置生死于度外的牺牲精神，关心民生疾苦的高尚品德，天下为公的宽广胸怀，处险恶而不惊、始终坚持理想信念的情操，在今天仍然是激励我们实现中华民族伟大复兴的精神力量。

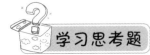 **教学建议**

中国近代以来有无数仁人志士为推翻封建专制、摆脱帝国主义的侵略和欺压、拯救民族于危亡之际而英勇献身，张培爵就是其中一位。在教学中，首先，教师可结合中国近代反帝反封建斗争的历史，引导学生认识张培爵等四川革命党人所从事的革命斗争的重要意义，以及他在辛亥革命中所建立的历史功勋。其次，张培爵身居四川都督府副都督、民政长等高位，但从不争名争位；他两袖清风，拒领袁世凯的月俸，甘于拮据的生活。教学中可引导学生从这些具体的故事细节中感受张培爵高尚的情怀和磊落的胸襟，学习革命者身上高尚的道德品质。

 **学习思考题**

1. 张培爵说"要革命就不怕杀头"，他为何能视死如归？
2. 怎样理解张培爵的"宁隐以求志，断不愿俯同群碎"？

参 考 文 献

[1] 张鹰，曾妍. 张培爵集 [M]. 重庆：重庆出版社，2011.

[2] 陈朝权. 血性男儿张培爵 [J]. 红岩春秋，2020 (1).

[3] 张培爵 [EB/OL]. (2017-11-21). 中华英烈网，http://yinglie. chinamartyrs. gov. cn/LieShiYingMingLu/DetailsofHeroes. html?id=70125d85cf6d484085b4f12452b4fdda.

[4] 四川省地方志编纂委员会. 四川省志：税务志（1986—2005）[M]. 北京：方志出版社，2012.

[5] 罗中枢. 四川大学：历史·精神·使命 [M]. 成都：四川大学出版社，2009.

王光祈：革命家与音乐家

王光祈

图片来源：王光祈纪念馆网站

王光祈（1892—1936），字润玙，笔名若愚，四川成都人。1908年，进入四川省城高等学堂分设中学堂，1912年毕业。五四运动时期，王光祈等人组织"少年中国学会"，出版刊物，成立"工读互助团"，为传播新思想新文化、团结青年知识分子做出重要贡献。1934年，王光祈在德国获得音乐学博士学位。1936年1月12日病故于德国波恩，终年44岁。

四川生活

1892年10月5日，王光祈出生于四川温江县城西门外鱼凫镇小河村，父亲王展松在他出生前因病去世。王光祈出生时，家道衰落，家中靠孀母劳动所得和叔伯接济勉强度日。王光祈天资聪颖、才思敏捷，9岁前已跟母亲读完《三字经》《百家姓》《千家诗》《孝经》《唐诗三百首》等书。

1907年，赵尔巽调任四川总督。赵尔巽曾受业于王光祈的祖父王再咸。通过查访，赵尔巽了解到王再咸之子王展松早已去世，王光祈母子生活拮据，度日艰难，当即在成都的典当商铺中为他们存入一千两白银，每年得利息四十余两，供他们母子生活。在赵尔巽的资助下，王光祈进入成都第一小学堂，开启了他与母亲在成都的生活。

1908年，王光祈小学毕业后，以优异的成绩考入四川省城高等学堂分设中学堂丙班，先后与郭沫若、李劼人、周太玄、魏时珍、蒙文通、曾琦等做同学。他们一起学习、思考、讨论，甚至还在成都东郊沙河堡周太玄家中"桃园结义"。在此期间，王光祈不仅学习了"四书""五经"等传统文化，还接受了新文化新思想的熏陶。每到周末，他便与同学相约一起吹笛弹琴，尽欢才散。

在四川省城高等学堂分设中学堂求学时期，王光祈与郭沫若、李劼人、
周太玄、魏时珍等同窗合影
图片来源：四川大学校史馆

1911年，四川兴起保路运动。王光祈以高昂的战斗热情投入到保路运动

中，并参与罢课、演说等活动，宣传新思想。武昌起义胜利的消息传来，他立即剪掉了自己头上象征清朝统治的辫子，表示对革命的坚决拥护。

1912年3月，四川省城高等学堂分设中学堂由于经济原因停办，原丙、丁两班被合并到成都府中学堂。王光祈随之进入该校，被编入第九班即新乙班学习。辛亥革命后，成都发生兵变，王光祈一家赖以生存的唯一收入来源中断，使一家人的生活再度陷入困境。当年12月，王光祈毕业于成都府中学堂。

1913年春，王光祈到重庆，与曾琦、郭步陶等编辑《民国新报》。他本想一展宏图，实现自己的理想与抱负，但辛亥革命后的混乱政局使他苦闷不堪。他常作诗词消遣，留下清明词30首。不久报刊停办，他回到家乡温江。

北京之行

1914年春，王光祈从重庆出发，辗转上海、青岛，最后来到北京，开启了他在北京学习、工作、生活之旅。在时任清史馆馆长赵尔巽的帮助下，任清史馆书记员，直到赴德留学为止。是年秋，考入中国大学攻读法律，着重研究"国际公法"和"中西外交史"，并由周太玄推荐任《京华日报》编辑，同时经李劼人推荐任《群报》（后改为《川报》）驻京记者。其间结识李大钊，并受其思想影响。这段时间，袁世凯称帝、护国运动、张勋复辟、护法运动等事件相继发生。王光祈积极参加反袁世凯称帝和反张勋复辟的斗争，还写下了诸多反映中国现状、介绍西方启蒙思想、宣传新文化运动"民主、科学、人权、自由"等思想的文章。

1918年7月8日，王光祈以优异的成绩毕业于中国大学。这一年，经李大钊的介绍，他认识了在北大图书馆工作的毛泽东，并为陈独秀、李大钊办的《每周评论》创刊号写了社论《国际社会之改造》。

1919年5月4日，王光祈参与了五四运动。他先后在《每周评论》《晨报》《新青年》《时事新报》《少年中国》等刊物上发表多篇文章，抨击第一次世界大战和"巴黎和会"后日本侵占山东的罪行，讴歌十月革命。同时将有关五四运动精神的稿件寄回四川，对四川民主思想的成长和成都学生运动的开展起到了积极的推动作用。李劼人曾经在《追忆王光祈》一文中写道："北京（五四）运动之所以及时传到成都，青年们得以及时看到光明，就不能不归功于王光祈了。"① 7 月 1 日，"少年中国学会"在北京召开成立大会，王光祈担任执行部主任，总理对内外一切事务。主持会务期间，他"发展了成都分会、南京分会，出版了许多刊物，其中《少年中国》和《少年世界》被认为是除《新青年》《新潮》杂志外最有名的月刊。王光祈付出了艰苦的劳动，始终担任资料整理和编辑、排版、校印等工作，使它们在思想文化界产生了深远的影响"②。他还热心支持成都创办的《星期日》周报，助其成为四川宣传进步思想的重要刊物。是年末，在蔡元培、李大钊、陈独秀、胡适等人的支持下，王光祈集合一批青年知识分子在北京成立了"工读互助团"，尽管它仅存在了不到一年的时间，但它在中国现代思想史上却有着不可忽视的地位。

"礼乐救国"

1920 年 6 月，王光祈以上海《申报》《时事新报》和北京《晨报》驻德特约记者的身份经中国香港，以及南洋、印度、非洲等地，最后到达德国的法兰克福。他一边在法兰克福大学学习德文和政治经济学，一边通过为国内报刊撰写稿件以维持生活。他还积极考察德国社会经济的复兴，为中国的发展找出路。

1922 年 9 月，王光祈由法兰克福迁居柏林，放弃经济学，专攻音乐史，将理想放在"礼乐救国"上。他首先跟随一位德国私人教师学习钢琴、小提琴和音乐理论，每周 6 小时，从未间断过。1927 年，王光祈正式进入柏林大学音乐系深造，攻读音乐学，师从霍恩博斯特尔、舍尔林、沃尔夫等教授。他还追随柏林乐器博物馆馆长萨克斯教授学习乐器学以提高音乐素养，师从柏林国家医院耳科主任研究"耳朵、器官解剖之学"，以学习声学原理和视唱练耳的基本知识。王光祈还曾身穿中国古装，在法兰克福举行的"国际音乐展览会"上用七弦琴演奏，向西方观众介绍中国音乐。

1931 年 8 月下旬，由于长期学习、研究、写作，加上因生活拮据导致的营养不良、胃溃疡和贫血，他呕吐晕昏，卧床不起，最后不得不到柏林国立大

---

① 李劼人：《回忆少年中国学会成都分会之所由成立》，转引自韩立文、毕兴：《王光祈年谱》，人民音乐出版社，1987 年，第 4 页。

② 蔡晓燕：《从社会活动家到音乐家的王光祈》，《民国春秋》，2000 年第 6 期，第 41 页。

学医院治疗，并住院 40 多天。由于王光祈在学术上的重大贡献，次年他被波恩大学东方学院聘请担任中国文学讲师。同时，他还在该校旁听席德迈尔教授的课程。在身体状况不佳的情况下，王光祈仍于 1934 年以《中国古代之歌剧》一文获得了波恩大学博士学位，成为我国第一位音乐理论博士，也是我国近现代音乐史上在欧洲为祖国争得荣誉的第一位音乐家。

在国外，王光祈一直思念着祖国家乡，但终因种种原因尤其是积劳成疾，未能成行。1936 年 1 月 12 日傍晚时分，王光祈怀着拳拳爱国之心，在德国波恩不幸病逝，走完了尚未满 44 岁的短暂而光辉的人生旅程。

在德国的十多年里，王光祈深入研究东西方音乐，陆续写成音乐专著 18 部、论文 40 余篇；同时还撰写、翻译了十余部政论著作。这些论著主要有《东西乐制之研究》《西洋制谱学提要》《中国的音律体系》《音乐》《中国诗词曲之轻重律》《英德法读音之比较》《西洋音乐史纲要》《中国音乐史》《西洋名曲解说》《西洋话剧指南》《国防要览》《经济战争与战争经济》《未来将材之陶养》等。王光祈是中国近现代音乐学的开创者。2009 年，《王光祈文集》由巴蜀书社出版，文集共分五部，其中三部《音乐卷》、一部《时政文化卷》、一部《近代中国外交史料卷》。

王光祈逝世后，波恩大学以校长名义向全校发出讣告。学校为其举行了追悼会。其骨灰先由友人沈怡从德国运回上海，后在李劼人的帮助下于 1938 年由上海经香港运回成都。1941 年，王光祈骨灰葬于成都东沙河堡李劼人住宅"菱窠"附近的墓地，由周太玄亲书"温江王光祈先生之墓"。

噩耗传到国内，上海、南京、成都等地为他举行了追悼会。徐悲鸿画了遗像，蔡元培为其作悼词，高度评价了王光祈在音乐方面的成就，指出其"壮年去世"是"不幸之至"，是"全国的大损失"。[①] 王光祈逝世的消息传到温江后，温江于当年举行了大型追悼会，把他的牌位列入乡贡祠祀奉，并将其早年读书的社学巷更名为"光祈巷"。

---

① 蔡晓燕：《从社会活动家到音乐家的王光祈》，《民国春秋》，2000 年第 6 期。

 **案例点评**

作为著名的社会活动家，王光祈是近代爱国知识分子的典型代表，在五四时期爱国主义思想和新文化运动的影响下，他致力于救亡图存，形成了他独特的社会改造思想。他参与创办的"少年中国学会""工读互助团"产生了深远的影响。他发现音乐也能起到唤醒国民、教育国民、振奋精神、凝聚人心的作用，于是全身心投入到了"礼乐救国"的事业中。他将西方音乐理论系统地介绍到中国，采用西方方法对中国传统音乐进行整理研究，又将中国传统音乐介绍到西方。他不仅是一位学者，还是沟通中西文化的重要人物。

 **教学建议**

教学中，可着重引导学生从王光祈一生的三个主要阶段来思考以下问题：求学阶段，是哪些因素影响了王光祈，使他后来走上新文化运动的主战场？五四运动时期，王光祈与"少年中国学会"做出了哪些贡献，产生了怎样的影响？王光祈与李大钊、陈独秀、毛泽东等人的交往对他产生了怎样的影响？在德国留学阶段，思考王光祈为何会转向"礼乐救国"，他的理想能否实现？通过对王光祈人生道路的几次转折的介绍，使学生加深对民主革命时期知识分子探索中国救亡道路的艰难过程的认识，总结历史经验。

 **学习思考题**

1. 五四运动时期，王光祈的贡献主要有哪些？
2. 如何理解和评价王光祈"礼乐救国"的理想？

参考文献

[1] 韩立文，毕兴. 王光祈年谱 [M]. 北京：人民音乐出版社，1987.

[2] 谭勇，胥必海，孙晓丽. 新文化运动时期"音乐闯将"王光祈与西南地区民族音乐 [M]. 北京：民族出版社，2010.

[3] 宫宏宇. 中华知识分子的典范、少年中国精神的化身：少年中国学会会员眼中的王光

祈 ［J］. 音乐探索，2010（1）.

［4］郭永棣. 王光祈年谱 ［EB/OL］. （2017－01－19）. http://archives. scu. edu. cn/info/
1015/1924. htm.

江竹筠：中华儿女革命的典型

江竹筠

图片来源：四川大学校史馆

在国立四川大学学生注册档案里，有一份江志炜的注册档案，那上面写着："江志炜，女，二十二岁，四川巴县人，一九四四年九月进入农学院植物病虫害系一年级，学号331044。一九四五年秋季，转系到农艺系，读二年级。一九四六年九月二十八日，申请休学一年。"这位"江志炜"，就是江竹筠。

2009年9月，在中华人民共和国成立60周年前夕，中共中央宣传部等11部门联合发布了"100位为新中国成立作出突出贡献的英雄模范人物"名单，四川大学校友江竹筠入选其中。

要做丁老师那样的人

江竹筠（1920—1949），曾用名江雪琴、江竹君、江志炜。江竹筠出生在四川省自贡市大山铺镇江家湾一个农民家庭。8 岁时，母亲李舜华带着江竹筠和弟弟投奔在重庆的三舅李义铭。

因为家境贫困，10 岁的江竹筠进了一家织袜厂当童工。由于个子小，人还没有机器高，她只能站在特制的高脚凳上做工，挣来一点微薄的工资补贴家用。童年的江竹筠已经深深体会到穷苦人家的艰辛和世事的不公，生活的磨砺使她形成了坚韧顽强、沉稳冷静的性格。

1932 年，江竹筠进入重庆市私立孤儿院小学读书。她十分珍惜来之不易的学习机会，学业总分一直是全年级第一，第一学期便连跳三级。在学校里，对她影响最大的是丁尧夫老师。在丁老师的启发下，她逐渐懂得一些革命的道理，思想上开始追求进步。江竹筠和同学们目睹敬爱的丁老师被国民党特务抓走，她跟好朋友说，如果丁老师是共产党员，那她就要做丁老师那样的人。

1936 年夏，江竹筠考入南岸中学，在读期间曾获该校最高奖——银盾奖。1937 年，抗日战争全面爆发，江竹筠和同学何理立等组织歌咏队、宣传队，上街演话剧、贴标语，宣传抗日。当年冬天，该校曾丝竹老师发起为前方将士募捐寒衣的活动，江竹筠亲手做了 5 件新棉衣送给前线战士。1939 年，江竹筠考入中国公学附属中学读高中，同年在同学戴克宇的介绍下秘密加入了中国共产党。

1940 年，江竹筠考入黄炎培创办的中华职业学校，并成为该校和附近地下党组织的负责人。1941 年夏末，21 岁的江竹筠从中华职业学校会计训练班毕业，被中共川东特委调任中共重庆新市区区委委员，负责组织学生运动、发展新党员等工作。

假夫妻与真战友

江竹筠在重庆工作期间，她的直接领导就是彭咏梧。彭咏梧（1915—1948），1938 年加入中国共产党，先后任中共万县师范学校分支书记和总支书记、云阳县委书记、重庆市委第一委员。1943年年底，中共重庆市委出于安全考虑，要求彭咏梧在重庆安一个家，同时用于掩护中共重庆市委的秘密机关。这事牵涉到工作和党组织的安全，中共重庆市委决定让有着丰富斗争经验的江竹筠假扮彭咏梧的"妻子"，兼做彭咏梧的助手。她的主要任务是处理党内事务和内外联络工作，他们的"家庭"则是中共重庆市委的秘密机关和地下党组织整风学习的指导中心。从那时起，同志们都亲切地称她"江姐"。在共同的革命斗争和生活中，两人相互支持配合，在生活中互相照顾。1945年，经组织批准，江竹筠与彭咏梧结婚。

化名"江志炜"在川大学习

1944年春天，江竹筠在重庆被特务跟踪。为保证重庆党组织和彭咏梧同志的安全，川东地下党组织安排她从重庆撤离到成都。国立四川大学被称为民主堡垒、西南进步势力的大本营，比较安全，是隐蔽身份的理想之地。于是，高中没有念完的江竹筠补习了3个月，化名"江志炜"顺利考入国立四川大学农学院，先是在植物病虫害系，后转至农艺系学习。刚开始，她因为没有上完

现存于四川大学档案馆的江志炜入学登记表

图片来源：四川大学校史馆

高中课程，有的功课比如化学学起来比较吃力。但她刻苦学习，不懂就问同学，从不浪费时间，因此学习成绩进步很快。

在同学眼中，江竹筠是一位非常亲切、诚恳、谦和又很有主见的大姐。在日常的学习和交往中，江竹筠时常因势利导地引导同学了解社会、关注社会问题，鼓励同学们积极参与进步社团活动和斗争。英语课本上有一篇课文"The song on the river"（河上之歌），内容是描写纤夫拉船时唱的号子。江竹筠就跟同学讲述纤夫如何可怜，冬天也赤脚在水里走，十分辛苦，赚来的钱只能勉强糊口。她启发同学认识到社会上贫富悬殊，穷人受苦，大家应该努力改变这个局面。① 她还带同学去附近的纺织厂参观，了解纺织女工的现状。她也常常利用晚饭后散步的时机做工作。一次，她们路过学校附近的培根火柴厂。江竹筠便说："我们的生活都离不了工人。可是工人生活最苦，你看公道不公道？"②

江竹筠像川大女生院的多数同学一样，靠领学校公费维持生活，平时生活十分节俭、朴实。那时棉布很贵，江竹筠就动员同学们去买白布和染料，自己染布。可同学们自创方法染的布老是掉色，江竹筠见状鼓励大家去向有经验的人请教，后来大家加了盐和醋，染出的布就好多了。为了节省伙食费，女同学们办了伙食团，江竹筠常在这个伙食团吃饭，从不加菜。有时错过吃饭时间，便到女生院围墙外的小棚内去吃一碗酸辣面。

江竹筠特别善于关心和团结周围的同学。同班好友王云先回忆道："由于家庭经济困难，我只能半工半读，难免缺课。江志炜主动把自己的笔记借给我，如果下雨不能回家，江志炜就让我挤在她床上睡觉。这类事情，不管发生多少次，她都毫无难色。"③

学生运动中的江竹筠

在国立四川大学读书期间，按照中共川东特委的要求，江竹筠不转组织关

---

① 黄芬：《江姐在川大》，载《锦江怒涛（1944—1949）》，四川大学出版社，2006年，第314页。

② 卢光特、黄桂芳：《江竹筠烈士——中华儿女革命的典型》，载党跃武、陈光复主编：《川大记忆——校史文献选辑·川大英烈》，四川大学出版社，2011年，第206页。

③ 引自四川大学档案馆校史馆："江姐纪念馆"展览文字资料。

系，以隐蔽为主。组织上要求她以普通学生的身份出现，只做群众性的学生工作，尽量避免在学生运动中抛头露面，以免暴露身份；不发展党员，但可以主动地配合当地党组织的秘密工作，壮大革命力量。江竹筠牢记党组织的嘱托，在不暴露自己的情况下，利用适当时机在川大开展群众工作。

国立四川大学一直是中国共产党在四川开展革命活动的重要阵地。在党组织领导下，1944 年前后，川大学生先后建立了 20 多个进步团体，开展活动也很活跃。江竹筠参加了中国民主青年协会（简称"民协"）、文学笔会（简称"文笔"）以及妇女之声读书会（简称"女声社"）三个进步社团，并以过人的胆识与谋略协助社团开展活动，帮助进步青年成长。

"民协"是中国共产党领导下的革命青年秘密组织。它的任务是团结广大革命青年学生，为实现新民主主义和争取抗日战争最后胜利而奋斗。江竹筠与"民协"女生小组长黄立群保持着默契，在关键时刻进行指导。她发现一些进步同学处理不好革命活动和学好功课的关系，于是向"民协"提出改进的建议，被"民协"干事会采纳。

"文笔"创建于 1944 年 10 月，其宗旨是"以文学团结青年，追求真理，共同进步"，"为追求中华民族的彻底解放而奋斗"。1944 年冬，《华西晚报》社因报道川大先修班问题导致营业厅被砸，"文笔"负责人李实育等以"17 个学术团体"的名义声援慰问了《华西晚报》社。反动分子组织"护校团"，污蔑他们以少数团体妄自代表国立四川大学。江竹筠找到李实育，开导他要向同学们讲清校誉与社会是非的关系，李实育等遂按江竹筠的办法去宣传，争取了不少中间同学的支持，"护校团"顿时蔫了下去。

"文笔"成立之初只吸收有文学修养的人参加，导致成员较少。江竹筠就建议放开限制，以免因人数过少而受到孤立。后来参加"文笔"的人多了，江竹筠又建议"文笔"负责人主动帮助兄弟社团发展壮大，这样整个进步阵营才有力量。

"女声社"是在川大女生院组建的第一个进步学术团体，旨在"学习研究中国妇女独立解放之路"。江竹筠是女声社的副社长，同时也是墙报《女声》的负责人。当时的学生运动骨干、史地系学生陈光明回忆："我在当年的学生运动中，能出头露面做点事情，与江志炜对我的精心扶持分不开，她差不多在每一个关键问题上都给我出主意，态度谦和诚挚，她是那么平易近人。当时，我甚至未察觉到她的特殊作用。"①

1944 年 10 月 31 日，成都发生殴打、抓捕成都市立中学进步学生的"市中事件"。江竹筠动员同学们声援市中学生，并安排同学黄芬找熟人调查事件真相，回来向大家介绍情况。11 月 11 日，全市数千大中学生向当局提出了严正交涉，制造"市中事件"的有关人员终被撤职。

1945 年 12 月 6 日，国立四川大学进步师生举行"声援昆明'一二·一'惨案反对内战大会"。两天后，成都的大中学校又在华西坝举行了昆明"一二·一"死难烈士追悼大会，成立了"一二·一"惨案后援会，组织了声势浩大的游行。江竹筠与周围的进步学生一起置身于游行的队伍里。之后，在"李实育事件"以及声援川大"三教授事件"中，江竹筠都与进步师生站在一起，抗议国民党政府的暴行和对进步师生的迫害。

当时的学生运动骨干、史地系学生赵锡骅回忆说："江志炜告诉我，要革命就随时有被捕牺牲的可能。如果被捕了，只说一点自己公开的活动，其他一概推说不知道。要把法庭和刑场作为新的战场，宣传革命真理，斗争到最后一刻。"②

告别川大

1946 年 4 月，江竹筠在华西协合大学附属医院产下儿子彭云。为了在危险复杂的地下斗争中轻装上阵，江竹筠在进行剖宫产手术时，强烈要求做了绝育手术。彭咏梧事后赶到成都看望她和刚出生的儿子彭云时，为她的勇敢、果断和牺牲精神感动不已。

产后 40 天，江竹筠回校继续学习。她一如既往参加学校进步团体的活动，甚至还抱着襁褓中的小彭云到文彬馆教室参加"文笔"的活动，小彭云被同学们称为"文学笔会的下一代"。

1946 年暑假，江竹筠带着彭云回到重庆。1946 年 7 月 20 日，中共中央向全党印发《以自卫战争粉碎蒋介石的进攻》。随即，中共重庆市委决定让江竹筠中断在国立四川大学的学业，留在重庆开展革命工作。尽管江竹筠对不能完

---

① 黄芬：《江姐在川大》，载《锦江怒涛（1944—1949）》，四川大学出版社，2006 年，第 316 页。
② 引自四川大学档案馆校史馆："江姐纪念馆"展览文字资料。

成川大的学业潜藏着一丝遗憾，仍毫不犹豫地接受了组织安排的新任务。她致信同学帮她办理休学手续，中断了在川大的学业，把用了两年的"江志炜"这个名字留在了川大学生档案中，也留在了同学们的回忆里。

烈火中永生

1947年春，中共重庆市委创办机关报《挺进报》。江竹筠负责校对、整理、传送电讯稿以及发行工作。《挺进报》在几个月的时间内，就发行到1600多份，引起了敌人的极大恐慌。1947年夏，彭咏梧被任命为中共川东临时工作委员会委员兼中共下川东地委副书记，到下川东领导开展武装斗争；江竹筠以中共川东临委及中共下川东地委联络员的身份随丈夫奔赴武装斗争第一线。临行前，他们带着儿子彭云到照相馆拍了唯一的一张全家合影，然后将儿子托付给亲友，双双离开重庆，沿江东下，奔赴下川东。1948年1月16日，彭咏梧在巫溪安子山战斗中壮烈牺牲。敌人残暴地砍下他的头颅，挂到奉节竹园坪场的城楼上示众，妄图吓倒革命力量。

江姐强忍悲痛，毅然接替丈夫工作，继续战斗在武装斗争的第一线。她对党组织说："这条线的关系只有我熟悉，别人代替有困难，我应该在老彭倒下的地方继续战斗。"1948年6月14日，由于叛徒的出卖，江竹筠在万县被捕，被关押到重庆"中美特种技术合作所"集中营（即渣滓洞监狱）。

国民党军统特务知道江竹筠是彭咏梧妻子后，企图从她这里打开破坏游击地区党组织的缺口。他们用尽酷刑，包括老虎凳、辣椒水、电刑、带刺的钢鞭、吊索、撬杠，还用拶子（一种夹手指的刑具）夹击她的手指，甚至残酷地将竹签钉进她的十指，急欲从这个年轻的女共产党员口中得到重庆党组织的线索。面对敌人惨无人道的酷刑摧残和死亡威胁，江姐始终正气凛然、坚贞不屈："你们可以打断我的手，杀我的头，要组织是没有的！""毒刑拷打，那是太小的考验。竹签子是竹子做的，共产党员的意志是钢铁！"难友们无不为江姐的英勇无畏而感动，他们写诗献给她："你是丹娘的化身，你是苏菲娅的精灵，不，你就是你，你是中华儿女革命的典型。"①

身陷囹圄的江竹筠，在生命的最后时刻，除了革命事业外，最牵挂的就是自己的孩子。1949 年 8 月 26 日，她用筷子磨成竹签做笔，用棉花灰制成墨水，悄悄写下一封书信，辗转交给表弟谭竹安，这封信便成了江姐最后的遗书。信中写道：

> 我有必胜和必活的信心。自入狱日起（去年 6 月被捕），我就下了两年坐牢的决心。……假若不幸的话，云儿就送你了，盼教以踏着父母之足迹，以建设新中国为志，为共产主义革命事业奋斗到底。
>
> 孩子们决不要骄（娇）养，粗服淡饭足矣。

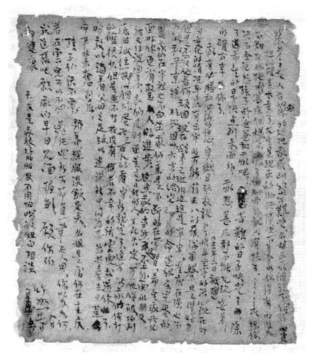

江竹筠遗书

图片来源：四川大学校史馆

就在黎明即将到来时，国民党特务在逃跑之前对关押在白公馆、渣滓洞的

---

① 王晶：《100 位为新中国成立作出突出贡献的英雄模范人物：江竹筠》，吉林文史出版社，2011年，第 77 页。

共产党人进行了大屠杀。1949 年 11 月 14 日，重庆解放前 16 天，江竹筠被杀害于电台岚垭，牺牲时年仅 29 岁。

案例点评

锦江红梅傲雪开。江竹筠是四川大学的优秀学生、中国共产党的优秀党员、中华民族的优秀女儿，她用生命谱写了一曲不朽的英雄赞歌。江竹筠的一生是短暂而伟大的一生。她对共产主义信仰的坚定执着，对党和人民的无比忠诚，对生命意义的顽强诠释，为我们树立了光辉的楷模，在历史长河中将永远光彩夺目，也将永远铭刻在川大人的记忆中。

江姐的革命精神可以概括为：勤学善思、追求新知的探索精神，团结群众、服务人民的实干精神，勇立潮头、改造社会的担当精神，忠于理想、严守纪律的奉献精神和心怀天下、舍生取义的牺牲精神。

2019 年 11 月 14 日，江姐牺牲 70 周年纪念日，四川大学在江姐曾经居住的女生院旧址上建立的"江姐纪念馆"暨"四川大学革命英烈事迹陈列馆"开馆，这里成为爱国主义和理想信念教育的生动课堂。初心如磐，使命如山。江姐的事迹将教育和激励当代青年大学生坚定理想信念，将革命先烈开创的伟大事业一代一代传承下去。

教学建议

通过对以江姐为代表的共产党人宁死不屈、英勇斗争的革命精神的学习，引导当代大学生思考"理想信念对于大学生成长成才的意义"，以及"为什么要信仰马克思主义"的问题。

通过本案例的学习，还可以引导大学生思考以江姐为代表的中国共产党人的"钢铁的意志"是如何练就的，他们何以能够做到为了人民的解放事业、为了人民的幸福安康而不惜牺牲生命。以此引导大学生正确认识人生"生与死"的辩证关系，深入思考生命的意义和价值，并激励当代大学生以"服务人民、奉献社会"为人生的最高追求，树立正确的人生观。

1. 面对敌人的酷刑，江姐说："共产党人的意志是钢铁！"你是如何理解这句话的？

2. 江姐的革命精神表现在哪些方面？作为川大学生，应该如何传承发扬江姐的精神？

［1］罗中枢. 四川大学：历史·精神·使命［M］. 成都：四川大学出版社，2009.

［2］王晶. 100位为新中国成立作出突出贡献的英雄模范人物：江竹筠［M］. 长春：吉林文史出版社，2011.

［3］本书编写组. 100位为新中国成立作出突出贡献的英雄模范人物［M］. 北京：北京工业大学出版社，2009.

［4］四川大学档案馆校史馆. 四川大学"江姐纪念馆"展览文字资料［Z］.

马识途：尽瘁终身心似初

马识途（摄于 1948 年）
图片来源：四川大学校史馆

马识途，原名马千木，1915 年生于四川忠县（今属重庆），中国当代著名作家、诗人、书法家；曾与巴金、张秀熟、沙汀、艾芜并称"蜀中五老"。

马识途于 1938 年加入中国共产党，1945 年毕业于西南联合大学中文系。新中国成立前担任过中共鄂西特委书记、西南联大地下党支部书记、川康特委副书记等。新中国成立后担任过四川省建设厅厅长、中国科学院西南分院党委书记、中共中央西南局及四川省委宣传部副部长、四川省人大常委会副主任、四川省作家协会主席等职务。在工作之余，坚持革命文艺创作，写下了 700 余万字的各类体裁的文学作品，2012 年，被授予巴蜀文艺奖终身成就奖。

2014 年 1 月，马识途将书法义展所得 230 多万元全部捐给了四川大学文学与新闻学院，设立了"马识途文学奖"，四川大学聘请马识途为名誉教授。

辞亲负笈出夔门

1915 年 1 月，马识途出生在忠县石宝乡一个书香之家。幼年时，马识途在本家祠堂办的私塾读古书、习语文，深受传统文化浸染。后改读新学，进的是一所乡村初级中学。该校校长是陶行知的学生，倡导"生活即教育"，让学生进行自我管理，学生住的宿舍叫新村。马识途在初中学习阶段，接触了一些新学杂志和讲富国强兵的新书籍，同时也嗜读《江湖小侠传》《蜀山剑侠之劈海情天》之类的新小说。偶尔还在个别老师房中看到从广州、武汉寄来的"不革命无以救中国"的宣传品。学校从武汉黄埔军校分校聘来几位教员，在他们的宣传教育下，马识途第一次知道了"共产党"。马识途在万县举行的下川东 14 个县中学毕业生会考中获第九名，成绩优异。

1931 年，初中毕业后，遵循"本家子弟十六必须出峡，到外面闯荡安身立命"的家规，马识途和三哥马士弘一起乘船东出三峡。船过三峡夔门，马识途写了一首诗《出峡》："辞亲负笈出夔门，三峡长风涌巨澜。此去燕京磨利剑，不报国仇不回还。"马识途考入北平大学附属高中学习；而三哥马士弘则考入中国大学学习。

九一八事变的消息传来时，学校十几位东北籍同学在操场上抱头痛哭。在随后举行的抗日集会中，马识途亲眼看到，一位女大学生被警察一警棍打翻在地，又被警察拽着脚倒拖着走。"头上还流着血。"几十年后，这个场景依然印在马识途的脑子里。

1933 年初夏的北平郊区，成了日军的演习场所。"贴着'红膏药'的飞机在学校上空飞来飞去，老师讲课的声音被淹没在飞机的轰鸣中。"北平已经安放不下一张书桌了。马识途逃到了上海，在浦东中学读完高中。而三哥马士弘愤慨于日军侵华的暴行，于 1934 年投笔从戎，成了黄埔军校第 11 期的学员。

在上海学习期间，马识途进一步接触了《大众哲学》等社会科学读物和《新生》《生活》等进步刊物。这一时期，马识途开始了文学写作，他特别喜爱鲁迅先生的小说和杂文。1935 年，他以马质夫的笔名，在叶圣陶主编的《中学生》杂志"地方印象记"专栏里发表散文《万县》，获该杂志征文奖。

1935 年冬，在中国共产党的领导下，北平学生发起了一二·九运动，青年学生走上街头，要求停止内战、一致对外，掀起了全国抗日救国运动的新高潮。走在游行队伍前列的马识途，已经"寻到"了自己要走的路。1936 年，因为参加学生抗日运动，马识途第一次坐牢。已经是国民党军官的三哥马士弘得知后，通过关系将他从监狱中救出。马士弘送马识途去报考国立中央大学化学工程系，而自己则转身归队。兄弟二人分手在岔路口。

"老马识途"，走上革命道路

在北平上高中时，马识途受到老师的影响，认为旧中国之所以衰亡是因为工业落后，便产生了"工业救国"的梦想，因此报考了中央大学化工系。这期间，马识途在中央大学参加了党的外围组织——南京秘密学联小组。1937 年 7 月，七七事变发生，马识途毅然决然地放弃了"工业救国"幻想，走出学校，参加农村服务团，在南京郊区的晓庄宣传抗日。10 月，他和同学刘惠馨等人撤退到武汉，不久后，南京大屠杀发生。在党组织的安排下，马识途见到了当时党在武汉的负责人董必武同志，然后手持董必武的介绍信，步行到鄂豫皖边区中心的黄安（今红安）七里坪，参加方毅主持的党训班学习。当时，叶剑英等人是教员，专门教战术、党的建设、游击战争等课程。培训结束，经方毅同志介绍，马识途又参加了陶铸同志办的农村合作训练班。不久，党组织派马识途去武汉做工运工作。

1938 年 3 月，由中共湖北省委组织部部长钱瑛介绍，马识途加入了中国共产党。面向党旗和马克思的画像举起右拳宣誓，马识途激动不已。他把原名"马千木"郑重地改为"马识途"，取"觅得正确道路、老马识途"之意。在自传《百岁拾忆》中他写道："从入党的这天起，我改名了。我以为我已经找到了自己的道路，老马识途了。"

钱瑛同志是马识途的入党介绍人，又是他的上级领导，马识途一直叫她钱大姐。钱瑛对马识途要求非常严格，同时又对他的安危和生活关怀备至。马识途曾说："她是一个使我终身不忘的共产党领导人，对我的一生影响很大，是我追求的楷模。"

党组织经过考察，决定让马识途转入地下，从事党的秘密工作。钱大姐告诉他，干这个工作非常危险，是敌人重点抓捕和杀戮的对象，已经有许多同志都牺牲了。她问马识途："有没有为革命牺牲的决心？"马识途毫不犹豫地回答："有!"

从此，马识途成为一名"职业革命家"，出生入死，辗转于湖北、四川、云南等地开展工作。党组织先是安排马识途担任"蚁社"支部书记，做职工工作，并参加汉口职工区委。同时他还同胡绳一道办过《大众报》，为《抗战青年》写文章，在《新华日报》上发表过保卫大武汉空战的报告文学。他曾取笔名马烈夫，意即"马列主义之一夫"，因"马列"二字在当时易惹敌人注意，故在列字下加了四点。1938 年 10 月，武汉沦陷前夕，他奉命撤退到鄂北，任中共鄂北特委委员，在鄂北各县从事党的农村工作。马识途的斗争经验越来越丰富。"那时，我常常留有可变的发型，还特别蓄了八字胡，戴的帽子、穿的风衣，都是里外不同颜色、不同布料的，可以随时翻过来穿，身边还准备了两副不同镜框的眼镜。我学会了南腔北调，可以在瞬间把自己从一个教书先生'颠覆'成一个浑身铜臭的小行商。"

"相信胜利，准备牺牲"

1939 年秋，他从鄂北转移到恩施，先后任中共鄂西特委书记、副书记。此时，党组织将刘惠馨由宜昌调来恩施工作。1939 年年底，马识途与刘惠馨结婚，他们有了一个小小的家。这个家，另一个秘密的名字是中共鄂西特委的交通站。

1941 年年初，国民党制造皖南事变，掀起第二次反共高潮，鄂西笼罩在一片白色恐怖之中。正当紧急疏散之时，因叛徒出卖，刘惠馨被捕，不满一岁的女儿随母亲被关进监狱，马识途只身幸免。本来刘惠馨是有时间逃走的，但为了不让机密文件落入敌人之手，她选择留下烧毁文件。同年 11 月 17 日，刘惠馨在受尽敌人折磨后壮烈牺牲。而马识途却是一年以后在昆明才知道这一消息，幼小的女儿也不知下落。直到 20 年后，马识途才找到失散多年的女儿。1961 年，马识途发表长篇小说《清江壮歌》，就是以刘惠馨等人的英雄事迹为素材创作的。

马识途的堂妹马秀英，1943 年考入国立四川大学经济学系学习，并在堂兄的影响下投身革命活动。1946 年年底马识途任中共川康特委副书记时，马秀英曾担任联络员，协助他工作。从川大毕业后马秀英继续在广汉、重庆、温江等地从事革命活动，并于 1948 年入党。1949 年 1 月，由于叛徒出卖，马秀英的丈夫齐亮（曾化名李仲伟，中共党员）和马秀英先后被捕，两人被关进渣滓洞监狱。马秀英与校友江竹筠、李惠明等被关在同一牢房。在重庆解放前夕，齐亮和马秀英先后在敌人的大屠杀中壮烈牺牲。

妻子、妹妹、妹夫 3 位亲人为革命而牺牲了生命。回忆起这一段革命斗争经历，马识途说："我非常清楚，干这种工作就是要准备牺牲的。当时我确实做好了牺牲的准备，同时我坚信我们的事业一定会胜利。'相信胜利，准备牺牲'这八个字，就是当时职业革命家一种坚强的信仰。"

在西南联大领导学生运动

1941 年秋，中共中央南方局按照中共中央"精干隐蔽，长期埋伏，积蓄力量，以待时机"的指示，安排马识途转移到云南昆明。他将高中毕业证书上的马千木添一笔改为马千禾，然后以此身份考入西南联合大学，在中文系和外文系学习 4 年，同时担任西南联大党支部书记。其间，他组织了各种形式的活动，团结了大批进步师生。他以学生身份与罗常培、楚图南、李广田、吴晗等著名教授往来，以党员身份与闻一多先生联系，并得到闻一多的积极支持。他还与张光年、齐亮等创办文艺刊物《新地》，与张彦主编《大路周刊》，以宿莽、劫余、子一等笔名发表了小说、诗歌、杂文及时事评论等。1945 年 8 月，马识途被派往滇南，负责党的领导工作，准备游击战争。

迎接成都解放

1947 年，马识途回到成都，任中共川康特委副书记，分管组织和群众工作。为维持一家数口的生计，同时负责教授华西协合大学先修班、华西协合中学校的英语课，还任法国驻成都领事的家庭中文教师；同年 2 月《新华日报》被迫撤回延安，川康特委决定由马识途、王放负责，办了张小报《XNCR》（取延安新华电台呼号），传送党中央声音和解放战争的捷报。同年 8 月至次年春，为牵制敌军，马识途在仁寿、荣县、大邑、冕宁等地组织领导了数次武装暴动。

1949 年 1 月，中共川康特委书记叛变，供出马识途，敌人四处搜捕他。他不顾自己的安危，坚持战斗在成都，指挥地下组织的同志疏散。2 月，他奉命去香港汇报工作，因特务事前已侦悉他的行踪，他不能乘飞机、轮船，只得搭乘私人汽车，绕道贵阳、柳州、广州到香港。这段斗争十分险恶，环境极为复杂，经历极其曲折，但他总是能急中生智，屡屡化险为夷。

1949 年 4 月，马识途奉命由香港经烟台去北平，而后随四野大军南下，接收武汉，任华中总工会副秘书长。9 月，为配合解放军解放大西南，他奉命与其他几位四川地下党负责人一道去南京，向刘伯承、邓小平等二野首长汇报四川情况；接着他被派往西安，随贺龙、李井泉南下入川，于 12 月迎来成都和平解放。

1949 年，马识途的二哥、已是国民党少将副师长的马士弘，放弃去台湾的机会，在成都率部起义。1950 年 1 月 1 日，他作为罗广文军团的联络官到成都解放军司令部报到，看到了站在贺龙身边的、已是中共川康特委副书记的五弟马识途。兄弟二人终于走到了一起。

新中国成立后，根据组织上的安排，马识途先后在不少部门工作过。他往往是刚在一个单位打开局面，却又奉命去创建另一个新单位。1952 年，马识途被调去搞成都市的建设工作。筚路蓝缕，刚刚小有成就，正值第一个五年计划要开始，又被调去组建四川省建工局。短短两年，建工局从无到有，成为拥有四个公司、三个设计院、一个砖厂和水泥预制板厂的好几千人的建筑大军。就在建设方面刚刚有点起色时，他又被组织安排去筹建中国科学院四川分院，除了一块招牌，又是一无所有，一切又从头开始。就这样，马识途前前后后在四川省建工局、四川省建设厅、四川省建委、中国科学院四川分院（后更名为西南分院）、西南局科委和宣传部、四川省委宣传部、中国科学院成都分院、四川省人大常委会担任过各种领导职务，还兼任过四川省文联、四川省作协主席。马识途说："我没有多少政绩，但是我不论在哪一个工作岗位上，都是尽心尽力，问心无愧的。坚持党的领导和依靠群众的支持，这就是我的从政之道。"

曲折人生，文学富矿

马识途不仅是一位革命家，还是文学家、书法家。在《我怎样写起小说来的?》一文中他谈到了走上文学创作道路的缘由。在他从事革命活动的岁月里，时时刻刻所面对的就是生与死的搏斗、血与火的战争。他能和老百姓吃一样粗粝的饭菜，吸一样辛辣的叶子烟，在塘边、坝上、土地庙前，摆谈奇闻怪事，诉说希望与梦想，年复一年，这些人物和事件沉落到记忆的底层，逐渐变成思想的矿藏。他的小说《老三姐》《回来了》《小交通员》及长篇小说《清江壮歌》等，都取材于革命斗争生活。

这些作品引起了中国作家协会领导的注意。当时的作协党委书记邵荃麟对马识途说，革命老同志中能搞文学创作且有特点的很少，你是老同志，有丰富的生活经验，有在西南联大养成的基本功，完全可以写东西。评论家侯金镜对马识途说："你的脑子里有一个文学富矿，你是不能拒绝我们开发的。"

他说："刚开始的时候，我是被动地写作，后来写得比较顺了，连续发表了若干短篇，都产生了较好的影响，在文学界引起大家关注，慢慢开始主动写了。更主要的是，写作打开了我革命斗争记忆的闸门，以至于晚上睡觉的时候，我的许多同伴朋友从梦中冒出来，要求充当我作品里的人物，呼吁他们'出生'的权利，这也促使我从被动写变成主动写了。"

1995 年马识途在华西医科大学建校 85 周年庆祝大会上
图片来源：四川大学校史馆

此外，马识途还发表了不少讽刺文学作品，其中《夜谭十记》近年来最为大家所知，姜文导演的电影《让子弹飞》便是改编自其中的《盗官记》。

几十年来，在繁重的工作之余，马识途坚持文学创作，笔耕不辍。到2018年，已出版18卷700余万字的《马识途文集》，这是中国革命文学、中国现当代文学史上一笔丰厚的宝贵财富。他被公认为是巴蜀现当代文学史上，继郭沫若、巴金、李劼人等人之后，最具影响力的作家。

马识途对四川大学有着特殊的感情。2014年1月，马识途将书法义展卖出的230多万元全部捐给了四川大学文学与新闻学院。为此，文学与新闻学院设立了"马识途义学奖"，用于表彰热爱文学、品学兼优的大学生，培养和鼓励文学新秀。2019年，他再捐出义卖所得105万元。他说："我以为，一个人到这个世界上来，总应该至少做一件好事吧。我把我书法展所得捐给四川大学文新学院作为优秀寒门学子的奖学金，就是我想做的一件好事。"

2020年6月，马识途的新作《夜谭续记》正式出版。7月5日，106岁的马识途宣布封笔。他写下《自述》诗一首：

> 生年不意百逾六，回首风云究何如。
>
> 壮岁曾磨三尺剑，老来苦恋半楼书。
>
> 文缘未了情无已，尽瘁终身心似初。
>
> 无悔无愧犹自在，我行我素幸识途。

 案例点评

少出夔门，志怀报国，奋斗百年。戎马与笔墨，革命和文学，马识途将两项事业，完美融为一身。"三灾五难诩铁汉，几死一生铸钢骨"是他革命生涯的生动写照。他历经沧桑而初心未改。马老说，能在人世间沉浮，历尽难险，却永不失悔，那正是因为坚强的信仰。他始终认为"人无信仰，生不如死"。

"呕心沥血百万字""全皆真话无诳语"则是他文学创作的真实反映。当他被授予巴蜀文艺奖终身成就奖时，他却说"我没有终身成就，只有终身遗憾"。他对川大有着特殊的情感，慷慨捐赠300多万元设立"马识途文学奖"，川大学子当能从中深切感受到老人对文学新人的殷殷期望。

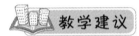 教学建议

本案例可用于"正确的人生观"部分的教学。马识途早年入党，在地下斗争中出生入死，辗转各地，无论党组织安排他做什么工作，都坚决服从。马识途曾经有过的当工程师、搞建筑、搞学术研究的愿望都没能实现。他说自己"没有多少政绩，但是我不论在哪一个工作岗位上，都是尽心尽力，问心无愧的。坚持党的领导和依靠群众的支持，这就是我的从政之道。"以本案例说明以马识途为代表的老一辈革命家"服务人民、奉献社会"的人生追求，引导学生思考人生目的和人生价值的真谛是什么。

还可用于"追求远大理想 坚定崇高信念"相关内容的教学。马识途长期从事党的地下工作，九死一生，有三位亲人牺牲在敌人的屠刀下，历经沧桑而初心未改。从本案例的学习中，引导大学生认识理想信念的强大精神作用，认识马克思主义信仰的科学性和崇高性。

 学习思考题

1. 马识途一生在许多岗位上工作过，在每个岗位上都做出了重要贡献。但他对自己的评价是"我没有终身成就，只有终身遗憾"。如何理解马识途的"终身遗憾"？

2. 马识途认为"人无信仰，生不如死"？对此，你有怎样的理解？

 参 考 文 献

[1] 顾学文. 百岁马识途的抗战记忆 [N]. 解放日报，2015－09－05.

[2] 燕飞，徐梦龙. 采访札记：坚守一生的信仰 [EB/OL]. （2018－02－09）. https://www.ccdi.gov.cn/yaowen/201802/t20180206＿163508.html?spm=C78949.PCgXt0hmb7ji.EMkAlqpZFHJj.3.

[3] 肖姗姗. 106 岁马识途宣布封笔 [EB/OL]. （2020－07－05）. https://sichuan.scol.com.cn/ggxw/202007/57844469.html.

马秀英：火中凤凰

马秀英

图片来源：四川大学校史馆

马秀英（1923—1949），四川忠县人。1943 年考入国立四川大学经济系，1947 年毕业。1948 年加入中国共产党，1949 年 11 月 27 日牺牲于重庆渣滓洞监狱。

接受革命熏陶

1923 年，马秀英出生在四川忠县石宝寨坪山坝。9 岁丧父，伯父马玉之（马识途之父）对她关爱有加、视若己出。1938 年，马秀英从忠县女子中学毕业后，转至成都树德中学读书。树德中学是当时成都有名的学堂之一。学校对学生的学习抓得紧、要求高，同时在思想上对学生的控制也比较严。由于早先与思想活跃的堂兄们接触较多，受到进步思想的影响，马秀英对学校那些陈规旧俗的束缚极为不满。因此，在学习之余，她经常到书店找一些具有新思想的课外书刊来读。1939年，已是中共党员的堂兄马识途从湖北回到成都，住在家中，经常与弟弟妹妹们讨论时政，抨击国民党政府，宣传抗日救亡和革命理论。马秀英深受启迪，受到了最初的革命思想熏陶。1941年，马识途离开成都到昆明的西南联合大学学习和工作，但仍与家里保持书信联系，常常寄些进步刊物回家，给弟弟妹妹们阅读。马秀英因此接触到不少革命思想，开始向往革命。

川大求索岁月

1943年，马秀英考入国立四川大学经济系。她在这里结识了党员同学王琴舫、冉正芬、李惠明等，并得到她们的关心和帮助，思想上有了很大进步。

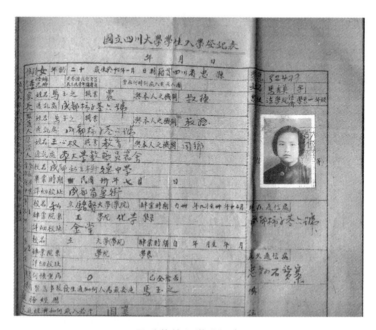

马秀英的入学登记表

图片来源：四川大学校史馆

1944 年年底，王琴舫在国立四川大学女学生中组织了自由读书会，这是一个以阅读书籍和讨论学术为名的进步团体。马秀英与冉正芬等是自由读书会的首批成员。后来，自由读书会又在同学中发展了不少人，对宣传马列主义和党的主张起了重要作用，在学校中影响很大。同年 10 月，鉴于革命形势的发展和需要，在中共成都市委的直接领导下，以国立四川大学为主要力量，党的外围进步组织"民协"成立，马秀英很快被吸收为成员。此后，在对国民党顽固派反共卖国和屠杀革命人民的每一次斗争中，马秀英都积极参加，表现得十分勇敢。

1944 年 10 月 31 日，成都发生了国民党军警镇压学生的"市中事件"。在"民协"组织领导下，全市大中学校纷纷成立抗议军警暴行、声援市中同学的后援会，进行广泛宣传，发动群众。11 月 11 日，马秀英等人在刘淑文、王琴舫带领下，冲破校方的阻挡，去华西坝参加了全市大中学生声援市中同学抗议警察暴行大会。会后进行了示威游行，到省政府请愿，斗争取得了胜利。

在追悼昆明"一二·一"死难者活动中，在揭露敌人制造谣言陷害李相符、陶大镛和彭迪先的"三教授事件"中，马秀英都冲锋在前。12 月 11 日，敌人造谣惑众，栽赃陷害进步学生李实育，并在逮捕时将其打成重伤。马秀英和许多进步学生一道，抱着鲜花去医院探望他。在这些斗争中，马秀英得到了锻炼。

1945 年，在五四运动 26 周年的纪念活动中，马秀英表现得非常活跃。她不仅积极参加校内的活动，还积极参加成都市进步社团在华西坝举行的盛大篝火晚会和火炬游行。通过这些活动，马秀英深受教育。

1946 年 6 月，成都大中学生在党组织和"民协"领导下广泛开展了"争温饱、争生存"的斗争，要求全市大中学校的"民协"改善同学生活服务，密切与群众的关系。为此，川大"民协"组织人员办了学生伙食团。由于待人谦和，与同学相处较好，马秀英被推选为伙食团团长。她一丝不苟、勤勤恳恳地为同学们服务，得到了大家的认可。这年秋天，堂兄马识途回到成都，担任中共川康特委副书记。马秀英积极协助他，担负联络、传递文件、油印宣传品等任务，成为马识途和中共川康特委的好助手。在革命斗争的锻炼中，马秀英政治觉悟迅速提高，革命意志更加坚定。

1946 年 11 月，马秀英和她的战友们投入到揭露与批判"中美商约"的斗争当中。在班级和经济系分别召开的"中美商约座谈会"上，她慷慨陈词，揭露商约的实质和危害，痛斥这一新的"二十一条"。不久，北平发生了轰动全国的美军士兵强奸北大预科学生沈崇事件。消息传来，川大女生院在共产党员、"民协"会员冉正芬、游训天、马秀英、李惠明等人的领导下，决定由全校学生自治会女理事陈为珍出面召开女生院室长会议，以寝室为单位，征求女同学意见，这样很快就把女同学都发动起来了。然后以女生院名义发表抗暴声明，并组织宣传队到男生宿舍进行宣传，发动男同学签名，争取全校男同学的支持。最后以女生院名义组织全体女同学在校内举行抗暴游行。

1947年新年前夕，中共川康特委领导的成都"海星合唱团"准备在元旦举行的公开联欢会上，首次以解放区的秧歌舞剧形式演出，以扩大我党在群众中的影响。为此，党组织发动了成都大中学校的进步学生以及其他进步青年积极准备。马秀英与王放（王琴舫）、冉正芬、陈为珍、李惠明等川大同学一道参加了这一活动，她们认真地参加排练。那次的演出非常成功，在各界中影响很大。尤其是马秀英等人演出的"新年大合唱""过新年，提花灯"最为新颖，得到一致好评。这一年年初，将要毕业的马秀英，参加了川大"民协"领导的"黎明歌唱团"。

1947年秋，马秀英以优异成绩从国立四川大学毕业。在国立四川大学的这四年，她在政治思想上日益成熟。

志同道合的革命伴侣

1947年年初，中共四川省委青年组秘书齐亮来到成都，住在马识途家。马秀英同他相识后，十分敬佩他的学识和人品，齐亮也喜爱马秀英的勤奋好学。二人志同道合，在交往中从友情发展到爱情。同年秋，齐亮化名李仲伟，到重庆任北区工委书记，他在江北以志达中学教师身份做掩护，从事党的地下活动。

从国立四川大学毕业后，经人介绍，马秀英到广汉女子中学任训育主任。尽管她在这里仅工作了半年，但是由于她能密切联系学生，因而颇受学生的信任和尊敬。

1948年春，马秀英到重庆江北志达中学任文史教员。志达中学是地下党员王朴为进行地下活动做掩护而创办的。马秀英到志达中学不久，经齐亮和王朴介绍，光荣地加入了中国共产党，积极从事革命活动。同年4月，由于中共重庆市委书记刘国定被捕后叛变，川东的地下党组织遭到严重破坏，王朴不幸被捕。组织上安排齐亮和马秀英撤离重庆，齐亮做好王朴的母亲、妻子的安置工作，并对吕坪等同志作了相应的安排和转移后，才离开学校。6月，他们到了成都，不久结为终身伴侣。齐亮和马秀英在马识途的安排下，到温江女子中学任教。齐亮任训育主任，马秀英任教导主任。该校是川西地下党的据点之一，校长王仲雄和不少教员都是党员。川康特委要求他们在校内不打通横的关系，隐蔽待命，单独行动，对学生进行个别革命教育。

刘国定叛变后，被特务机关任命为中校专员。他和特务雷天元、叛徒骆安靖组成"川西特侦组"，1949年1月2日专程到成都，破坏川西地下党。马识途得知后，立即布置同志们转移，齐亮、马秀英也撤回成都，准备转移到川北绵阳地区工作。他们回到成都后暂住在东城根街西二巷。临行前一天，他们在春熙路国货公司门前突遇叛徒，齐亮当场被捕，马秀英则被特务跟踪至家，暗中监视。原来刘国定不认识马识途，暂不捕马秀英，正是为了放长线钓大鱼。这"张网捕人"的诡计，被马秀英和房东安老太太识破了。敌人见奸计难逞，于20日进屋抓捕马秀英。这时，恰巧同学冉正芬有事来访，为掩护战友，马秀英装作不认识冉的样子，暗使眼色，示意其赶快离去。在房东太太帮助下，冉正芬脱离了险境，马秀英却被捕了。敌人将马秀英、齐亮押解到重庆，关进渣滓洞监狱。

热血洒红岩

齐亮先被关在白公馆，后转到渣滓洞。他在狱中仍然兢兢业业为党工作，在同室的难友中开展积极的思想宣传工作，组织难友学习党的纲领和各项政策。他自己也在狱中自学俄文。他还根据自己做基层工作的经验，撰写了《支部工作纲要》供难友学习。

马秀英被关在女一室，同室的还有校友江竹筠、李惠明，以及著名的女革命家杨汉秀等人。这些有丰富斗争经验的共产主义忠诚战士的坚强意志和不屈精神感染和教育着马秀英。在酷刑面前，她像这些战友一样，丝毫没有屈服，丝毫没有动摇，严守党的秘密。

1949年春节前夕，被囚的革命者们欣闻解放军在解放战场上的辉煌胜利，决定举行春节联欢会来庆祝。大联欢中，女难友们随着欢快的歌声翩翩起舞，马秀英的秧歌舞扭得欢快精彩。难友们欢快的歌声，给渣滓洞带来了一丝春天的、青春的气息，鼓舞了大家的革命斗志。

春节后，马秀英又响应江姐提出的"加强学习，迎接胜利"，把监狱当作一所大学，与难友们共同拟出《社会科学二十讲》《新民主主义论》《论共产党员修养》等学习提纲，还给难友讲解政治经济学和社会学原理。通过学习革命理论，她和难友们更看清了革命的前程，更加坚定了革命意志。

行将败亡的国民党反动派在溃逃前，下令对关押的革命志士实行灭绝人性的大屠杀。11月14日，齐亮与江竹筠、李青林等人被特务杀害于电台岚垭。11月27日，马秀英牺牲于渣滓洞，时年26岁。

案例点评

马秀英烈士是川大的女儿，也是川大的骄傲。在堂兄马识途的影响带领下，她在川大学习期间就向往革命、积极投身进步活动，在斗争中逐步树立了共产主义的理想信念，锤炼了革命意志。为了革命事业，她与丈夫齐亮共赴斗争最前线，与国民党反动派进行英勇斗争。面对敌人的严刑拷打和残酷折磨，始终坚贞不屈，她的生命虽然短暂，却像火中凤凰一样在熊熊烈火中得到了永生。

教学建议

马秀英始终追求崇高的理想信念，积极加入中国共产党，投身革命活动。为了追求真理、为了革命事业而不惜牺牲自己的生命，充分说明了理想信念作为人的思想和行为的定向器作用，以及在人们面对考验时的强大精神动力作用等。

马秀英面对敌人的追捕，宁愿把危险留给自己也要掩护同志撤离；被捕后，面对敌人的严刑拷打和残酷折磨，始终坚贞不屈，体现了大义凛然、勇于牺牲的伟大民族精神和中国共产党人崇高的革命精神。

马秀英与丈夫齐亮因为共同的革命理想和追求走到了一起，成为革命伴侣。他们为了国家民族的解放事业舍弃自己的小家，乃至个人的生命，他们是真正的志同道合的"爱人"。由此可以引导大学生思考与理解爱情的本质和特征。

 学习思考题

1. 新中国成立之前的国立四川大学一直是"西南进步势力的大本营"，党是如何教育、培养和引导进步青年投身革命事业中的？对于今天高校的党团组织工作有哪些启示？

2. 马秀英和丈夫齐亮都是中国共产党员，为了革命事业，两人都牺牲在重庆解放前夕。怎样理解马秀英和齐亮这样的革命者的爱情观？

 参考文献

[1] 王宗力，黄桂芳. 马秀英烈士：火中凤凰［M］//党跃武，陈光复. 川大记忆：校史文献选辑：第四辑［M］. 成都：四川大学出版社，2011.

[2] 袁代奎. 马秀英、齐亮伉俪共铸红岩魂［N］. 忠州日报，2020-04-04.

[3] 伉俪共铸红岩魂——记烈士夫妇齐亮、马秀英［N］. 重庆政协报，2014-03-14.

[4] 王宇光，贾唯英. 1944-1946年成都的学生运动［M］//中国人民政治协商会议四川省成都市委员会文史资料研究委员会. 成都文史资料选辑：第七辑. 成都：成都出版社，1984.

第二编

陶铸人才为国用的教育家

吴玉章：从民主主义者到共产主义者

吴玉章

图片来源：四川大学校史馆

吴玉章（1878—1966），原名永珊，字树人，四川荣县人。先后在成都尊经书院、泸州川南经纬学堂和日本、法国的学校读书。1922 年 9 月至 1924 年 1 月，吴玉章担任国立成都高等师范学校校长；新中国成立后担任中国人民大学校长。他是我国杰出的无产阶级革命家、教育家、历史学家和语言文字学家，是新中国高等教育的开拓者。

五四运动带来希望与光明

1892 年，吴玉章就读于四川大学源头之一的尊经书院，是戊戌变法维新运动的拥护者和宣传者。1903年他东渡日本，1905年加入孙中山领导的同盟会，1911年领导了四川保路运动。辛亥革命后，他出任孙中山总统府秘书；1914年留学法国；1917年，他参加了护法运动；1918年，参加了在广州成立的护法军政府。而他的思想转变，则肇始于五四运动。

十月革命刚发生的时候，由于帝国主义和北洋政府封锁消息，大多数中国人还不知道俄国已发生了一次开辟人类历史新纪元的伟大革命。但是消息是不可能长期被封锁住的，吴玉章通过约翰·里德的《震动世界的十日》，了解到北方邻国已经建立了一个社会主义国家，建立了一个工农政府，伟大的俄国人民已经摆脱了剥削制度，获得了真正的自由解放。他之前在法国接触了各种社会主义思想流派，深深为社会主义理想所吸引。今天这个理想居然在俄国开始实现了，他心中自然感到无限兴奋和鼓舞。1920年，吴玉章在北京碰到了从苏俄学习与工作回来的王维舟。王维舟详细地向他介绍了苏俄的状况，使得吴玉章对这个新的社会主义国家有了更全面的了解。当时苏俄正处在国内革命战争的困难时期，物资非常缺乏。王维舟和吴玉章就在北京东安市场召集青年学生，组织了一个"俄灾救援会"，向各方募捐，用募到的几万元钱买了许多面粉和日用品寄往莫斯科。后来王维舟又到上海募集了几万元。那时候中国人民对十月革命非常同情，人人都希望能出一份力量来支持苏俄，所以他们的募捐能够有这样大的成绩。

第一次世界大战结束后，中国以战胜国的身份参加巴黎和会。当时不少中国人对巴黎和会抱有幻想，希望可以通过巴黎和会收回德国在山东所占夺的领土和权利。结果，和会决议将德国在山东的"权利"一概让与日本。中国以战胜国的身份参会却得到"战败国"的待遇，帝国主义的霸权欺凌再一次从反面教育了中国人民，激起了青年学生和全国人民的激愤。1919年5月4日，北京首先爆发了爱国示威运动，惩罚了卖国贼；各地纷起响应，全国范围内掀起了反帝反封建的巨大浪潮。五四爱国运动使整个中国从沉睡中苏醒了，开始焕发出青春的活力。

俄国的十月革命和中国的五四运动对吴玉章的思想产生了极大影响，他相信革命有希望、中国不会亡。尽管他当时还未能对中国革命得出一个系统的完整的新见解，但是通过十月革命和五四运动的教育，必须改变过去革命的办法，依靠下层人民，走俄国人的道路，这种思想在他头脑中日益强烈、日益明确了。

新道路 新起点

1919 年 10 月底，由于被军阀排挤，吴玉章退出护法军政府回到了四川。就在这一年，他读到了一本日文书——《过激派》（日本对布尔什维克恶意的称呼）。当时中国革命已走到山穷水尽的地步，革命实践的发展使他日益感觉到旧民主主义道路走不通。十月革命和五四运动的发生向他展示了新的方向和新的途径。他渴望了解苏俄革命的经验，《过激派》这本书，恰恰满足了他的需要。结合着过去的经历，吴玉章认真地思索，对以往的思想和行动做了一次详细的批判和总结。他体会最深刻的有以下四点：

第一，工人和农民是社会财富的创造者，他们用辛勤的劳动哺育了整个社会，但是他们自己却衣不蔽体，食不果腹，世世代代过着贫困的生活。而地主、资本家，游手好闲、不事劳动，却过着奢侈的生活。如何能使这些人绝迹？吴玉章非常拥护布尔什维克主张的"不做工，不得食"。他认为对于社会上的寄生虫，一定要强迫他们去劳动，让他们自食其力，社会才能够安定和繁荣。

第二，布尔什维克认为，工人阶级是最革命的阶级，工人阶级必须依靠自己的力量才能够得到解放。从前吴玉章虽然对下层劳动人民的痛苦生活寄予极大的同情，搞革命就是为了要解救苦难的民众，但是总以为革命只能依靠少数知识分子和职业革命家，没有看到广大人民中所蕴藏的伟大革命潜力。经过十月革命，世界上出现了第一个工人阶级的政权；经过五四运动，中国工人阶级发挥了冲击旧制度的伟大力量。他深深感到工人阶级力量的伟大。辛亥革命只在知识分子和军人中进行活动，恰恰是没有把下层民众动员、组织起来。所以革命显得软弱无力，反动派一旦反攻，就陷于土崩瓦解。吴玉章认识到今后中国革命最重要的一条就是要依靠工人阶级，依靠下层民众。

第三，无政府主义者不要组织的做法是不可能成功的。1914 年，孙中山先生在日本组织中华革命党，党员要有绝对服从的义务，不能自由行动，组织手续很严格，入党时还要按手指印。吴玉章觉得他的办法比无政府主义强得多，但是党员入党时按手指印的做法又太落后，有点旧式会党的气味。究竟怎样才好呢？吴玉章始终抱着疑问。布尔什维克主张由工人阶级中的先进分子组成一个坚强的、有纪律的、有战斗力的共产党，作为改造旧社会、建设新社会的核心力量，这个主张使吴玉章多年未解的疑团顿然消释。

第四，布尔什维克认为，革命的根本问题是政权问题，工人阶级在革命中必须粉碎旧的国家机器，代之以新的国家机器，才能够巩固革命的胜利。这是一个颠扑不破的真理。吴玉章认为，辛亥革命时革命党就是因为忽略了掌握政权和改造国家机器，才让袁世凯篡了权。有些人（如宋教仁）还幻想用议会斗争的方式来控制住旧的国家机器，结果反动派利用了现成的政权和旧国家机器向革命党进攻。布尔什维克关于政权和国家的理论，解决了吴玉章在这个问题上的疑惑。

利用"自治"讲台宣传革命

1920 年南方各省掀起"自治运动"的潮流，给吴玉章等人提供了宣传马克思主义的机会。1920 年年底，他们开始了组织活动，1921 年 4 月 1 日成立了全川自治联合会，全省 100 多个县都派代表来参加。通过这个组织系统，他们了解了各县的许多情况，也借着这样一个公开的平台积极宣传马克思主义。吴玉章经常写文章、做讲演，《全川自治联合会宣言》和"十二条纲领"就是由吴玉章起草的。《全川自治联合会宣言》和"十二条纲领"中以"建设平民政治，改造社会经济"为总目标，强调民主政治以反对军阀专制，提出"不做工、不得食"以反对社会寄生虫；提出"民众武装"以反对军阀武装；提出"合作互助"以改善工农生活。"十二条纲领"具体是指"全民政治""男女平权""编练民军""保障人权""普及教育""公平负担""发展实业""组织协社（即合作社）""强迫劳动""制定保工法律""设立劳动机关""组织职业团体"。他对每一条纲领都详加解释，许多观点已然挣脱了旧的束缚，初步反映了马克思、恩格斯、列宁的一些主张。这个宣言和纲领登载在《新蜀报》上，受到各县进步青年的拥护和欢迎。

吴玉章通过这个自治机构传播进步思想。大会开幕时，全省人心振奋，可容千余人的重庆商会大礼堂座无虚席，门窗外还有许多人伫立而听，大家都说从来没有看到过这样的盛会。可是会后不过十多天，刘湘、杨森就企图收买自治联合会，以作为他们的御用民意机关。自治联合会的成员本来就很复杂，有些人很快就被他们收买。吴玉章觉察到这种情况后，就把大家发言拥护自治、起草省宪的意见形成会议决议，并宣布自治联合会的宗旨是促成省宪，不能代替民选的省议会，大家已决议实行自治、起草省宪，任务已经完成。至于起草省宪的权力应该交给省议会。这个意见得到多数人的赞同，于是自治联合会就把起草省宪之权移交给省议会。之后自治联合会宣布解散。当时之所以这样做，是因为省议会仍在国民党的控制下，还不至于被反动军阀随意操纵。军阀刘湘、杨森费了很多心机，用了许多钱收买代表，结果是人财两空，因此对吴玉章恨之入骨，下令通缉他。

四川"自治运动"本身，并无成效可言。但这个运动却使吴玉章有了一个面对广大人民群众宣传革命思想的机会，而且得到了热烈反响，这是一个重大的收获。"自治运动"的失败，使他又有了两个教训：第一个是进一步体会到在军阀统治下毫无民主可言，要拯救中国，必须首先用武装的革命来推翻封建军阀统治。第二个是自治联合会这种地方性的临时组织极容易被敌人破坏，必须要有一个坚强的革命的战斗的组织来领导革命。这时候他非常强烈地产生了组织一个像布尔什维克那样的政党的愿望。其实在这个时候，中国共产党正在上海秘密召开第一次全国代表大会，不过他远在四川，并不知情。

整顿成都高师，组织工人农民

1922 年夏，国立成都高等师范学校闹风潮，校长去职，学生和当局请吴玉章担任校长。他接任了这个职务，并在校内进一步展开了宣传和组织活动。

为了办好国立成都高等师范学校，吴玉章花费了很多心血。甫一到任，他看到的是学校纪律松弛，课程内容也陈腐不堪。他采取了大刀阔斧的改革措施。首先是努力争取各方面的经济支持，改善办学条件；其次是聘请了许多具有新思想的人来担任教务主任或各科主任，如郭鸿銮、何邦著、李植、傅振烈、夏崎、张简、黄振国、赵治昌等。同时，顽固反对新文化运动的少数所谓"蜀中宿儒"则淡出了学校。吴玉章还制定完善了各项规章制度，整顿了学校纪律，扭转了散漫的风气，革除了一些落后的封建陋习。对教师和学生的学习、生活他都尽力关心照顾。经过一番整顿，学校面貌大为改观，树立了一种崭新的学风。同学们有秩序，有朝气。他们追求知识，孜孜不倦；议论政治，意气焕发。学校因此成了进步势力的大本营。

五四以后，四川的新文化运动很快开展了起来。除了国立成都高等师范学校学生创办的《星期日》等进步刊物传播新文化、新思潮以外，许多外地的新书报也纷纷传入，早期马克思主义者恽代英等都曾到四川进行宣传活动。吴玉章利用同盟会老会员的身份，尽可能地推进新思潮的扩展。除了在校内工作外，吴玉章还利用个人与四川上层社会的关系，为革命同志做掩护。1922年恽代英在泸州被川军赖心辉部扣押，吴玉章知道后立即打电报去泸州，保释恽代英同志，并请他到国立成都高等师范学校任教。吴玉章说，恽代英是最受学生欢迎的教师，他在校期间，把马克思主义在四川的传播推向一个更高的阶段。

吴玉章还鼓励和组织学生深入到工人和农民中去做宣传和组织工作。成都市有一个兵工厂，工人很集中，此外市内还有许多分散的丝织工人，他们派学生去分片联系，组织工会，发动罢工。另外在成都近郊乡村，也有学生去进行活动，组织农会。当时成都经常发生罢工事件，吴玉章的一位老朋友曾开玩笑地说，只要把吴玉章捉来杀了，罢工就不会发生了。四川的一些军阀对吴玉章很头痛，但是因为他和同盟会、国民党的历史关系，更因为当时群众伟大力量的支持，这些军阀也奈何不得他。

当宣传和组织工作开展到工人、农民中去以后，成立无产阶级政党的要求也就愈来愈迫切。1924年，吴玉章与杨闇公等20多人秘密组织了"中国青年共产党"作为领导革命斗争的机构，并发行机关报《赤心评论》。由于四川地处偏远，一直到这时候，他们还不知道中国共产党已经成立，也不知道国共合作的新时期即将开始。

吴玉章与杨闇公等发起成立的"中国青年共产党"章程

图片来源：四川大学校史馆

光荣加入中国共产党

1923 年，军阀刘湘、杨森勾结吴佩孚进攻四川。1924 年 1 月杨森攻占成都，派人接收国立成都高等师范学校，吴玉章辞职离校。"五一"劳动节快到时，吴玉章他们怀着兴奋的心情筹备盛大的纪念会，通过工会组织在工人中做了许多宣传鼓动工作，纪念大会一切都已准备就绪。突然，4 月 29 日，有人向军阀杨森告密，说"五一"纪念会是吴玉章的"阴谋"，要组织工人、农民和学生推翻军阀统治，夺取政权。第二天，成都市内实行戒严，气氛非常紧张，杨森的军队纷纷从各地调回成都，预定的会址"少城公园"也被军队监管起来了，杨森还扬言要捉拿吴玉章。在这紧张的时刻，成都工人阶级表现出不畏强暴、不屈不挠的英勇斗争精神，他们不顾军阀的武装威胁，仍在公园内召开了纪念大会。由于同志们力阻，吴玉章未能亲自到场。近郊农民则被军阀武装阻止，未能入城会师。

"五一"事件以后，吴玉章和刘伯承同志一起离开四川，取道贵州、湖南到上海。此时，全国工人运动的浪潮汹涌澎湃，国共合作已经开始，革命局面蒸蒸日上。当时孙中山先生为召开国民会议已赴北京。吴玉章也于 1925 年 2

月赶到北京，本拟见孙中山先生，但中山先生却因病重不能接见。

到北京后，吴玉章见到中共北京市委负责人之一的赵世炎同志，才了解到中国共产党成立的经过和活动情况。他正式加入了中国共产党，同时写信去四川告知杨闇公等同志，要他们取消"中国青年共产党"，分别以个人名义加入中国共产党。

吴玉章入党的那年已经 46 岁。他的前半生一直在一条崎岖不平的道路上摸索行进。从少年时代得知中日甲午战争失败起，他就为国家的忧患而痛苦、而焦虑、而奔走，在豺狼遍地的荒野中想寻找一条出路。十月革命的胜利让吴玉章们找到了马克思列宁主义这个放之四海而皆准的普遍真理。这个理论武器一经与中国工人运动结合，立即发挥出无坚不摧的伟大力量。在这个新的历史条件下，吴玉章完成了个人思想上的转变，从一个民主革命者变成了一个共产主义者。

 **案例点评**

吴玉章一生历经戊戌变法、辛亥革命、讨袁战争、北伐战争、抗日战争、解放战争、新中国建设而成为跨世纪的革命老人，与董必武、林伯渠、徐特立、谢觉哉一起被尊称为"延安五老"。曾担任过教育部部长、清华大学校长的蒋南翔同志评价说："吴玉章同志既是一位革命家，又是一位教育家，而他之所以成为卓越的无产阶级教育家，正因为他首先是一位无产阶级革命家……可以说吴玉章同志早在（20 世纪）20 年代就开始按照无产阶级的思想，根据中国革命的需要，探索和开拓着改造旧教育、创建新教育的道路。"这个探索就是从他担任国立成都高等师范学校校长开始的。与当时大部分革命者一样，吴玉章也经历了从民主主义者到共产主义者的转变。无论是早期对救国救民道路的探索，还是转变为共产主义者之后的革命生涯，都体现了吴玉章对于国家、民族前途的强烈责任感与使命感。正是这种责任感与使命感，引领着中华民族的精英们在革命的征途中前赴后继。

教学建议

本案例可用于"人生观"部分的教学。人生价值分为自我价值与社会价值，两者共同构成人生价值的矛盾统一体。吴玉章为国家民族的未来而奋斗的经历，既为国家与民族做出了杰出的贡献，也为自己书写了光辉的人生履历，诠释了自我价值与社会价值的辩证统一关系。

本案例还可用于"理想信念"部分的教学。吴玉章从一个忧国忧民的民主主义者到坚定的共产主义者的转变过程，是一个不断学习马克思主义理论、不断在革命斗争中实践马克思主义的过程。他不仅自己接受了马克思主义，还为马克思主义在四川的传播做出了重要贡献。在他的领导下，当年的国立成都高等师范学校成为"西南一带传播革命种子的重要园地"和"进步势力的大本营"。教师可引导大学生回顾吴玉章等人的思想转变以及在川大传播马克思主义的历程，认识坚定马克思主义信仰和共产主义理想信念的意义。

1. 吴玉章是如何从一个民主主义者转变为共产主义者的？吴玉章早期的革命经历对你有何启迪？

2. 吴玉章的教育思想对于当代大学生的成长成才有何借鉴意义？

[1] 吴玉章. 吴玉章回忆录 [M]. 北京：中国青年出版社，1978.

[2] 谢和平. "我费了很大力量来办这个学校"：吴玉章在四川大学的教育实践 [M] // 罗中枢. 四川大学：历史·精神·使命. 成都：四川大学出版社，2009.

[3] 高菲. 吴玉章：高洁不肯染纤尘 垂老犹然日省身 [N/OL]. (2017-07-12). 四川大学报第 703 期第 4 版，四川大学新闻网，http://news. scu. edu. cn/info/1142/20480. htm.

张澜："与日俱进"的人民教育家

张澜

图片来源：四川大学校史馆

张澜（1872—1955），字表方，四川南充人，清末秀才。1902年入成都尊经书院深造，1903年赴日本东京宏文书院师范科学习。四川保路运动的主要发起人、领导人。辛亥革命后，张澜当选为国会众议员，1917年秋任四川省省长。1926年，张澜创办国立成都大学（四川大学前身）并担任校长。抗日战争期间，张澜任国民参政会参政员。1944年9月当选为改组后的中国民主同盟主席。1949年，张澜出席了第一届中国人民政治协商会议并当选为中央人民政府副主席，1954年当选为全国人大常委会副委员长、全国政协副主席。1955年2月9日因病逝世，享年83岁。

"打开夔门，欢迎中外学者来川讲学"

1926 年 4 月，张澜被任命为国立成都大学校长。此后，他便在国立成都大学校长任上全心致力于四川的高等教育，直至 1931 年年初。

张澜深知办好教育的关键是优质教师。他广延名师，提出"打开夔门，欢迎中外学者来川讲学"的口号，以改变四川闭塞，人才交流较为困难的状况。在聘任贤能上，张澜不论政治信仰，不管党派关系，也不论学历出身、省籍国别，只要求真才实学。因此，当时在国立成都大学的教师中，有著名的共产党员，如主讲社会学概论的教授杨伯恺，也有国民党的黄季陆，青年党的李璜。对于在新文化运动中崭露头角的新派学者，如吴虞、吴芳吉、李劼人等，张澜更是顶住压力，将他们礼聘到校。吴虞由于在五四期间曾多次发文对封建礼教作过措词激烈的批判，故而在被聘请时遭到一些守旧人士以"不忠不孝"为由加以反对，甚至连省署也出面干涉。但张澜对此不予理睬，毅然聘用。同时，他还通过各种关系，如通过中华教育文化基金会秘书长任鸿隽等省外川人的关系，或派出专人，到川外去聘请国内外著名学者和专家到校任教。当时国立成都大学数学系的魏时珍和化学系的曹四勿均是留德博士、有名的自然科学家，生物系的罗世嶷、周太玄等人都是专门从北京、上海请来的特聘教授。对于有真才实学的青年人，张澜也敢于破格重用，如毕业于日本东京帝国大学的曾济实，当时年仅 26 岁，张澜不仅聘他为教授，而且还任命他为化学系主任。同时，他还十分重视聘请外籍教师来校任教，据国立成都大学 1929 年教职员名册统计，外籍教师多达 28 人，他们主要来自欧美各国，讲授英美语言文学、文学评论、理化及世界历史。当时学校外籍教师人数之多，是那个时期的国内大学中少有的。这显然有利于打破四川教育界的闭塞，有利于吸收各种先进文化。

经过张澜的多方努力，地处偏僻的国立成都大学很快便改变了师资贫乏的状况。据 1929 年统计，成都大学有正、副教授 83 人，讲师 56 人，在四川高校中居于首位，在当时教育部立案的 21 所国立大学中，名列第七位。正是由于拥有如此雄厚的师资队伍，学校的教学质量才有了可靠的保证。

效法北大，主张学术自由

张澜民主办学最显著的特点就是以蔡元培办北京大学为榜样，继承和发展"兼容并包""思想自由，学术自由"的办学方针，主张学术思想自由，鼓励师生展开民主讨论，追求真理。

中国的教育在五四时期曾出现过一种新的民主气象。但北洋军阀为维护其专横统治，在教育界又掀起了一股复古专制的浪潮。张澜对此极为愤慨，他说，中国虽然挂了17年的共和招牌，但在教育上却仍旧是封建的，没有多少民主的气味，而奴隶制度的精神却充满了教育领域，使其没有人的自由。他痛心地指出，五四运动后的中国教育本发生了一点新的萌芽，即出现了民主与科学的精神，可是这种新的萌芽都快要被复古浪潮所淹没了，读经讲经的事实已非常普遍地存在于中小学校，甚至早已被戊戌维新唾弃了的科举考试也有复萌之态，"封建时代培养骑士的制度，亦已重新开始"。针对再次涌动的"尊孔读经""开科考试"压制个性自由的复古暗流，他认为实在是中国教育的大不幸，号召文教人员发表"精神独立宣言"，"揭出独立之旗，撞鸣自由之钟"，"以实现学生的求学自由，研究自由，言论、出版的自由，而完成教育精神的民主化"。①

张澜在办国立成都大学的过程中，一方面广泛搜罗各种人才，允许各种政治派别的教师按自己的流派、知识体系和学术观点授课。因此，当时的国立成都大学讲堂之上，有教师宣扬地方自治的观点，也有的大谈国家主义理论，同时还有人讲授马克思《资本论》的剩余价值学说、宣传阶级斗争学说和历史唯物主义之观点。对各种政治、学术思想，张澜主张让学生自己去独立思考。

另一方面，张澜力倡"思想自由，学术自由"，发扬民主科学的精神，坚决反对以政治干预学术和封建主义的"奴化教育"。自1927年大革命失败后，国民党厉行文化专制主义和党化教育，张澜对此明确表示反对，在当年7月24日的《校告》中指出："大学为最高学府，包罗众有，学生对于各种主义之学说，均可尽量研究，以求真理之所在。……不得因某某研究某种主义之学

---

① 四川师范学院《张澜文集》编辑组：《张澜文集》，四川教育出版社，1991年，第101页。

说，而辄牵入政治问题，攻讦其不当，违反学府性质，损失学者态度……"①
1929 年 12 月 14 日，张澜在国立成都大学"教育学会"成立会上进一步表示：
"本校一向主张思想自由，信仰自由……现在所谓党化教育，我是不赞成的，
我是怀疑的……"②

对于被视为"危险"的马克思主义，张澜同样主张研究。针对"研究马克
思主义、社会主义不会变成共产党吗?"的问题，他指出"殊不知我们是研究
学问，不是去加入政治团体。我们研究学问的人，只问是真理不是真理，合科
学不合科学，绝不应该因为避免时忌，就不去探讨经济真理"，"不能拿反共来
作为一种遮蔽真理的成见"。③ 他反对当局动辄以"政治问题"甚至刀枪来干
预压制思想学术自由，认为这不只是"违反学府性质"，摧残教育的反动行径，
更是"销毁中国文化，阻止人类进步的一种大障碍"。④

张澜还支持各种学生社团进行自由争鸣。当时，在国立成都大学有共产主
义者组织的社会科学研究社，有国民党右派领导的健行社，以及信奉国家主义
的惕社。但他特别扶持由中共党员与进步同学组织的社会科学研究社。

反对文化专制，主张民主自由

四一二反革命政变后，四川军阀先后易帜，推行国民党的法西斯统治，强
调实施党化教育。国立成都大学中国民党右派领导的健行社成员经常以所谓
"政治问题"压制社会科学研究社的活动。对此，张澜公开表示反对。在他的
影响和支持下，国立成都大学各系的学生大多组成了自己的学术团体，并出版
了专业学术刊物。当时，历史系学生成立了"史学研究会"，并编辑出版了
《史学杂志》。中文系学生组成"中国新文学研究会"，发行《文学汇刊》。教育
学系有"教育学会"，出版《现代教育》。经济系学生组织了"经济学会"，编
辑出版了《经济科学杂志》。这一切使国立成都大学的学术空气十分浓厚。

---

① 崔宗复：《张澜先生年谱》，重庆出版社，1985 年，第 65 页。
② 中国人民政治协商会议四川省委员会文史资料研究委员会：《四川文史资料选辑》（第八辑），
四川人民出版社，1984 年，第 81 页。
③ 张澜：《怎样研究经济学》，载四川师范学院《张澜文集》编辑组：《张澜文集》，四川教育出
版社，1991 年，第 88—89 页。
④ 同上书，第 100 页。

在国立成都大学编辑刊印的杂志上，张澜还亲自撰写文章，引导和鼓励学生们探求真知。1921年，他为《现代教育》撰写了《我们对于教育的主张》一文，以此作为该刊的发刊词。在文中，他盛赞"民主与科学"的精神，谴责封建的"奴隶教育"，强烈呼吁"教育精神的独立自由化与教育制度的贫民民主化"，鼓励学生投身于中国"社会和政治的改造"，以完成"教育的改造"，把当时"最不公平和最反正义"的"贵族教育"变成穷苦子弟都能读上书的"贫民教育"。同年4月，经济系成立"经济学会"时，张澜校长到会祝贺，做了题为《怎样研究经济学》的发言，并将该文发表在学会刊印的《经济科学杂志》上。在这篇文章中，他将资本主义经济学和社会主义经济学进行了比较，认为社会主义经济学是"一个很严整很精密的完全的系统"，这一理论对资本主义社会作了深刻的分析，有助于民众了解资本主义的生产法则，并有利于国人认识帝国主义是怎样长成的。

针对当时的文化专制，特别是针对有人反对研究马克思主义经济学，张澜明确指出，研究学问的人，只问是真理不是真理，合科学不合科学，绝不应该因为避免时忌，就不去探讨经济真理。他要求学生们在研究经济学时，一定要理论联系实际，"要用实际去对照它"，尤其是注意研究中国现实社会中的各种现象，以及中国与世界在经济上的关系，如军阀官僚资产阶级与帝国主义的经济关系如何，帝国主义侵略中国的状况程度、方法和趋势，以及中国是否已在世界资本主义的笼罩下，世界资本主义的崩溃对于中国的影响如何，共产主义在欧美有了一定的经济基础，中国是否也要跟着一路走等问题。张澜认为只有弄清了这些问题，才能正确地决定我们自己的态度和中国的前途，中国将来才能够走在光明大道上，不致误入歧途。

在鼓励学生探求新知的同时，张澜校长还要求学生关心国家的前途，以天下为己任，积极参加改造社会环境的工作。他反对学生读死书，认为读书不是为自己装门面，而是为社会尽力量，读书的目的就在于改造社会，推动社会的进步。在张澜看来，中国当时的社会环境充满关乎巴结、贿赂和嫖赌烟酒的应酬，以及贪婪、掠夺、侵吞、专横、屠杀等污秽龌龊。而这种环境是由于帝国主义的侵入和对中国的政治控制、经济掠夺，以及军阀官僚的残酷压迫和剥削而造成的。因此，在张澜看来，只有扫除帝国主义及其傀儡——军阀、官僚、资商、豪绅的势力，中国的社会环境和经济，才能焕然一新。正是从这种认识出发，张澜要求学生必须将"改造环境，开辟出路的事业"引为自己的任务，努力去改造旧中国，创造一个新的中国。

支持进步，反击暴行

张澜在主张"兼容并包"的同时，采取了倾向于革命和进步的态度，使得中共在国立成都大学的党团组织有了较大的发展。当时中共在国立成都大学发展的党团员人数是成都各校最多的。所以，当时的国立成都大学不仅是一般意义上的"民主堡垒"，更是西南一带传播革命种子的重要园地。在党组织的领导和张澜的影响下，成都地区以国立成都大学等学校学生为主体的爱国民主运动此起彼伏地开展起来，对反动势力的暴行进行了坚决的反击。

1926年9月5日，英国军舰炮轰万县县城，中国军民死伤数千人，造成震惊中外的"九五"惨案。消息传来，成都各界人士立即组织了"万县惨案成都国民雪耻会"，包括国立成都大学社会科学研究社等进步团体在内的众多组织走上街头宣传演讲，揭露英帝国主义屠杀中国人民的暴行，要求废除一切不平等条约和对英经济绝交，呼吁市民不买英货，不为英人服务。张澜积极参与了这场斗争，并担任"成都国民雪耻会"发行的《九五日报》的"言论委员会"主任。他还积极支持成都大学学生声援华西协合大学等教会学校为抗议英军暴行的退学活动，欢迎退学学生转到国立成都大学学习。

1927年11月至1928年3月，成都又相继发生了为抗议四川军阀侵吞教育经费和搜刮民财而开展的"教育经费独立运动"和"反劣币运动"。张澜都积极参与其中。

1928年春，成都"二一六"惨案发生，张澜坚定地站在学生一边，与反动军阀进行了坚决的斗争。是年2月，驻成都的第二十四军军长刘文辉派遣其心腹、国立成都大学原舍监杨廷铨接任了省立一中校长一职，引起一中学生的反对。14日，学生百余人质问杨廷铨，要求重新接收因反对他而被开除的学生。杨廷铨对于学生的要求不仅不予理睬，反而辱骂学生，从而引起公愤。学生在争执中失手将杨打死，随后抛尸于枯井。

事发后，成都军阀当局借此机会大肆逮捕和屠杀革命学生，于2月16日晨出动军警将国立成都大学、国立成都师范大学等校包围。军警冲进国立成都大学校舍，将教授和学生从床上拽出，让师生排列在操场上接受查问达 4 小时之久。同时，他们又搜查各寝室，对校内工役也严加审讯。其后，军警按事先列好的名单抓捕了 38 名进步学生。张澜闻讯后立即致电驻重庆的川军总司令刘湘，请他函告刘文辉，希望对学生从宽处理。随即他又亲往刘文辉处，但刘避而不见。

当日下午 4 时，军阀当局不经任何审理就把李正恩、袁诗莪等 14 人枪杀。17 日晨，张澜得知消息，悲愤至极，当即赶到学校，一面派人购买棺材，将死难者的尸体盛殓，一面召开全校师生大会，抗议军阀暴行。会上，他愤怒地斥责当局无端侵犯人权，破坏学府尊严，并当即表示辞去国立成都大学校长职务，以抗议军阀滥杀无辜。

19 日，张澜致函刘文辉、邓锡侯两军长。他指出："今杨案之主凶未获，而成大之学生被指为嫌疑者，乃枪毙于逮捕数钟之内，似非所以服死者之心。"而且"大学事前未获当局之公函，军队可以任意蹂躏，事后也未闻当局之通告，使学府尊严丧失殆尽"，表示"引咎辞职，以谢邦人"①。

张澜自行辞去校长职务后，国立成都大学教职员和学生立即掀起"挽张"运动。20 日，国立成都大学学生会呈文刘、邓两军部，声明国立成都大学"舍张校长外，殊若无人，决不能任张校长拂衣远蹈"②。学校教职员也召开紧急会议，决议致函军方，质问惨案真相，以维护学校尊严。在全校师生的"挽张"声中，刘文辉、邓锡侯被迫向张澜道歉。省长赖心辉也声明他未参与其事，并对刘、邓有所指责，对张澜表示挽留。刘湘也发来急电，对张表示慰留。

3 月 1 日，张澜在全校师生的一致挽留下"勉允复职"。12 日，全校召开大会。张澜在会上斥责军方"计巧而手毒"，他愤怒地指出："以前军人之横暴，尚不敢公然无故杀人，试问以最高学府之大学，尚且突然派兵围搜……以后更何有于一般平民之生命不可以任意草菅而禽狝之。恶例一开，以后惨死枉死的人，不知道还有多少。"③ 为不使国立成都大学的发展中途停顿，张澜在向国民政府呈请辞职的同时，又只好暂负校长之职。

---

① 四川文史研究馆：《四川军阀史料》（第四辑），四川人民出版社，1985 年，第 348 页。
② 党跃武：《张澜与四川大学》（下），四川大学出版社，2012 年，第 326 页。
③ 同上书，第 329 页。

"二一六"事件后，张澜对军阀一意实行封建专制的本质有了进一步认识，对革命师生反对军阀统治的斗争也更加理解和同情。同年 10 月初，刘湘与王陵基在重庆捕杀共产党人，中共四川省委代理书记张秀熟等革命人士被捕。张澜得知后便立即托人营救。他以张秀熟等人为川中教育界知名学者为由，通过舆论声援，最终迫使刘湘将他们释放。

张澜在国立成都大学对进步师生的支持和对军阀黑暗专制的揭露遭到反动军阀的忌恨。1930 年 10 月，曹荻秋等共产党人在广汉发动兵变。当时因国立成都大学也有人参加，国民党竟以此迁怒于张澜，捕禁了他的秘书杜象谷。这时，张澜为筹措学校经费已由南充转至重庆。他得知消息后极为气愤，立即急电刘文辉，对此表示抗议。但杜仍被监禁三月之久，后因有病才被允保释。自此，张澜对当局完全失去信心，于是决定辞职。

1931 年年初，国立成都大学师生派代表赴渝敦请张澜返校，但他去意已定，不愿再事国立成都大学。行前，他与中文系教授吴芳吉话别："人当有超出环境之情操。富贵、贫贱、威武，皆环境也。"他还以贾谊的"黄鹄一举兮，见山川之行曲；再举兮，睹天地之圆方"与之互勉。

1952 年，毛泽东主席为张澜八十诞辰祝寿时，称赞他是"与日俱进"。

1982 年 4 月 1 日，时任民盟中央主席的史良高度评价了张澜的教育思想和在国立成都大学的办学成就，称赞他为"杰出的人民教育家"。

 案例点评

本案例主要介绍了张澜在国立成都大学担任校长期间治校与参与革命活动的几个片段。张澜一生经历了中国的旧民主主义革命、新民主主义革命、社会主义革命和建设的几个历史时期。他既是伟大的爱国主义者、著名的民主主义革命家，又是杰出的教育家。作为革命家，他参与发起和领导的四川保路运动成为辛亥革命的前奏，为反对帝国主义侵略、推翻封建王朝立下了功劳。他是中国民主同盟会的主要创始人和领导人，为争取人民民主权利而与独裁专制进行过不屈不挠的斗争。作为教育家，他在国立成都大学校长任上弃旧图新，主张"民主办学"、提倡学术思想"兼容并蓄""学术自由"，注重对学生进行爱国主义教育和人格道德教育，努力为国家培养真才。他的治校思想、教育思想

成为四川大学校史文化的重要组成部分。

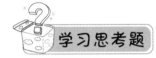 **教学建议**

张澜是中国民主同盟的创始人之一,他始终坚定地站在革命和进步力量一边,拥护中国共产党的政治主张,坚定不移地同中国共产党合作,是中国共产党的亲密朋友。他为了争取国家的独立自由、和平民主,为了建设社会主义新中国奋斗了一生。张澜的故事生动地反映了他光明磊落、立场坚定、爱憎分明、热爱祖国、热爱人民、追求真理,追求进步的高尚精神风范。同时,张澜在国立成都大学期间的办学理念和教育思想,能使我们领悟大学的历史使命和光荣传统,启发大学生思考新时代高校的使命和大学生肩负的历史责任。

 **学习思考题**

1. 张澜校长要求学生必须将"改造环境,开辟出路的事业"引为自己的任务,谈谈你对此的感受和认识。

2. 张澜说:"人当有超出环境之情操。富贵、贫贱、威武,皆环境也。"对此你有何看法?

参 考 文 献

[1] 谢增寿,康大寿. 张澜传略 [M]. 北京:档案出版社,1992.

[2] 四川省文史研究馆. 四川军阀史料:第四辑 [M]. 成都:四川人民出版社,1987.

[3] 余科杰. 张澜评传 [M]. 北京:群言出版社,2002.

[4] 崔宗复. 张澜先生年谱 [M]. 重庆:重庆出版社,1985.

[5] 党跃武. 四川大学校长传略:第一辑 [M]. 成都:四川大学出版社,2014.

任鸿隽：灯寒方学剑

任鸿隽

图片来源：四川大学校史馆

任鸿隽（1886—1961），字叔永，生于四川垫江（今属重庆）。辛亥革命元老、教育家、我国近代科学的奠基人之一。1935—1937 年，担任国立四川大学校长。

革命生涯

1898 年，12 岁的任鸿隽考入"垫江书院"。光绪三十年（1904）参加中国最后一次科举考试，得中秀才。后就读于重庆府中学堂，再考入上海中国公学。重庆府中学堂乃废除科举后重庆成立的第一所中学，学堂当时开设的功课有国文、中国历史、伦理、外国历史、地理、政治、社会、算学、英文等科。学校教员有梅㮾雨、孔保之及杨沧白诸人。尤其是杨沧白，作为清末四川地区的革命党领袖，虽未直接教过任鸿隽，但其慷慨好谈国事，隐然以革命思想晓喻青年，对任鸿隽的影响特别大，任鸿隽把自己后来参加革命的动因也归结为受杨先生影响。

1907年始，任鸿隽求学于上海中国公学，除学业之外，他更多关心的乃是革命。实际上，他在中国公学中结交的朋友多是革命党，受到的教育也多是革命理想的感召。他在回忆录里记下了中国公学的校歌："前前兮中国青年，及时努力兮莫迟延！时当元二兮国步方艰，欧风美雨兮又东渐。天演竞存兮尔其闻旃，文明进步兮箭离弦。晓日丽空兮春华妍，始贵精勤兮终贵贞坚，培尔德为厚垒！励汝志如深渊！前，前，复前，尔快发奋自雄，著祖生鞭！"① 这首歌颇能代表当时包括任鸿隽在内的学子们的情绪。当时的青年受到严复翻译的《天演论》影响，认识到世界乃是民族"竞存"的大舞台，因此，一个国家不进则退，并无转圜的余地。这使得爱国学子心中的危机感和使命感均急剧膨胀，紧迫感亦随之增强。歌曲号召中国青年"及时努力兮莫迟延"，正是这种时不我待"情绪"的真切反映。

1908年，任鸿隽赴日本留学攻读应用化学。次年，经但懋辛、朱芾煜介绍加入中国同盟会，与吴玉章联系甚密。辛亥革命前夕，任鸿隽担任同盟会四川分会会长、书记等职，他负责购买军火，向国内革命党人输送枪支、弹药。武昌起义前夕，为"四川保路运动"造势，先后撰写了革命文告《川人哀告文》《为铁道国有告国人书》，并将其寄回国内发表在上海《民立报》上，言辞激烈，在海内外引起极大反响。

他后来说，自己此时的思想行事，一切都为革命二字所支配。加入同盟会后，他认识了川人喻培伦、黄复生，亲见这两位革命党人因为搞暗杀制造炸弹而受伤，便立志"继其事"。他还为黄花岗起义撰写了布告。黄花岗起义失败后，他在"抑郁无聊之际"，请逃回东京的四川革命党人熊克武教"击剑的技

---

① 任鸿隽：《任鸿隽谈教育》，辽宁人民出版社，2015年，第106页。

术以做消遣"，并有诗云："灯寒方学剑，酒罢亦吹箫。"①

　　革命理想也影响了任鸿隽的专业选择。他知道当时日本的高等专门学校是教授应用知识的，大学才是教授高深学理的，但他的兴趣正在应用方面。不过，他的思考更深入，并未在激情的鼓动下立刻投入暗杀事业，而是以为从事制造而不明化学，必会事倍功半，于是决计学习应用化学。只是革命发展得太快，他还没有学成，清政府已被推翻。

　　任鸿隽在东京除了学习化学，还追随章太炎先生学习国学。他在中学时代就读过章太炎的《驳康有为论革命书》。彼时章太炎既是革命斗士又是国学大师，深受革命青年敬重。任鸿隽跟随章太炎学习音韵学，听章太炎讲授《段注说文解字》《尔雅义疏》《广雅疏证》等，由此奠定了深厚的国学功底。同时，他在思想上也深受章太炎的影响。

秘书与总编

　　任鸿隽到日本后，沉浸在同盟会营造的革命氛围中，他的思想已在无形中发生了不小的转变，进而对于国内革命及其未来充满了无比的憧憬。任鸿隽回国后，与在上海的四川革命党人商议组织蜀军，回四川参加革命。不过，当时革命形势发展极快，1911 年 11 月 22 日，重庆都督张培爵宣布四川独立，任鸿隽此时回川已无意义。数日后，返回上海的任鸿隽被南京临时政府总统府秘书长胡汉民征聘为总统府秘书。1911 年 12 月，他和朱芾煌、黄复生、雷铁崖、吴玉章、李伯申等一干人，与孙中山一起乘火车来到南京，进入秘书处总务组工作，其重要任务即是草拟文稿。任鸿隽的国文水平原本就高，在日本期间又跟从章太炎学习国学，文笔越发老道，胡汉民正是看中了这一点才邀他入秘书处。任鸿隽在秘书处待了三个月，撰写了大量文稿。其中，孙中山就任时发布的《告前方将士文》《咨参议院文》和《祭明孝陵文》均出自他之手。

　　然而，任鸿隽的志向本不在做"师爷"，亦不在从政。因此，袁世凯就任大总统职后，他便决心不再过问政事。临时政府结束后，任鸿隽等几位原秘书处人员放弃了在"新政府"中做官的机会，决定一起出国留学。为此，任鸿隽

---

① 任鸿隽:《任鸿隽谈教育》，辽宁人民出版社，2015 年，第 109 页。

执笔写了一通呈文，要求政府派送革命青年出国留学，获得了批准。这批学生被称为"稽勋生"。胡汉民、蔡元培都试图挽留任鸿隽，参议院也想请他去做秘书长。对于这些邀请，任鸿隽认为留学西洋是自己多年的梦想，当初抛弃书本、中断学业，只是出于"革命需要"，而此时有了重拾旧梦的大好机会，当然不能轻易放弃。

但因为出国日期未定，以及为了酬谢"诸先生之盛意"，任鸿隽仍然应允做了国务院秘书，主要任务是担任国务会议的记录。这给了他一个近距离观察民国初年政坛的机会。他发现，"开会时这些负国务重任的衮衮诸公，除了闲谈一阵无关重要的话外，竟难得看见有关国计民生的议案"①。比如，外交总长陆征祥第一次到国务会议上，开口便大讲一阵外国女人的长裙是如何优美、上海外国女子所穿的都是爬山的服装，竟然没有听见他报告一点国际外交的情势。如果说此前任鸿隽放弃做官的机会是为了进一步求学，尚未对现实政治有太多的负面印象，唐绍仪（时任国务总理）内阁成员的表现则使他对国内的政治生活开始失望，他表示"这样的国务员，即送与我，我也不做"②。因此，两个月后，当唐绍仪内阁由于与袁世凯发生争执而集体辞职时，任鸿隽也就乐得飘然远行了。

任鸿隽还应京津同盟会《民意报》之邀担任该报总编辑。任鸿隽后来说："当时报纸的作风，注重在言论上，故每天必有一篇以上的社论，一两个时事短评，这在执笔人不多的报馆里，是相当繁重的工作。"③任鸿隽在该报连载了一篇《共和建设别记》的长文，将袁世凯在南北对立期间所作所为的诸内幕揭之于众。在这段时间里，任鸿隽极为辛苦，使他曾下决心此后不再干报馆的事了。不过，事实上，他此后不但主持过《留美学生季报》《科学》等杂志，还曾参与筹办《努力周报》《独立评论》等刊物，以及担任《现代评论》《观察》等杂志的撰述工作，并终生致力于科学精神和科学知识的普及，这实际和报馆工作仍有较深渊源。

尽管任鸿隽在辛亥革命之后从政的时间不长，但这在他的生命中是一个不容忽视的转折点。清末民初的革命党人，不少都曾经历过由急切地向往革命到

---

① 任鸿隽：《任鸿隽谈教育》，辽宁人民出版社，2015年，第116页、第118页。
② 同上。
③ 同上。

革命后失望的转变过程。任鸿隽由于一度与闻机要，尤悉其中的内幕。一方面，那些好像"刚刚从戏台上下来的"革命党人似难以担当真正的革命重任；另一方面，执政的衮衮诸公的表现又十足令人失望。这些官场的负面印象引起了他对"革命"的反思，促使他重新思考救国的道路，对他日后选择"教育救国""科学救国"产生了重要影响。

弃官求学

1913 年，任鸿隽考进了美国康奈尔大学文理学院，主修化学和物理学专业。这一阶段，在学习西方现代科学技术的同时，科学与国家、社会进步的关系是他经常思考的问题。他认为："现今世界，假如没有科学，几乎无以立国。""所谓科学者，非指化学—物理学—生物学，而为西方近三百年来用归纳方法研究天然与人为现象而得结果之总和。……欲效法西方而撷取其精华，莫如绍介整个科学。"[①]

1914 年夏，为了实现科学救国的理想，他与同学赵元任、胡明复、周仁等联合发起成立科学社，集资创办杂志《科学》。次年，中国科学社正式成立，他被推举为董事会董事长和中国科学社社长。该社是中国最早的综合性科学团体。《科学》也于同年正式问世，公开出版，这是我国最早的综合性科学杂志。在以任鸿隽为首的一批具有远见卓识的知识分子领导下，该社和该刊在此后的几十年历程中为促进中国现代科学事业的发展做出了重要贡献。

1916 年，任鸿隽从康奈尔大学毕业，获得学士学位。随后又考进哥伦比亚大学攻读化学工程专业，获得硕士学位。

1918 年秋，任鸿隽学成归国。他首先着手中国科学社的基本建设工作，以扩大其在国内的影响和作用。1920 年，任鸿隽应北京大学校长蔡元培之聘，到北京大学任化学系教授。1925 年，因不满学校新旧两派斗争而辞职，回家闭门著述《科学概论》一书。该书于 1926 年作为"中国科学社丛书"之三，由商务印书馆出版。

1925 年 9 月，任鸿隽应邀担任中华教育文化基金董事会（简称中基会）

---

① 任鸿隽：《任鸿隽谈教育》，辽宁人民出版社，2015 年，第 149 页。

专门秘书。中基会系以美国第二次退还的庚子赔款余额建立的科学基金组织，任务是管理和支配基金，以发展中国的科学、教育和文化事业。他很愿意借此推动中国科学事业的发展，因而尽心竭力地工作，成效显著。任鸿隽发展中国科学事业的主张，对中基会的工作方针和事业发展，产生了重要影响。在他的积极努力下，中基会运用自己的财力，兴办科学事业，资助科学机构，如设立了编译委员会、社会调查所、静生生物调查所等，兴建了北平图书馆，资助中央研究院、中国科学社、黄海化学工业研究社、地质调查所、青岛观象台、广东植物研究所和若干大专院校等，还派遣了大批有志于科学事业的青年出国深造。中基会还对学有所成的科学家设置研究教席，对科学研究有成绩者进行奖励等，培养了大批科学人才，为中国现代科学和教育事业的发展做出了极大的贡献。

掌校川大

1935 年，任鸿隽被委任为国立四川大学校长。对于大学和大学教育，任鸿隽有着深刻的认识："大学者，智识之府也。对于既往，大学为其承受之地。对于现在，大学为其储蓄之所。对于将来，大学为其发生之机。国无大学者，其智识必无由进，而文明之运，乃等之不可知之数。"[1] 到国立四川大学后，他专心于学校的校务和建设，期望经三五年的努力，使学校跻身全国著名学府之林，为国家兴文运、育人才。他首先进行调查研究，然后发动教师和各级单位主管者，一同拟定了改建国立四川大学的宏伟计划。他提出，要输入世界的智识，建设西南的文化中心，担负起民族复兴的责任，把国立四川大学办成一所规模宏大、师资力量雄厚、设备齐全、具有国内一流学术水平的综合大学。这一计划取得了全校师生、当时教育界以至政府的支持。经多方努力，筹备了300 万元建筑费，并立即组织实施，包括兴建图书馆、文学院、理学院、法学院、农学院、大礼堂、宿舍、体育馆等。

当时的国立四川大学地处"内地鄙塞之乡"，文化风气趋于守旧，与其他国立大学相比，显得相对落后。为改变这一现状，任鸿隽高瞻远瞩，提出了

---

① 樊洪业、张久春：《科学救国之梦：任鸿隽文存》，上海科技教育出版社，2002 年，第 107 页。

"国立化"和"现代化"两项目标。"国立化"就是要使川大"成一个国家的大学，不单是四川人的大学"①。他说，"我们要以全国为我们的目标，无论人才的造就，学术上的探讨，应与全国要有关系"。"现代化"就是"要于世界上求生存竞争，使他成为现代化的大学。我们要把眼光放远，看看世界上的学术进步到什么地方，我们就应急起直追才行"②。为了达到这两个目标，学校重新厘定了课程，使学生能够掌握"关系各科之基本学科"，同时强化了英文的学习，并"在可能的范围内，极力筹设有关国难应用之科目"。他鼓励学生主动学习、扩大阅读范围、参与社会调查，用所学专业解决现实问题。他还减少了学生上课时数，以使教授与学生都能"有多的时间去讨论与研究"。他重视师资队伍建设，广聘国内知名学者为教授，如国立北平师范大学原外语系主任杨宗翰，暨南大学原教授刘大杰，厦门大学原副校长张颐等。

20 世纪 30 年代中期，日本帝国主义加紧扩大对华侵略，国家民族的生存危机迫在眉睫。任鸿隽在川大推行了升国旗的仪式，目的就是要培养学生"为国家服务之精神与努力"。为了造就能应付国难的"强健国民"，他把原来只是在一年级学生中实行的军事训练普及于"全体学生"。经过这样一番改革，国立四川大学的面貌发生了极大的改变。学生之状态从过去的"暮气沉沉"变为"求进之心曲，饱满之精神，真犹如雨后春笋，咸喜活气一团，欣欣向荣"。

正当他在事业上有所作为之际，他的夫人、作家陈衡哲（时任川大西洋史教授）连续在《独立评论》上发表了抨击四川政治社会弊端的文章，从而遭到地方军政势力的不满和忌恨。这些军阀对她进行了激烈攻击，迫使她于 1936 年 7 月离开四川回到北平。

任鸿隽也于 1937 年 6 月被迫辞去国立四川大学校长职务，回到中基会并从事编译工作。胡适在《独立评论》上发文说："任鸿隽先生此次坚决辞去国立四川大学校长职务，是我们关心高等教育的人都很惋惜的。他在川大的两年，真可以说是用全副精力建立了一个簇新的四川大学。我们深信他这两年努

---

① 任鸿隽：《在四川大学开学典礼上的报告》，载《民国演讲典藏文库·任鸿隽卷·使命》，中国文史出版社，2017 年，第 19 页。

② 任鸿隽：《四川大学的使命》，《华西日报》，1936 年 6 月 5 日，载《四川大学史稿》编审委员会：《四川大学史稿》（第一卷），四川大学出版社，2006 年，第 155 页。

力种下的种子不久一定可以显现出很好的结果。"①

 **案例点评**

任鸿隽青年时期正值中国社会开始发生剧烈变化与动荡的时代，旧的学术与政治秩序被认为已无力挽回阽危的国势，各种革命的声浪高涨。在这种情势下，他在事业的开端就走上了一条革命的道路。但他在目睹了民国初期官场上的风气后深感失望，并深信只有教育和科学才能救国。因此，他大半生的时间和精力都倾注在了教育和科学事业上。尽管他掌校川大的时间只有短短的两年，但这两年间任鸿隽带领川大师生朝着"国立化""现代化"目标的改革和建设，为学校的发展找到了一个正确方向，使得国立四川大学在抗战时期成为中国"最完整的一所大学"，能够扛起在国难中承续中华民族文化命脉的使命。

 **教学建议**

本案例可运用于"理想信念"部分的教学。从任鸿隽的人生经历中可以看到，早期成长环境与传统文风的熏陶，使他具备了厚重的中国传统知识分子的家国情怀。而海外的留学经历开阔了他的眼界，早期的革命生涯又使他能够反思旧民主主义革命的局限。从"教育救国"到"科学救国"，任鸿隽的人生道路也是民主革命时期知识分子探索救国救民之道的一个缩影。该案例较好地说明了理想所具有的时代性特征，即使是个体的社会理想，也会因不同历史时期的社会因素的影响，而呈现出不同的特征。同时，也可以引导学生从任鸿隽教育和科学事业的实践中，加深对理想与现实的关系问题的理解和思考。

学习思考题

1. 任鸿隽的教育思想主要有哪些内容？他的教育思想对今天的大学生有何启发？

2. 如何理解任鸿隽对于自己早期革命生涯的反思？他在人生道路上几次

---

① 赵慧芝：《任鸿隽年谱（续）》，《中国科技史料》，1989 年第 1 期。

不同的选择说明了什么？

[1] 王东杰. 建立学界 陶铸国民：四川大学校长任鸿隽［M］. 济南：山东教育出版社，2019.

[2] 罗中枢. 四川大学：历史·精神·使命［M］. 成都：四川大学出版社，2009.

[3] 樊洪业，潘涛，王勇忠. 中国近代思想家文库·任鸿隽卷［M］，北京：中国人民大学出版社，2014.

张颐：中国黑格尔研究第一人

张颐

图片来源：四川大学校史馆

张颐（1887—1969），字真如，又名唯实，四川省叙永县马岭镇人。张颐与四川大学有着不解之缘。1908年，张颐考入四川省城高等学堂学习；1936年，张颐任国立四川大学文学院院长；1937年至1938年12月，张颐出任国立四川大学代理校长。张颐是国际著名的黑格尔研究专家，英国皇家学会会员。新中国成立后，他任四川省政协委员，第二届、三届、四届全国政协委员。

"永宁七君子"

1905 年，清朝开始废除科举、大兴学堂，19 岁的张颐考入永宁中学堂。这是个新式学堂，学堂里有新校舍，还有很多图书和科学仪器。而杨庶堪、向楚等大学者均在该校任教。这里新学之风很盛，教师们很多是同盟会会员，他们倡导新思想，常常给学生介绍《国粹学报》《革命军》《民报》等革命书刊，并讲解国内形势，也鼓励学生出国留学。张颐入校后，深受革命思想的熏陶。

1907 年，经杨庶堪介绍，张颐与同学杨伯谦、黄隼高、陶子琛、刘吟楚、徐毅甫、姜静甫七人加入同盟会，并结为生死之交，号称"永宁七君子"。同年，杨维从日本返回，熊克武、黄方、杨兆蓉、黄复生也到了永宁，与"永宁七君子"一起策划起义。一时间，同盟会会员云集，永宁中学也成为当地的"革命司令部"。但在接下来的日子里，四川各地革命党人策划的起义都没能成功，张颐只得和几个朋友一起来到了成都。

1908 年，张颐考入四川省城高等学堂，他的学费是靠朋友帮忙才筹措到的。在成都，张颐结识了不少同盟会会员，也和这些志同道合的人一起组织革命团体。不久后，清政府发布川汉铁路路权和股金归国所有的命令，激起四川人民的愤怒，保路运动开始了。此时的革命党人，准备把保路运动逐渐转为革命运动，推翻清朝的统治。张颐和同志们将革命文告夹在保路传单中四处散发，这引起了四川总督赵尔丰的注意。于是赵尔丰逮捕了张澜等"领头者"，激起成都老百姓的怒火。

此事一出，张颐和十多名革命者立即聚集在四圣祠，秘密商议对策。张颐提议，成都防备极严，革命力量也很薄弱，必须去外县发动起义，以重庆为中心，才能有所作为。众人表示赞同。于是，张颐等人先后离开成都，历尽艰辛，到仁寿、青神、井研、荣县、自贡等地奔走呼号。之后，他们辗转来到重庆开展革命活动。1911 年，重庆宣布起义，成立蜀军政府，张颐任都督府机要秘书、炸弹团团长。成渝军政府合并后，张颐来到成都，任民政长公署机要秘书，每天的工作就是写些电文。这样的生活，让张颐感到索然无味，此时，他萌发了出国留学的念头。

异乡求学，获哲学双博士

1913 年，26 岁的张颐考取四川省公费出国留学名额，到美国密执安大学（即密歇根大学）哲学系学习，师从温利（R. M. Wenley）、塞拉斯（R. W. Sellars）、皮尔斯伯格（W. B. Pillsburg）、杜威（J. Dewey）等教授。1919 年夏，张颐获得密执安大学哲学博士学位。1919 年 10 月，张颐以进修生的身份转入牛津大学研究院深造，继续研究黑格尔哲学，师从史密斯（J. A. Smith）、罗斯（W. D. Ross，著名的亚里士多德专家）等教授。1920 年春，他到剑桥大学拜访新黑格尔主义代表人物麦克塔格特（J. E. Mctaggart）博士。1921 年春，张颐又到德国埃朗根（Erlangen）大学进修，同时访问了耶拿大学、柏林大学以及纽伦堡、班堡等黑格尔当年学习和工作过的地方。其间，张颐还拜访了著名黑格尔专家拉松（G. Lasson）博士。

1923 年，张颐回到牛津大学并提交了博士论文《黑格尔的伦理学说》，以特优成绩荣获哲学博士学位。张颐是在牛津大学取得博士学位的第一位中国人，而接连获得 2 个哲学博士学位，这在当时中国的哲学界是很罕见的。

任职国立四川大学

1924 年 7 月，张颐回国，被聘为北京大学哲学系教授。1925 年 5 月，张颐的博士论文（原文为英文）在商务印书馆出版，翌年再版。1927—1929 年，张颐出任厦门大学文学院院长、副校长。1929 年，张颐重返北大，任哲学系教授和系主任，与胡适、汤用彤、贺麟等过从甚密，讲授西方哲学史、康德哲学、黑格尔哲学等课程，颇受学生欢迎。

1935 年，张颐赴欧美考察一年。1936 年回国后，应国立四川大学校长任鸿隽之邀，出任国立四川大学文学院院长。张颐本就认为，自己生在贫寒的乡下农家，能够赴欧美留学，有所作为，完全得益于四川省公费派遣。他回国后没能回家乡四川，已是心怀歉疚。得到老朋友任鸿隽的邀请，张颐便欣然应允。

张颐（前左四）与部分师生合影

图片来源：四川大学校史馆

1937 年，任鸿隽因故辞去校长职务，教育部部长王世杰委派张颐代理国立四川大学校长。此后，张颐多方设法争取教育经费，为学校添置了不少图书、设备和教学仪器，并组织学生调查研究、收藏保护四川的文物，使一批珍贵文物得以保存。他还请来外国专家到学校做报告，自己亲任翻译。而众多的名师也在此期间来到川大，如朱光潜、冯汉骥、徐中舒、向楚等，一时间川大"名流学者荟萃，蔚为大观"。

1938 年，张颐在国民党的党化教育中被撤换，程天放被任命为川大校长，并令张颐移交校政。这一决定遭到川大师生的强烈反对，他们对张颐被无理撤换的事感到愤慨，认为张颐是"学术界先进，洁身自好，人格皎然"，"任职年余，一心校务，众望允孚"。①川大的学生十脆罢了课，老师也罢了教，四处发传单支持张颐。这次罢课罢教的时间长达 18 日之久。面对这种局面，张颐心里很难受，为了顾全大局，他毅然离开了倾注了很多心血的国立四川大学。在此情境下，校内许多知名教授如朱光潜、魏时珍、董时进、周太玄、林如稷等也纷纷愤然离职。

---

① 仁丹：《张颐：中国首位牛津博士》，四川大学档案馆官网，http：//archives. scu. edu. cn/info/1015/1931. htm，2017 年 1 月 19 日。

离开川大后，张颐应武汉大学校长王星拱之邀前往当时已经迁到乐山的武汉大学任教授，其间与同在武汉大学任教的朱光潜先生关系密切。1946年，张颐应邀重返北大任教。1948年，张颐因血压甚高，不宜上课，回乡养病。

新中国成立后，1951年，张颐被任命为四川省文史馆研究员；1955年任四川省政协委员。1956年，张颐应北大校长马寅初之邀，第四次重返北大任教。1957—1964年，张颐分别任第二、第三、第四届全国政协委员。1969年6月23日，张颐因脑血栓病逝，经周恩来总理批准，其骨灰存放于八宝山革命公墓。

中国黑格尔研究的"第一人"

张颐在我国学术界的主要影响来自他的黑格尔研究，代表作《黑格尔的伦理学说》就是他在牛津大学求学期间完成的博士论文。黑格尔从未就任何重要著作使用过"伦理学"或"道德学"之名，所以一般人也不会去关注黑格尔的伦理学说。张颐却认为黑格尔学说中不但包括了伦理学思想，而且他的伦理学说还非常透彻，具有独创性。他深入研究了黑格尔的《论自然法的科学研究方法》《伦理体系》《精神现象学》《哲学入门》《精神哲学》《法哲学原理》这六部著作，从中概括出了黑格尔的伦理学说。就此而言，张颐对黑格尔的研究就已经超越了以往的研究者。

在《黑格尔的伦理学说》中，张颐详细介绍了1802—1821年黑格尔主张的伦理学说，并对黑格尔伦理学说的一般特征进行了归纳和阐述。这些特征是：合理的东西与实在的东西的统一，理想的东西与现实的东西的统一，意志和自由的唯理智论，自由意志自我实现的辩证法。张颐在论述这些特征时，还追溯了黑格尔伦理观点的形成过程。他指出，古希腊文明、黑格尔的形而上学立场、黑格尔时代的情况等都可能影响了黑格尔的伦理观点的形成。

张颐的黑格尔研究有一个特点，就是他不盲从黑格尔，而是以批评者的眼光来审视黑格尔的伦理学说。他对黑格尔伦理学说的意义给予充分肯定，同时也给出了批判性的评价，指出其局限性。比如，张颐认为，黑格尔把国家成员分为三个等级，但是对市民等级和农民等级评价偏低，显得不公正。又如，他认为，黑格尔的道德意志学说是彻底的唯理智论的，这种唯理智论来源于古希腊文化的影响和黑格尔对浪漫主义的批评，但是黑格尔的唯理智论却是不正确的。他认为黑格尔没有考虑到，甚至没有意识到形而上学中的"辩证法"的本性与方式和伦理生活中的辩证法的本性与方式的差别：伦理生活中的辩证法的各项（正反合）的一致性或相似性比形而上学中的"辩证法"的各项的一致性或相似性要高得多。张颐的批评是有道理的，他不是简单地描述和介绍黑格尔伦理学说，而是开展真正的研究。

1925 年商务印书馆出版了张颐博士论文的英文原文，第二年再版。张颐的导师史密斯教授为该书作了序。史密斯在"序"中对张颐的论文给予了高度评价。他认为，张颐的论文兼顾黑格尔伦理学说基础的广度和深度，旁述黑格尔思辨眼光涉猎的广阔领域，对黑格尔的评价是相当公正的。"特别重要的是张博士讨论了黑格尔关于家庭及家庭与国家的关系，在这里，他不只是批评了黑格尔，而且考察了一般西方思想与制度所依据的偏见。他对这些偏见的反思是以温和的方式表达的，值得尊重与注意。"①

张颐的著作出版后，受到了国际哲学界的关注。1926 年，美国《国际伦理杂志》发表了英国麦肯齐（J. S. Mckenzie）教授的书评；1928 年，德国著名黑格尔专家拉松博士在《康德研究》第 33 卷上也发表了书评，认为张颐对黑格尔的评价较许多德国作者更为公允。

张颐回国后，先后在国立北京大学、国立厦门大学、国立四川大学、国立武汉大学任教，讲授西方哲学和黑格尔哲学，培养了大批学生，并开启了中国的西方哲学和黑格尔哲学的真正意义上的学术研究。我国著名哲学家贺麟先生在张颐六十寿辰时有一段评价："张真如是中国学界专门研究西洋古典哲学的先驱，是北大哲学系多年来注重客观研究哲学史及哲学名著的朴实学风的范成者，也是中国大学里最早专门地、正规地讲授康德哲学及黑格尔哲学的第一人。"②

张颐被称为中国黑格尔研究"第一人"，但他的著述并不多。对此，张颐自己曾做过说明：第一，自己对黑格尔哲学虽学习有年，"然不敢自谓得其三昧"；第二，自《黑格尔的伦理学说》出版以来，自己的见解大体未变，"雅不

---

① 侯成亚、张桂权、张文达：《张颐论黑格尔》，四川大学出版社，2000 年，第 7 页。
② 贺麟：《张颐论黑格尔·译序》，载侯成亚、张桂权、张文达：《张颐论黑格尔》，四川大学出版社，2000 年。

欲呕呕发表文辞,以博观听"。可见,张颐做学问极为严谨,不轻易发表自己不成熟的见解。此外,还有一个原因,张颐认为,当时国难临头,需要苏格拉底、费希特似的行动哲学家,而非柏拉图、亚里士多德、黑格尔似的理论哲学家。"今日若以黑氏真正学说呼号于人,吾恐其结果,必舌敝唇焦,劳而无功。此余所以久未作文也。"[①]

尽管如此,张颐仍无愧为我国德国古典哲学乃至西方哲学研究和教育的真正开拓者,这是一个无法否认的事实。甚至有人认为,他是有世界影响的学者。自张颐的著作译成中文出版以来,张颐重新受到哲学界的重视。但凡涉及中西哲学交流的书籍和文章都会提及张颐及其黑格尔研究。张颐当年讨论的黑格尔问题,仍是当今黑格尔研究绕不开的话题。

张颐不仅是一位学者,还是一位杰出的教育家。他在国立四川大学代理校长的时间不长,却为川大的发展尽心竭力。他四处筹措经费,改善办学条件,力图使中国学术能与欧美各国齐头并进。时值抗战爆发,国土沦陷,大批沦陷区教职人员内撤至四川。他广纳人才,延揽了不少学术大师到川大任教,使川大一跃成为中国条件最好、名家大师云集的国立大学之一,也吸引了沦陷区大批失学的青年学子来到川大借读。张颐和川大师生共同扛起了在国难中延续中华民族文化命脉的使命。

 **案例点评**

张颐一生的主要贡献体现在三个方面。一在革命领域,他早年参加同盟会、投身辛亥革命,参与组织领导了四川保路运动,为推翻封建专制奔走呼号、立下功劳。二在哲学领域,他是我国研究西方哲学、伦理学的先驱,尤其是在黑格尔研究领域,他是一位开拓者。他以科学的态度和独到的眼光,对黑格尔伦理学进行审视,提出了不少有价值的见解,受到国内外同行专家的高度评价。三在教育领域,他把自己最主要的精力投入到了教书育人、传道解惑的事业中。张颐曾在国立四川大学和国立武汉大学、国立北京大学、国立厦门大学等多所著名高校任教授,讲授西方哲学、教育学等。在代理国立四川大学校

---

① 张桂权:《黑格尔论集》,线装书局,2009年,第242页。

长期间，他秉承前任校长任鸿隽先生的办学理念，一边改善学校办学条件，一边广纳名师，大大提高了川大的声誉和地位，为抗战时期的人才培养做出了贡献。

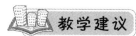 教学建议

该案例可运用于"人生观"相关内容的教学。对于人生价值的评价，其标准往往体现于个体对社会的具体贡献。对学者的评价，人们可能更多关注于其著述的多寡。而这种评价往往有失公允。张颐一生虽然著述较少，但他的研究的深度，以及由此而开创的中国黑格尔研究，无疑具有重大的意义。他对学术研究的审慎、严谨的态度，更是值得今天的学子们学习。

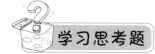 学习思考题

1. 张颐代理国立四川大学校长一职被撤时，川大师生为什么会罢课罢教以示抗议？这说明了什么？

2. 张颐为何被称为"东方的黑格尔"？从他的对待学问的态度中，我们能得到什么样的启发？

 参考文献

[1] 侯成亚，张桂权，张文达. 张颐论黑格尔 [M]. 成都：四川大学出版社，2000.

[2] 张桂权. 黑格尔论集 [M]. 北京：线装书局，2009.

[3] 罗中枢. 四川大学：历史·使命·精神 [M]. 成都：四川大学出版社，2009.

[4] 张汝伦. 黑格尔在中国：一个批判性的检讨 [J]. 复旦学报（社会科学版），2007（3）.

[5] 黄见德. 论张颐的黑格尔伦理学说研究 [J]. 华中科技大学学报（社会科学版），2007（4）.

[6] 仁丹. 张颐：中国首位牛津博士 [EB/OL]. （2017-01-19）. http://archives. scu. edu. cn/info/1015/1931. htm.

周太玄："少年中国"与"巴黎通讯社"

周太玄

图片来源：四川大学校史馆

周太玄（1895—1968），原名周焯，后改名周无，号太玄，四川新繁（今成都市新都区）人，1909年考入四川省城高等学堂分设中学堂。1924年毕业于法国蒙彼利埃大学，获得教育硕士学位，接着又进入巴黎大学研究院，获理学博士学位。1930年11月应国立成都大学校长张澜先生之聘回国返校任职。1932年被聘为国立四川大学理学院院长兼生物系主任。1951—1953年担任国立四川大学校务委员会主任委员（即校长）。1953年调北京，先后任中国科学院编译局副局长、局长，科学出版社社长兼总编辑。周太玄先生是我国著名的生物学家、化学家、教育家、翻译家、政论家、社会活动家和诗人、科普作家。

创办"少年中国学会"

1909 年，周太玄考入四川省城高等学堂分设中学堂，与郭沫若、王光祈、魏时珍、李劼人等同窗。郭沫若曾在《少年时代·反正前后》里记述："周太玄诸人都是我们当时的同学，……太玄在诸人之中最年青（轻），他低我们一班，他是翩翩出世的一位佳公子，……他多才多艺。据我所知，他会做诗，会填词，会弹七弦琴，会画画，笔下也很能写一手的好字。"[①] 1916 年，周太玄在上海中国公学毕业后，便辗转到了北京，担任《京华日报》《中华新报》编辑和中华通讯社通讯员。不久，中学同窗好友王光祈也于中国大学毕业，担任了《京华日报》编辑。二人通过广泛接触社会各阶层，痛感时局艰难，风雨如晦，民族灾难深重，又受前辈梁启超"少年中国说"启迪与意大利志士马志尼践行的"少年意大利"的影响，在与归来的中国留日学生会负责人曾琦反复晤谈后，即与曾琦于 1918 年 6 月 30 日在北京顺治门（即宣武门）外的岳云别墅发起成立"少年中国学会"。发起人有王光祈、周太玄、李大钊、陈育、张尚龄、曾琦、雷宝箐 7 人，其中王光祈任书记、周太玄任文牍、李大钊任编辑部主任。

一年之后，1919 年 7 月 1 日，"少年中国学会"在北京正式成立。学会宗旨定为："本科学的精神、为社会的活动，以创造'少年中国'"。1919 年 7 月 15 日，《少年中国》在北京正式创刊，其为月刊，每年出 12 期，合成一卷。周太玄一直是《少年中国》的主要撰稿人。

20 世纪初，许多有志青年远渡重洋，到欧洲寻找救国救民的真理。1919 年正月初一，周太玄搭乘一艘邮轮奔赴法国，在茫茫的大海上，感慨万千，写下了一首诗：

> 圆天盖着大海，
> 黑水托着孤舟。
> 远看不见山，

---

① 谢天开：《周太玄、周晓和：双星闪耀少年中国》，《成都日报》，2011 年 1 月 7 日。

那天边只有云头。

也看不见树，

那水上只有海鸥。

那里是非洲，

那里是欧洲！

我美丽的故乡，

却在脑后！

怕回头，怕回头，

一阵大风，

雪浪上船头。

飕飕，

吹散一天云雾一天愁。

这首《过印度洋》隽永清丽，音韵缠绵而悠远，书写了一代青年学子的去国怀乡之情。中国新诗鼻祖胡适在 1919 年 10 月发表的《新诗谈》里称："初做新诗都带着词、曲的意味音节"，而此诗是"一半词一半曲的过渡时代"的代表作。朱自清亦甚赞赏。此诗入选了当时的中学课本。1922 年，著名语言学家、作曲家赵元任为《过印度洋》谱了曲，刊登在《新诗歌集》上，一时广为传唱。

当时，中国最具理想的一群青年才俊，如张闻天、邓中夏、毛泽东、恽代英、朱自清、李劼人、田汉等先进知识分子都聚集在少年中国学会。北大校长蔡元培曾评价说："现在各种集会中，我觉得最有希望的是少年中国学会。因为他的言论，他的举动，都质实的很，没有一点浮动与夸张的态度。"[①] 这个"最有希望的学会"，是五四时期影响最大的社团之一，也是人数最多的社团。它的会员遍布世界各国，其中以法国尤为集中。1921 年 8 月 27 日，"少年中国学会巴黎分会"成立，周太玄当选为书记。当时，"少年中国学会"在东京、南洋、纽约等地的会员和赴比利时、德国、瑞士求学的会员，都由巴黎分会联系。

---

① 中国社会科学院近代史研究所：《五四运动回忆录》（下），中国社会科学出版社，1979 年，第 1014 页。

点燃五四烈火

在少年中国学会成立大会上，大家一致认为："现刻欧美人士对于中国情形，颇多隔阂之处，国内报馆虽多，然操纵新闻之权，仍握诸外人所办之通信社，危险实甚。"为打破当时法、英、美诸国对我国新闻的垄断，少年中国学会的会员于1918年在东京已经建立了华瀛通信社，1919年准备在法国建立巴黎通信社、在美国建立纽约通信社，然后，在此基础上建立一个国际通讯网络。1919年1月23日，王光祈专程由京赴沪，亲自与即将赴法留学的周太玄、李璜研究设立巴黎通信社的各项事宜。1919年3月，巴黎通信社成立，通晓法语的李璜担任一线采访和翻译有关资料的工作，周太玄负责整理记录和编辑稿件，以便不间断地将新闻发回国内。李璜在回忆录中写道："适凡尔赛和会开到三月底间，周太玄兄自上海来到巴黎言京沪各报需要巴黎和会内部消息甚急；他来的时候，慕韩嘱他为上海新闻报与申报长期通信，愿按月酬报通信稿费。王光祈来信也称北京各报需要和会消息。太玄本是穷学生，此次敢于冒险前来，就要靠此事以维持留学生活。但太玄的法文程度太有限，无法读报，因之要求我读报译与他听，他录下来，加以编纂，用油印印出数份（一种胶版拓印，太玄小楷甚恭，印出颇为美观，惟字色不经久耳），寄于京沪各报，大受欢迎。"①巴黎通信社最重要的任务是将巴黎和会的消息准确、及时地发回祖国。巴黎和会决定将战前德国在山东的特权转交给日本，巴黎通信社得到消息后，连夜奔走，及时地把这一信息准确传到国内。国内各报收到稿件均及时加以刊登，燃起了全国人民特别是青年学生的怒火，轰轰烈烈的五四爱国运动迅即爆发了。在人民群众巨大压力下，北洋政府代表团拒绝在巴黎和约上签字。周太玄称"这是巴黎通信社事业的顶点"。李璜说："于是我与太玄所办之'巴黎通信社'，特别注重巴黎和会的一切动态，因之便成为引起国内是年'五四'运动的发生源头之一。"②

---

① 李璜：《学钝室回忆录》（上），传记文学出版社，1973年，第41—42页。
② 同上。

 案例点评

周太玄被誉为学贯中西、博古通今的一代通才。他是革命家，他与那个时代的爱国青年一起，为拯救积弱积贫的祖国而奔走呼号，早年参与创立"少年中国学会"，为推动反帝反封建斗争做出了重要贡献；他与王光祈等人通过巴黎通讯社及时报道巴黎和会真相，点燃了五四运动的燎原烈火；他还创办《旅欧周刊》，主持过香港《大公报》，传播新思想、新文化。他是著名的生物学家，致力于科学研究，在细胞学尤其是腔肠动物研究方面，堪称我国鼻祖，他是教育家，曾任国立四川大学教授、生物系主任、理学院院长、校长；他是充满激情的爱国诗人，一生著有诗词2000余首，"字斟句酌，无论长言短咏，皆极精思"，在中国新诗发展史上占有一席之地。他创办中国科学出版社，为新中国的科学出版事业和科学研究事业做出了重大贡献。周太玄能在许多方面都有突出成就，堪称一代大师！

📖 教学建议

本案例可运用于"理想信念"相关内容的教学。通过案例的学习，首先引导学生思考：少年周太玄生活在祖国遭受内乱外辱的时代，为把"满目疮痍犹未复，可怜当道多豺狼"的旧中国，建设成一个"青春年少、独立富强"的新中国，周太玄树立了什么理想？为了实现他的理想，他是如何面对各种困难的？其次，进一步引导学生思考和讨论：周太玄一生经历数度磨难，却愈挫弥坚，始终站在历史的潮头，说明理想实现的过程有哪些特点？为当代大学生追求理想提供了哪些启示？

本案例还可运用于"中国精神"中"爱国主义的基本内涵"的教学。从周太玄的爱国故事中，从周太玄对祖国的大好河山、骨肉同胞以及祖国的灿烂文化的热爱中理解爱国主义的丰富内涵。教师可以引导学生结合周太玄的故事思考与讨论当代大学生应该如何成为真正的爱国者。

学习思考题

1. 四川大学"海纳百川，有容乃大"的校训在周太玄身上是如何体现的？

2. 结合周太玄的故事，谈谈新时代大学生应树立怎样的理想信念？如何将自己的成长成才与国家前途、民族命运紧紧联系在一起？

参 考 文 献

[1] 谢天开. 周太玄、周晓和：双星闪耀"少年中国"[N]. 成都日报，2011—01—07 (12).

[2] 李建华，李朝鲜，周仲壁. 周太玄："海纳百川、有容乃大"践行者的楷模「N]. 光明日报，2006—08—20 (7).

[3] 罗中枢. 四川大学：历史·精神·使命 [M]. 成都：四川大学出版社，2009.

[4] 王咏梅. 周太玄在香港《大公报》[J]. 出版发行研究，2018 (5).

[5] 王学东. 周太玄与中国现代新诗 [J]. 地方文化研究辑刊（第四辑），2011.

[6] 杨正苞，刘恩义. 科学家周太玄其人其事 [J]. 文史杂志，2003 (6).

[7] 刘令蒙. 诗人周无：纪念周太玄逝世二十周年 [J]. 文史杂志，1988 (4).

[8] 刘恩义. 在初返祖国的日子里：周太玄先生传记片断 [J]. 文史杂志，1988 (1).

[9] 刘恩义. 周太玄先生和《大公报》[J]. 文史杂志，1986 (3).

[10] 黄明显. 深切怀念周太玄老师 [J]. 四川动物，1983 (4).

[11] 何艳艳. 少年中国学会精神的终生践行者：周太玄思想及生平研究 [D]. 成都：四川大学，2010.

刘承钊：踏遍青山人未老

刘承钊

图片来源：四川大学校史馆

刘承钊（1900—1976），原名承诏，字令擎，山东泰安人。1927年毕业于燕京大学生物学系，获学士学位，1929年又获理学硕士学位；1934年获美国康奈尔大学哲学博士学位。曾在燕京大学、东吴大学、华西协合大学、国立四川大学等校任教授。1951年出任华西大学（即原华西协合大学，1953年华西大学又改名为四川医学院）首位校长。刘承钊是我国著名的教育家、两栖动物学家，中国科学院院士，是第一届、二届、三届全国人民代表大会代表。

从"青蛙迷"到两栖动物学家

刘承钊出生于山东省泰安县大堰堤庄的一个农民家庭，童年的他就是一个"青蛙迷"，家乡的田间沟壑，就是他的乐园。家境贫寒的他曾两度辍学，时常靠做工帮补家用。1922年，刘承钊中学毕业后，进入北京汇文大学预科学习。1924年，刘承钊考入燕京大学心理学系。然而童年时期的爱好使他对动物学产生了兴趣，一年后他转入了生物系。1927年，刘承钊大学毕业，留在燕京大学生物系任助教，一边教学，一边进修研究生课程。其间，他在李汝祺教授和美籍教授博爱理（Alice M. Boring）的指导下，开始了两栖类动物的研究并发表了一系列论文。

1932年7月，刘承钊经博爱理的推荐，获得美国洛克菲勒基金会的资助，到美国康奈尔大学研究生院深造，师从赖特（Albert H. Wright）教授，仍然主攻两栖爬行动物学。1934年春，刘承钊从美国康奈尔大学毕业，获得哲学博士学位。他的毕业论文《中国无尾两栖类的第二性征》被收入该校优秀学位论文集，荣获科学和教育两项金钥匙奖，被选为Sigma-Xi自然科学荣誉学会会员。

毕业后，刘承钊到华盛顿等地参观考察，然后取道欧洲，去英、法、德、意、奥地利等国博物馆调研来自中国的标本，尤其是一些模式标本。他发现当时这些中国标本全是由外国学者研究，并以外国学者名字命名的。刘承钊的心被深深刺痛了，深感中国科学家有责任用中国的第一手科学资料开拓自己的科研领域。

1934年8月，刘承钊怀着为祖国科学事业作出贡献的愿望返回祖国，在苏州东吴大学生物系任教。他一面教学，一面进行两栖类动物的研究。1936年，日本动物学会请他去参加学术会议，并许诺给予开展科研工作的种种便利条件，刘承钊断然拒绝："我不愿到一个侵略自己祖国的国家去为学术而学术。"[1]

---

[1] 转引自张丽萍、李朝鲜：《中国两栖爬行动物学的奠基人——华西大学校长、四川医学院院长刘承钊》，载党跃武：《四川大学校长传略》（第一辑），四川大学出版社，2014年，第135页。

抗日战争全面爆发后，东吴大学先由苏州迁至浙江吴兴，但后来日军登陆金山卫，逼近吴兴。在这紧急时刻，刘承钊得到学校的同意，率领生物系部分师生于1937年11月中旬离开吴兴，经芜湖、汉口、重庆，于1938年3月辗转到达成都。经接洽，刘承钊率领的这部分师生转入华西协合大学生物系。

到大自然中去探索真理

到中国西部的高山高原研究动物特别是蝾螈与蛙类的生活，是刘承钊多年来梦寐以求的愿望。因此，到成都后，刘承钊省吃俭用，从薪水中省出钱来，利用所有假期及一切机会带领华西协合大学生物系部分师生到山区去采集蛙蟾蜥蛇。种类繁多、千姿百态的两栖爬行动物，使他忘掉了标本采集过程中所有的艰难与险阻。从1938到1944年，他共进行野外调查11次，足迹遍及川康一带，兼及陕、甘、青的部分地区，行程8000余公里，其中半数靠双腿步行。1938年，他在峨眉山采集标本时，首次发现了弹琴蛙和"峨眉髭蟾"（俗称胡子蛙）。

刘承钊教授正在采集标本

图片来源：四川大学校史馆

1939 年，刘承钊率队到宝兴县采集标本，同行的有他的学生、同事、工友。那时交通不便，从雅安到宝兴没有通车，全靠步行，山区道路更难行走。在野外，吃住也都很困难，还要遭受风吹雨打，经受疾病的折磨与考验，生活十分艰苦。考察队员们头戴草帽，足穿草鞋，腿部打上绑腿，每人手里拿一个采集网，腰上缠一些装标本的小布袋。每到一个考察点，安顿好住处，便一大早出去，跑山路、涉水沟、钻树丛，下午四五点钟才能回住地。中午饿了，就喝点凉水、吃点麦粑或炒胡豆等干粮充饥。采集标本要记录当时当地的生态环境，记录水温、气温，详细绘制标本的彩色图。每次回到住地后，刘承钊就利用大家处理标本的时间，及时记录标本特征及其所处环境。对于这些辛辛苦苦采集来的标本和图纸，他十分爱惜，专门制作了一个小铁箱用来保存，行路时由随行工作人员背在身上。

野外考察，住宿是个大问题。由于经费有限，加上考察地点都是在山区、乡村，条件本来就差，考察队常常需要借宿。在宝兴山区采集标本时，路过巴斯沟，山腰上仅有一户农民，七八平方米的小屋是用玉米秆和麦草秆盖的棚屋，他们父子二人加上考察队员共十余人，就挤在这间小屋里过夜。有的队员半身睡在棺木上，半身睡在地上。淋湿的衣服不便烘烤，于是大家就把腿脚伸向有热气的柴火灶，就这样和衣睡了一夜。

有时路上还会遇上强盗打劫。一次从宝兴、天全、芦山回雅安，路过土匪经常出现的大岩腔。在一个破烂的土地庙前，遇到七八个手提短枪、快枪的土匪。土匪拦住一行人，问口袋里装的是什么，考察队员张孝威把口袋里的蛇拿了出来，他们见没有油水可捞，才走开了。

1942 年，刘承钊和王宜生、郭友文等生物系教职工去西昌昭觉一带采集标本。在昭觉县，刘承钊不幸染上了斑疹伤寒，当地缺医少药，大家用滑竿把他抬到西昌，安置在一座庙里。经过十余天的治疗，他才脱离险境，50 多天后才得以康复。

还有一次去彭县大耳巴沟采集标本，那里荒山野林，没有人烟。他们住的是当地农民搭的临时熬碱的草棚，他们在棚内堆些树枝和枯草当床睡，吃的是火烧玉米馍，吃前要把馍上的柴草灰吹打掉，刘承钊风趣地说这叫"三吹三打"。到西康的草原采集标本时，他们吃酥油糌粑，喝老叶茶，住帐篷，与藏族同胞同吃同住。山区道路崎岖狭窄，到处都是山沟和河谷，过河要经过竹索桥、独木桥或溜索桥等，稍有不慎，就有粉身碎骨的危险。在山林中，还会受到各种动物的袭击，除毒蛇猛兽外，还有蚊虫、旱蚂蟥、草虱子等。虽然野外采集标本这样艰苦，他们却乐此不疲。这一时期，刘承钊共发现两栖动物 29 个新种，并建立了 1 个新属，对许多种类的生活史做了详尽的观察与研究。他在"华西两栖类自然史的研究"这一项目下共发表了 12 篇论文，为中国两栖类动物生活史的研究积累了大量宝贵的第一手资料。他也被国外学者誉为"才华横溢的两栖爬行类动物学家"。

1946 年，刘承钊应美国国务院聘请，到美国各地大学讲学一年，其间被美国鱼类和两栖爬行动物联合学会授予国外名誉会员称号，他是第一个获得此项荣誉的中国生物学家。除了讲演外，他在美国的大部分时间是在芝加哥自然历史博物馆度过的，他用自己带来的标本、资料、彩图进行研究，夜以继日地奋笔疾书，完成了长达 400 页的英文专著《华西两栖类》。此书于 1950 年由芝加哥自然历史博物馆出版后，在国际两爬学界引起极大反响，被视为中国两栖动物研究的经典之作。美国鱼类和两栖爬行动物联合学会会刊"COPEIA" 1950 年第 4 期刊文评价道："这部巨著积累了作者 20 年的研究成果。包括分类、分布、习性、生活史……其所采集的地域又是世界上最少知道的地方。绝大部分材料，特别是生活史（包括蝌蚪）完全是新的。这些都是饶有趣味的。对于世界两栖类动物的研究，这一部书无疑是有很大贡献的。"[1]

首任华西大学校长

1947 年刘承钊回国后仍任华西协合大学生物系教授。当时的国民党政府倒行逆施，发动内战，民不聊生，反对政府的学生运动如火如荼。刘承钊毅然站在革命学生一边，参加他们的秘密集会，掩护进步学生，做了大量有益于革命的工作。同时，他仍坚持利用一切机会就近做些专业调查。

在华西协合大学任教期间，刘承钊还兼任了华西协合大学自然历史博物馆馆长以及《华西边疆研究学会杂志》自然科学部的编辑。华西协合大学的自然

---

① 《四川大学史稿》编审委员会：《四川大学史稿·第四卷》（华西协合大学 1910—1949），四川大学出版社，2006 年，第 178 页。

历史博物馆的两栖类标本数量不仅在国内居先，在世界上也算是丰富的，这显然与刘承钊多年的研究积累分不开。

1951 年 10 月 6 日，刘承钊接受人民政府颁发的华西大学校印

图片来源：四川大学校史馆

1949 年 12 月成都解放后，他受母校燕京大学的邀请，于 1950—1951 年担任燕京大学生物系主任。1951 年，华西协合大学更名华西大学，在全校师生的建议下，人民政府任命刘承钊担任校长。1953 年全国高校院系调整后，华西大学改校名为四川医学院，他继续担任院长。担任校（院）长期间，他带领师生实现了学校从综合性大学向医科大学的转变，为我国的医学教育事业做出了突出贡献。20 世纪 50 年代，高等学校的工作十分繁忙，刘承钊深感为人民办教育，为国家培养高级医务人才的责任重大，他全身心地投入行政领导工作。他在工作中明确自己重点抓三件事：一是坚持教学为主，做好教学组织管理工作；二是抓科研工作，努力提高全院的学术水平；三是发挥教师在教学中的主导作用，做好高级知识分子的思想工作。刘承钊十分重视知识分子工作，经常与老教授谈心，许多老教授都把他当成知心朋友。他也十分关心青年学生，经常视察学生课堂、寝室与食堂，向学生嘘寒问暖，尤其关心工农学生能否跟上学习，竭力主张给他们补好文化课。

刘承钊一心为教育事业操劳，深受广大师生员工的崇敬与爱戴。他从事教育工作 40 余年，作为中国两栖爬行动物学的奠基人，为中国培养了大量的动物学工作者，其中一些人已成为知名的科学家。他对学生严格要求，精心培养，并以自己治学严谨、踏实认真和一丝不苟的精神影响着学生。他的学生赵尔宓（中国科学院院士，曾任中国科学院成都生物研究所副所长，四川大学兼职教授）回忆说："刘老师上课总是提前几分钟到课堂，从不迟到，上课后就把两侧门关上，迟到学生不敢推门进来，即使进来也感到惭愧，因此学生都提前进教室。"他教育学生搞科学要专心致志，锲而不舍，他常说："方向看准了一直走下去，就会有成就。"这一切都给他的学生留下了深刻的印象。

愿为祖国献余年

刘承钊曾谈及他对科学研究的态度，认为只要在实践中建立了认识，并且判定它对人民有用，就要为之奋斗终身。1959 年，刘承钊带领四川医学院的研究人员去贵州威宁采集标本。一见到目标，他就不顾山水寒冷连鞋带袜下水前去捕捉，同行的汽车驾驶员深受感动，主动下水帮助。1963 年，已经 63 岁的刘承钊去宝兴采集标本，他和驾驶员、炊事员一同住在森林中伐木工人留下的草棚里。1965 年，他利用去攀枝花看望四川医学院工作人员的机会，在返程中沿西昌、石棉、冕宁一带采集标本。随行的工作人员想要给他一些照顾，但他都婉言谢绝。

1973 年，已经 73 岁高龄的刘承钊又一次率领四川医学院生物教研组的李之珣、田婉淑、陈树荣等到宝兴采集标本，为纪念这次采集，他写下了如下诗句：

踏遍青山人未老，愿为祖国献余年。

七三好似三九壮，采得湍蛙著新篇。

五龙溪畔听蛙喧，夹金山麓捉角蟾。

回首远看云压顶，低头近见水冲天。

案例点评

　　刘承钊是我国优秀的教育家、动物学家，中国两栖爬行动物研究的奠基人，先后在四川、云南、贵州、西藏、陕西、福建、广东、广西、湖南、湖北、新疆等 14 个省区调查采集了大量珍贵的标本和资料。野外考察工作和生活条件都极端艰难，刘承钊和他的同事及学生们克服各种困难，先后发现了角蟾亚科 7 个属 40 个种，定名新种和新亚种 60 余种，澄清了许多过去在分类上的问题。他提出横断山脉是我国角蟾亚科分化中心的见解，为研究角蟾动物的起源和演化提供了科学依据，为查明我国两栖动物的丰富资源做出了重要贡献。他的《华西两栖类》及《中国无尾两栖类》两部专著，受到世界上同行的重视和好评。

　　刘承钊在学术上的贡献与其具有坚定的事业目标、坚强乐观的品格和正确的苦乐观密不可分。在实现理想的过程中，总要面对各种艰难困苦，有了正确的苦乐观，能让我们科学地面对人生的顺境与逆境，最终超越各种现实困难，取得优异的成绩，实现个人的人生价值。

教学建议

　　刘承钊的故事能带给当代大学生许多启示。一是他的爱国主义情怀。刘承钊在国外看到中国的动植物标本都是外国人采集的，深感作为中国科学家的责任，立志要改变这种状况。当东北正在遭受日本侵略者的侵略时，他拒绝去日本参加学术会议和工作。这些都体现了中国知识分子与国家、民族同呼吸共命运的精神特质。这种精神特质应该在当代大学生身上继续得到体现。可结合"中国精神"相关内容进行案例教学和讨论。

　　二是刘承钊献身祖国科学事业，躬身实践、不畏艰难，为我国的两栖爬行动物学研究做出了杰出贡献，并获得了国际声誉。他甚至在 73 岁高龄仍到野外参加实地考察和标本采集工作。在他身上，充分体现了科学家严谨求实、无私奉献的精神，"踏遍青山人未老，愿为祖国献余年。"他的故事，对大学生深入思考人生的意义是什么、如何实现人生价值等问题有很好的启迪作用。

1. 刘承钊身上体现了怎样的科学家精神？

2. 从刘承钊对待科学事业的态度上，我们能获得哪些启发？

[1] 赵尔宓. 从水到陆：刘承钊教授诞辰九十周年纪念文集 [M]. 北京：中国林业出版社，1990.

[2] 许大治. 怀念敬爱的刘承钊老师 [J]. 四川动物，1990（3）.

[3]《四川大学史稿》编审委员会. 四川大学史稿（第四卷）：华西协合大学 1910—1949 [M]. 成都：四川大学出版社，2006.

[4] 党跃武. 四川大学校长传略：第一辑 [M]. 成都：四川大学出版社，2014.

彭迪先：我国马克思主义经济学的领军者

彭迪先

图片来源：四川大学校史馆

彭迪先（1908—1991），原名彭伟烈，四川眉山人，是我国著名的经济学家和教育家，著有《世界经济史纲》《货币信用论大纲》等。曾在国立成都高等师范学校附中学习。1952—1958 年任四川大学校长，后任四川省副省长、四川省政协副主席等职，历任第一至第五届全国人大代表、第七届全国人大代表、第六届全国人大常委会委员、第五届全国政协常委、民盟第四至第五届中央委员会副主席。1984 年加入中国共产党。1991 年 7 月 22 日在成都病逝。

不忘求学初心

彭迪先出生在四川眉山一个书香人家。1921年，年仅13岁的彭迪先为了开阔视野，寻求优良的学习环境，毅然离开家乡去成都求学，以同等学力考入了当时成都最好的中学——国立成都高等师范学校附中。彭迪先来到这里读书的第二年，四川党组织的创始人之一、革命家吴玉章先生担任了国立成都高等师范学校的校长。彭迪先所在的第八班中有不少先进青年，后来曾任中华人民共和国主席的杨尚昆就是其中的一位。在这里，他呼吸到政治上的新鲜空气，形成了进步的思想倾向。在这所教育制度很严格的学校里，彭迪先刻苦学习，为以后的深造打下了良好的基础。

1926年，彭迪先抱着"读书救国"的愿望负笈东渡日本求学。起初，他在东京庆应大学预科，为了能顺利地进入本科，他起早贪黑地学习。1932年2月，彭迪先毕业于这所大学的经济系预科。但是他最终放弃了直升庆应大学本科的机会，选择前往九州帝国大学。因为九州帝国大学经济系有不少教师对马克思主义经济学造诣很深，而且学校讲学自由，选修课丰富，学生可以自由地选读。于是彭迪先毫不犹豫地选读了自己感兴趣的马克思主义经济学。

在九州帝国大学，彭迪先受业于左派经济学教授波多野鼎。他争分夺秒，提前一年就修完了本科毕业所需要的全部学分，并利用最后一年时间，全力以赴地系统研读马克思主义经典著作，这为他以后进一步深入钻研马克思主义经济学打下了坚实基础。

1935年2月，彭迪先以优异成绩从九州帝国大学本科毕业，被九州帝国大学留任经济系助教。当时，外国学者很难留校任教，中国留学生任九州帝国大学助教，彭迪先是第一个。波多野鼎教授在他的《现代经济学论》中文版（彭迪先译）序言中写道："中国留学生之任经济科助教者，实以彭君为嚆矢，由此足证其学识、品格如何为大学所器重也。"

在担任助教的同时，彭迪先又进入本校研究院做研究生。20世纪30年代初，国内经济学界开始大力介绍西方资产阶级经济学说，使其成为一时主流。为了改变这种状况，让国内看到不一样的经济学说，纠正国内学界的一些歧见，彭迪先把波多野鼎教授所著《现代经济学论》一书译成中文出版，使人们对资产阶级经济学说的来龙去脉有了更清晰的认识，同时宣传了马克思主义经济学的思想，扩大了马克思主义经济学在中国的影响力。

马克思主义政治经济学的传播者

1937年，七七事变爆发，彭迪先内心爱国热情澎湃，毅然决然地放弃了九州帝国大学优厚的学术研究条件，回到祖国。当时国人对日本了解得并不真切，有一些介绍日本的文章也是泛泛而谈，缺乏针对性，人们正因见识了日本在战场上强悍的军事实力而人心惶惶，看不到胜利的希望。为了改变这种状况，坚定国人抗战的信心和决心，彭迪先回国后一放下行囊，就立即投入到《战时的日本经济》的写作中，以充分利用他在离开日本前悉心收集的资料，帮助国人了解日本的经济状况。彭迪先在书中揭露了日本经济的矛盾和潜在危机，论证这些矛盾和危机将随着战争的持续而尖锐化，指出只要我们坚持长期抗战，日本经济必将崩溃，难以维系长期的大范围战争。彭迪先的拳拳爱国之心通过这部资料丰富、论证严谨的著作昭示出来，让国人坚定了抗战的信心和勇气。

1938年9月至1939年6月，彭迪先在西北联合大学法商学院政治经济系任教授，后因支持学生进步运动而遭到解聘。于是他利用赋闲在家的时间写出了30万字的《世界经济史纲》。当时，中国学术界正在兴起一场关于中国社会史和中国社会性质的论战，彭迪先坚持以唯物史观分析中国经济社会的性质，有助于人们正确认识中国社会，思考中国的未来。

1939年冬至1940年8月，彭迪先任设在重庆的生活书店总管处馆外编审。他利用业余时间写出《实用经济学大纲》一书，用马克思的劳动价值论和剩余价值论深入浅出地剖析资本主义商品经济社会的生存基础和剥削实质。该书深受进步青年喜爱，前后共出了5版。同一时期，彭迪先还翻译出版了马克思的遗稿、《资本论》第一卷的补遗之作——《资本生产物的商品》。

1940年秋，内迁至四川乐山的武汉大学聘请彭迪先担任经济系教授。他先后主讲了外国经济史、经济思想史等课程。武汉大学经济系是当时全国有名的经济学教学和研究中心之一，师资力量雄厚。彭迪先刚开讲这两门课时，一些学生对这位刚三十出头的年轻教授的水平还心生疑虑。但真金不怕火炼，在听了彭迪先的课后，学生们觉得彭迪先讲课的系统性、逻辑性都很强，让人心悦诚服，于是陆续有许多学生慕名前来蹭课。而深受学生喜爱的背后，是彭迪先坚持用马克思主义的立场、方法来分析经济和社会问题，思想深刻，见解独到。学生们由此认识到，是马克思完成了政治经济学的革命，并认可了马克思主义政治经济学的科学性。在武汉大学任教的五年时间（1940年秋至1945年秋），他利用大学课堂阵地，扩大了马克思主义经济学的影响，一些学生在他的启发、引导下走上了革命道路。

1945年9月，彭迪先到国立四川大学任经济系教授兼系主任，直到1949年。这一时期，有两个问题成为彭迪先关切和研究的重点：一是国民党伪法币通货膨胀严重；二是已经流行多年的货币数量学说，尤其是风靡学术界的凯恩斯货币学说。为此，1947年他写出《新货币学讲话》，批判了作为资本主义国家货币政策理论基础的货币数量学说，特别是凯恩斯货币学说的谬误，着重揭露了当时国民党货币政策的反动性，预言了其必然崩溃的下场。

新中国成立后，彭迪先历任川西行署监察委员会主任、西南军政委员会文教部委员、四川省人民政府委员等职。虽然行政事务忙碌，但彭迪先仍挤出时间钻研经济学问题并出版经济学论著。他还领导了四川财经学院的筹建工作。1952年10月11日，中国西部第一所培养高级财经管理人才的新型大学——四川财经学院诞生了，他成为首任校长。之后不久，彭迪先调任四川大学校长。1955年，他的《货币信用论大纲》一书由三联书店出版后，在经济学界引起了不小的讨论与研究的热潮。彭迪先在书中剖析了资产阶级货币信用学说，指出了掌握社会主义货币信用本质及其运转的方法。这本书在对外宣传新中国货币信用制度与方针政策上也有十分有益的作用。日本立命馆大学教授、经济学博士武藤守一把此书译为日文，于1956年11月在日本三和书店出版。

"三教授事件"

彭迪先不仅以务实求真的态度研究马克思主义政治经济学、传播马克思主义学说，而且积极参与政治斗争。其中最为著名的是发生在1946年的震惊全川的川大"三教授事件"。

国立四川大学一直是四川进步力量的大本营，中共地下组织领导"民协"

等进步社团和民盟等民主党派成员开展了反独裁、反内战，要民主、要和平的斗争，进步力量与国民党、三青团分子形成对立，经常发生矛盾和斗争。1946年3月，国民党顽固派蓄谋对彭迪先、陶大镛和李相符三位教授进行迫害。在国立四川大学训导长丁作韶，三青团负责人、史地系教授王文元等人策划下，反动分子贴出大幅壁报，对三教授进行造谣诬蔑和人身攻击。1946年3月12日，反动分子在川大图书馆大楼前的墙壁上，贴出一张题为《新民主》的特大壁报。壁报署名"发行人张烂（谐音张澜）、主编理像狐（指李相符）、盆地现（指彭迪先）、逃到蓉（指陶大镛）"。壁报内容无中生有地造谣诬陷张澜"吃铁吐火"（这是北洋军阀捏造张澜"侵吞川汉铁路股款"的无耻谰言），诬蔑彭迪先、陶大镛和李相符三位教授"吃卢布"（接受苏联津贴）、出卖祖国等，极尽诬蔑谩骂之能事。其目的是先把三人轰出川大，然后加以更恶劣的打击，并以此为契机镇压川大的民主斗争。

壁报贴出后，全校哗然，掀起轩然大波。彭迪先和陶大镛在课堂上公开宣布，如不处分这些侮辱师长的反动家伙，就立即辞职，并向法院起诉。这时川大地下党当即发起了尊师运动，提出"尊师重道"的口号，从而得到多数院长、系主任和教授的同情与支持。在校内，广大师生群情鼎沸，奋起反击，同反动势力展开了针锋相对的斗争。在校外，很有影响的各大学教授联谊会发表宣言声援三教授，谴责顽固势力。迫于形势，川大校长黄季陆只得处分了几个带头的特务学生，撤去丁作韶的训导长一职，辞退王文元。斗争最终取得胜利，这对当时成都地区的反美蒋斗争起了较大的推动作用。

在此后三年里，彭迪先写文章、做演讲、组织群众集会，揭露国民党假和谈、真内战，假民主、真独裁的阴谋和种种反动暴行。1949年4月19日晚，彭迪先摆脱特务的跟踪追捕，秘密离开川大，转移到西康进行地下斗争，和地下党、民主人士一道策动地方武装起义，迎接成都解放。

 **案例点评**

半个世纪以来，学术活动和政治斗争交织在彭迪先的人生历程中。在政治斗争中，他坚持走进步和社会主义道路，经历了从民主教授到中国共产党员的光辉历程。他是我国马克思主义政治经济学研究领域的著名学者，在著述和教

学工作中，始终坚持宣传马克思主义，与形形色色的资产阶级经济学说、反马克思主义的谬论进行斗争，为我国马克思主义政治经济学学科建立和发展做出了重要贡献。几十年来，他在大学讲坛上那种诲人不倦的精神，循循善诱的方法，精彩绝伦的阐述，至今还为他的学生所称道。

 **教学建议**

本案例可用于"理想信念"相关内容的教学。彭迪先早年接触到马克思主义政治经济学，就被马克思主义理论的科学性、革命性所折服。他在这个领域不断地学习、研究，用马克思主义的理论和方法认识中国社会问题，思考中国革命的出路，逐渐成为一名坚定的马克思主义者。教学中，可以从彭迪先的思想发展历程和革命经历中，认识中国进步知识分子接受马克思主义的历史必然性，认识确立马克思主义理想信念对于青年知识分子走上革命道路的重要引导作用。彭迪先不只是一位学者，他还是一位革命家，在实际的革命斗争中改造旧世界、创造新世界。教学中可以引导学生思考当代大学生如何运用马克思主义理论指导自己的人生实践，将理论与实践结合起来。

 **学习思考题**

1. 彭迪先在日本留学期间，放弃直升庆应大学机会而进入九州帝国大学学习，他为何作出这样的选择？这一选择对他以后的人生道路有何影响？

2. 彭迪先注重用马克思主义政治经济学理论分析当时的中国现实问题，这对于当代大学生有什么样的启示？

参 考 文 献

[1] 彭迪先. 民盟和四川大学"三教授事件" [J]. 群言，1991 (3).

[2] 蒋南平，朱琛. 彭迪先对构建中国经济学的卓越贡献 [J]. 经济学家，2010 (8).

[3] 王筑. 毕生坚持马列 治学务求真知：悼忆彭迪先教授 [J]. 经济学家，1991 (6).

[4] 马识途. 丹心昭日月：悼念彭迪先同志 [J]. 群言，1991 (10).

[5] 刘诗白. 忆迪先师 [J]. 群言，1991 (11).

［6］党跃武. 四川大学校史读本［M］. 成都：四川大学出版社，2013.

［7］人物传略——彭迪先［EB/OL］.（2015－09－09）. http：//www. mmyasw. gov. cn/news/ MSZL/201599/15999195847048K5K5ECEA8999137. html.

柯召：能理能文的数学家

柯召

图片来源：四川大学校史馆

在世界现代数学领域，有一个著名的"爱尔特希-柯-拉多定理"，其中的"柯"就是著名的数学家、中国科学院院士柯召。柯召被称为中国近代数论的创始人、二次型研究的开拓者、一代数学宗师，历任四川大学教授、数学系主任、教务长、副校长、校长、名誉校长。他还是第一至第七届全国人大代表，曾任四川省第四届、五届政协副主席，九三学社中央副主席等职。

步入数学王国

柯召（1910—2002），字惠棠，浙江温岭人。他的父亲是一家店铺的店员，母亲是家庭妇女。靠着父亲微薄的收入，一家人勉强度日。虽然家境贫寒，但父亲对柯召的学习很是上心。柯召刚满 5 岁，父亲即教他识字，训教甚严。1921 年，年仅 11 岁的柯召考入中学。但因年幼，父亲便让他在家乡读了一年私塾。正是这一年的私塾生涯，让柯召对《四书》《五经》产生了兴趣，打下了良好的古文基础。

1922 年，刚满 12 岁的柯召进入杭州安定中学读书。这位身体单薄、聪慧文静的大男孩有别于一般的泥猴似的娃娃。当别的同学都在操场上欢声笑语，蹦蹦跳跳之时，他都躲在房间里全神贯注地解着数学难题。在别的同学看来枯燥无味的数字，他却觉得趣味无比。以至多年以后，80 余岁的柯召仍能感受到少年时代解析难题的乐趣。每当向学生们谈起那些过往旧事，他的眼里总是闪烁着愉快的光芒。兴趣是最人的老师，柯召从此步入数学王国。

1926 年，柯召从杭州安定中学毕业，考入厦门大学预科，并于 1928 年正式升入厦门大学数学系。在厦门大学学习两年后，1930 年，柯召通过考试转学到清华大学算学系。当时，在系里任教的有熊庆来、孙光远、杨武之、胡坤升等数学家，和柯召一起听课的同学有陈省身、华罗庚、许宝騄、吴大任等。华罗庚是系里的职员，陈省身和吴大任是研究生，柯召和许宝騄是本科生。后来，这五人也都成了著名的数学家。1933 年，柯召以优异成绩毕业。清华大学的淘汰率极高，与柯召一起进校的同届同学 30 余人，只有他与许宝騄两人拿到了毕业文凭。

1933 年，从清华大学毕业的柯召应姜立夫的聘请，去南开大学数学系当助教。当时南开大学数学系只有他一个助教，因此任务很重，但柯召兢兢业业，不仅完成了学校交代的各种工作，而且表现十分出色，受到领导和同事们的一致好评。

留学英国

1935 年，柯召考上了公费留学生，去英国曼彻斯特大学深造。柯召的导师是著名数学家莫德尔。面试时，莫德尔教授向柯召提了几个问题，并审阅了他在清华大学的毕业论文，当即同意收其为门生，且将柯召的学习年限由 3 年缩短为 2 年。

莫德尔给柯召的第一个研究课题叫"闵可夫斯基猜想"。拿到题目后，柯召转身就埋头钻研。整整一周，头绪全无，便如实禀告老师。莫德尔却并未有丝毫责怪之意。原来，这猜想莫德尔已钻研了3年而不得其解，而他本人早已是闻名世界的解题高手，许多难题都曾被他一一化解。莫德尔出此题的意图，是想激励这位中国小伙子。莫氏的"激将"之法果然产生了奇迹，短短两个月之后，柯召就完成了一篇关于"表二次型为线型之平方和"的论文，令莫德尔赞赏有加。他对柯召说，你已经达到了毕业水平！因为成绩优异，表现优秀，柯召应邀在伦敦数学学会做报告，并受到当代著名数学家 G. H. 哈代的好评。这是中国人首次登上伦敦数学学会的讲台。

1937 年，由哈代和莫德尔担任主考，柯召以论文《关于表二次型为线型之平方和的问题》获得博士学位。

曼彻斯特数论学派的主要成员（1935—1938，剑桥）：

导师莫德尔（左4），柯召（右2），爱尔特希（右1），达文波特（右4），马勒（左1）

图片来源：四川大学校史馆

接着，他在曼彻斯特大学数学系工作一年，并指导一位英国学生取得硕士学位。当时，曼彻斯特大学聚集了一批数论新秀，他们当中除柯召外，还有爱尔特希（P. Erdos）、达文波特（H. Davenport）、马勒（K. Mahler）等人，后来他们都成了国际上著名的数学家。在曼彻斯特大学期间，柯召在《数论学报》《牛津数学季刊》《伦敦数学会会报》等学术刊物上发表了一系列论文。还与爱尔特希等人合写了 3 篇重要论文，与他们结下了深厚的友谊。

在英国 3 年，柯召学习刻苦、工作勤奋，为他毕生从事数学的教学和研究打下了坚实的基础。

1938 年夏，柯召不顾老师莫德尔的再三挽留，满怀报国之心，毅然回到正受日本侵略军蹂躏的祖国。柯召回国后来到了成都，受聘为国立四川大学教授，讲授代数和几何方面的课程。尽管此时条件极为艰苦，但柯召仍坚持教书育人，积极从事科学研究。在此期间他还与同样从英国留学回来的李华宗合作，进行了矩阵代数方面的研究。1946 年，柯召应聘到重庆大学数学系任教授。那时物价暴涨，货币贬值，教员生活非常清苦，柯召仍孜孜不倦从事教学工作，精心讲授"群论""数论"等课程，深受学生的欢迎。

1949 年，中华人民共和国成立后，柯召继续在重庆大学任教；1953 年全国高校院系调整时，他又回到四川大学任教。柯召以满腔的热情投入教学和科研工作，不仅为国家培养了许多优秀数学人才，而且在科研上也是硕果累累。

柯氏定理

从 20 世纪 30 年代到 80 年代，柯召发表了上百篇卓有创见的论文，其中不少在国际上产生了重大影响，具有重要的学术价值。

1961 年，柯召与匈牙利数学家爱尔特希、英国数学家拉多在组合论方面得出有限集组的相交定理，这就是"爱尔特希－柯－拉多定理"。这一研究成果具有里程碑的意义。正如弗兰克尔（Frankl）和葛立恒（Graham）所指出的："爱尔特希-柯-拉多定理是组合数学中一个主要结果，这个定理开辟了极值集论迅速发展的道路。"

1842 年法国数学家卡塔兰（Catalan）提出的"卡塔兰猜想"（8 和 9 是仅有的两个大于 1 的连续整数，它们都是正整数的乘幂）是一个著名的数论难题。众多数学家倾其毕生心血，希望攀上这座数论的顶峰，但都只能望"峰"兴叹。1962 年，柯召"磨剑"十年，终于以精湛的方法解决了卡特兰猜想的二次情形，并获得了一系列重要成果。莫德尔在其专著《不定方程》（*The Diophantine Equations*）中把柯召的研究结果称为"柯氏定理"，它所运用的方法被称为"柯召方法"。此后，这一领域中的许多突破性研究都会用到柯召的方法和思想，如 1977 年特尔加尼亚（G. Terjanian）对偶指数费马大定理第一情形的证明，以及 1983 年罗特基维奇（A. Rotkiwicz）在不定方程中所取得的一系列重要结果。

柯召还是我国二次型研究的开拓者。从 20 世纪 30 年代起，在表二次型为线型平方和的问题等方面，他做了一系列重要工作。1988 年，在一次国际学术会议上，美国数学家斯托勒（N. J. A. Stoane）谈及柯召当时的论文时说："我很惊异中国人那么早就已做出了巨大的成就。"这些成果至今仍具有重要的学术价值。

除了各种数学的研究论证，柯召还热心数学教育事业，先后开设过微积分、方程式论、高等代数、群论、复变函数、高等几何、微分方程等课程。新中国成立初期，他还翻译出版了 3 本著名数学家编写的数学教材，供各大院校使用。在他的带领下，一批学生在矩阵代数、不定方程、二次型等方面做了一系列高水平的研究。他为国家培养了几代优秀数学工作者。在 1956 至 1985 年间，我国学者发表的矩阵代数、不定方程、二次型等领域的研究论文，大都是柯召和他的弟子完成的。

艺术之境

除了痴迷于数学研究，柯召还有着广泛的兴趣爱好。柯召钟爱围棋，而且如痴如醉。在清华大学读书时，他就经常与杨振宁的父亲杨武之教授纹枰对弈，且"屡局不倦"，可见柯召棋瘾之大。杨武之先生是中国数论研究的开山之师，他每每将天人合一的围棋之道用数学原理去阐释，这对柯召影响颇深。此项爱好，柯召保持了终生。

除了围棋，桥牌也为柯召所钟爱。在英国曼彻斯特大学留学时，柯召就常与他的几位同学爱尔特希、达文波特、马勒等去老师家中玩桥牌。几个数学天才凑在一起玩桥牌，志趣相投，充满机趣。这一段美好的日子，令柯召难以忘怀。

柯召的另一个爱好是书法。四川大学望江校区"逸夫科技馆"五个洒脱俊逸的行草大字即出自柯召的手笔。柯召曾自言，他最喜唐人怀素的《自叙帖》并且用心临摹过。"字如其人"，飞逸飘洒的怀素体，投射出柯召内心深处的激情。柯召的书法模仿古人，却又"自成一体"，因此慕名求字的人不少。柯召总会微笑着满足对方，还自我调侃道："我也乐得遣兴怡情。"这种平易近人的态度，让柯召名声大振。据说，曾有一位求字者专程从美国加州来华，只为求得柯召墨宝一幅。著名作家流沙河曾评价柯召的字是从侧门意外进入了书法界："不知道柯召是从何门进去的，如果是从数论到书法，那可真是让人匪夷所思了。"

柯召曾说，自己很喜欢清代诗人袁枚的一首绝句："但肯寻诗便有诗，灵犀一点是吾师。夕阳芳草寻常物，解用都为绝妙词。"柯召将之视为数学研究所应追求的境界。数学与文学，科学与艺术，在柯召的智慧之中如此巧妙地联系在一起。这种本领，缘于柯召对数学天才般的悟性以及对传统文化长期的濡染与修养。

案例点评

在数学界，柯召先生学术成就卓著：在数论方面，他在表二次型为线性型平方和的研究上取得一系列重要成果；在不定方程方面，他突破了100多年来未能解决的卡塔兰猜想的二次情形，并获一系列重要结果；在组合论方面，他与人合作得出了关于有限集组相交的一个著名定理即"爱尔特希－柯－拉多定理"，开辟了极值集论迅速发展的道路。这其中任何一个成就都足以让柯召在国际数学史上留下姓名。

柯召还是一位杰出的教育家，历任四川大学数学系主任、教务长、副校长、校长、名誉校长。1981－1984年担任四川大学校长期间，带领川大师生锐意改革，恢复了法律系，又创办了新闻学、图书情报学、工商管理学等学科和专业，在学校人才培养和科研方面成果丰硕。他的治校理念，充分体现了川大"海纳百川，有容乃大"的精神和求是、创新、不断与时俱进的校风。他为川大的发展付出了大量的心血。2002年11月8日，柯召在北京病逝，享年93岁。

教学建议

柯召一生执着于他所热爱的数学研究，他在数学领域能够取得非凡成就，不仅仅是因为他的天赋，更重要的是因为他虚心好学、刻苦钻研、全身心投入。在别人眼中枯燥的数字，在他看来却充满了趣味。热爱是最好的老师，勤奋则是成功的基石。教学中，可以结合"人生价值的实现"的教学内容，引导大学生正确认识实现人生价值的主客观条件。同时，柯召文理兼长，具有很高的传统文化修养，体现出一代大师的风范，堪称全面发展的典范，此案例可以启发学生思考和理解怎样"成为担当民族复兴大任的时代新人"以及如何"尊重和传承中华民族历史和文化"等问题。

1. 柯召在数学上取得杰出成就的主客观因素有哪些？其中最为关键的因素是什么？

2. 柯召的故事对于我们思考人生价值有什么启示？

[1] 李建华，李朝鲜. 数学界的柯召定理：一代数学宗师柯召在四川大学 [M] //罗中枢. 四川大学：历史·精神·使命. 成都：四川大学出版社，2009.

[2] 党跃武. 四川大学史话 [M]. 成都：四川大学出版社，2017.

[3] 雷文景. 天才数学家的艺术之境——纪念柯召院士诞辰 110 周年 [EB/OL]. (2020-07-02). http://archives. scu. edu. cn/info/1015/2763. htm.

第三编

博古通今、学贯中西的蜀中文化大家

郭沫若：将卓越才华奉献给祖国

郭沫若

图片来源：郭沫若纪念馆

郭沫若（1892—1978），学名开贞，号尚武，"沫若"为其笔名，四川乐山人。1910 年进入四川省城高等学堂分设中学堂学习。1912 年考入四川省城高等学堂理科。郭沫若既是为共产主义事业奋斗终生的坚贞不渝的革命家和卓越的无产阶级文化战士，又是我国杰出的作家、诗人和戏剧家，以及历史学家和古文字学家。他是中国近现代革命文学史上不可或缺的斗士、旗手，为中国现代文学建立了不朽的功勋。郭沫若著述宏丰，是当代多专多能的百科全书式的大学者，一生留下了约 1500 万字的著作。

求学之路与弃医从文

1892 年 11 月 16 日，郭沫若出生在四川省嘉定府（今乐山市）乐山县沙湾镇。笔名中的"沫若"二字，取自故乡两条河——沫水（大渡河）与若水（青衣江），意为不忘故土养育之情。

1897 年，郭沫若在家塾师从沈焕章先生习读传统经典。1906 年，入乐山县高等小学学习，开始接受民主思想。

1910 年 2 月，郭沫若从水路来到人才荟萃的省城成都，探寻学海之瑰宝、治国之良策、救民之真谛。他顺利通过题为《士先气质而后文艺》的国文测试，如愿以偿地进入四川省城高等学堂分设中学堂就读。在这里，他迈出了投身革命、扛起中国文化大旗的第一步。课余，他与周太玄、李劼人、王光祈、魏嗣銮等同学，登望江楼远眺、临武侯祠扼腕、沿浣花溪咏怀、赴草堂寺明志。

1911 年年初，国会请愿风潮传至四川。四川省城高等学堂召集各校代表开会，并通过了全市罢课请愿的决议。郭沫若被推举为班级代表出席了会议。6 月，成都成立了保路同志会，郭沫若和他的好友们一同参与到轰轰烈烈的保路斗争中，思想受到了极大的震撼。

1912 年，郭沫若考进四川省城高等学堂理科。但国内局势的跌宕起伏、急剧变化使他不得不思考革命的方式、出路等问题。1914 年，在大哥郭开文的资助下，郭沫若东渡日本，先后在东京第一高等学校预科、冈山第六高等学校学习，后进入九州帝国大学医学部。

早年郭沫若曾认为救国最重要的方法是实业，故而他选择学习理科和医学。但是，一次次暴风骤雨般的革命斗争，特别是五四运动，激发了郭沫若的"诗的觉醒"，指引他走上文学的道路。因此，他弃医从文，开始了他的文学创作。

革命家和无产阶级文化战士

新文化运动中，郭沫若投身于反帝反封建的革命文化活动，与成仿吾、郁达夫等进步人士发起成立著名文学团体"创造社",并出版了他的第一部新诗集《女神》。在北伐战争中,郭沫若任国民革命军总政治部副主任。蒋介石叛变革命后,他满腔义愤,奋笔疾书《请看今日之蒋介石》,这篇讨蒋檄文产生了巨大社会影响,在复杂的 20 世纪初期中国文化中十分罕见。1927 年,当中国大地上武装斗争的熊熊烈火就要点燃之际,当时已任国民革命军要职的郭沫若毅然参加了中国共产党领导的"南昌起义",与朱德、周恩来、贺龙等无产阶级革命家并肩作战,同年 8 月加入中国共产党。在文艺界有重要影响力的郭沫若,影响了当时一大批进步青年、文化人士。

1928 年,郭沫若被迫流亡日本。在日本,他在继续从事革命文艺创作的同时,还翻译了大量马列著作,并以创造社为阵地,继续以笔做武器,积极支持留日青年和国内文艺界的革命文化活动。

全面抗战爆发后,郭沫若回到祖国,担任国民党政治部第三厅厅长。他在周恩来的直接领导下,利用自己的合法身份,团结和组织国民党统治区的进步文化人士,从事抗日救亡运动,同假抗日真投降的不抵抗主义者进行了针锋相对的斗争。他这一时期写的许多历史剧和大量诗文,深刻揭露了国民党反动派的卖国投降政策,激励了革命人民的斗志。抗战时期一大批进步电影戏剧,诸如《一江春水向东流》《大渡河》《岁寒图》等能得以问世,郭沫若功不可没。在这段时期里,郭沫若创作了《屈原》《虎符》《高渐离》《棠棣之花》《孔雀胆》《南冠草》等多部极具影响力和震撼力的历史剧本,《甲申三百年祭》以及《青铜时代》《十批判书》也相继问世。抗战胜利后,他不顾国民党反动派的政治迫害,勇敢地站在民主运动的前列,同蒋介石的法西斯独裁统治和发动内战的阴谋进行针锋相对的斗争,有力地支援了人民解放战争。

新中国成立后,郭沫若继续从事著述,同时担负着繁重的国家事务、科学文化教育和国际交往等方面的领导工作。郭沫若不仅是革命的科学家和文学家,而且是革命的思想家、政治家和著名社会活动家。他在科学文化方面做出的贡献,在革命实践中立下的功绩,赢得了全中国人民和世界进步人士的尊敬。

《甲申三百年祭》得到毛泽东高度评价

以史为镜，可以知兴替。郭沫若从来不是一个只在书斋中埋头做学问的历史学家。在他的学术生涯中，他始终没有忽视对历史经验教训的深刻总结，始终没有脱离过对时代的热切关注。

1644 年，中国农历甲申年，明朝灭亡，李自成建立大顺政权。进入北京后，农民起义军中的一些首领因为胜利而骄傲起来，生活腐化，宗派斗争激烈，最终于 1645 年宣告败亡。1944 年，郭沫若围绕甲申三百年这一主题，写成长篇史论《甲申三百年祭》。郭沫若在文中用辩证唯物主义和历史唯物主义观点，紧紧抓住了甲申年中各种政治力量的交替，从朱明王朝崇祯皇帝的腐朽统治和李自成农民起义始末的对比中，夹叙夹议，深刻地揭示了明王朝统治的极端专制和腐败，这样的王朝是必然要灭亡的。同时，郭沫若在文章中歌颂了李自成领导的农民起义，并总结了起义失败的原因，那就是在极短的时间内取得巨大军事胜利后，在凯歌声中滋长了骄傲的情绪，把明王朝的专制和腐败接受过来，纵声色，夺名利，掠财物，杀功臣，在战略上、组织上、作风上都犯下了严重的错误，终于酿成历史的大悲剧。1944 年 3 月 19 日，全文一万多字的《甲申三百年祭》，开始在《新华日报》副刊上分四期连载。

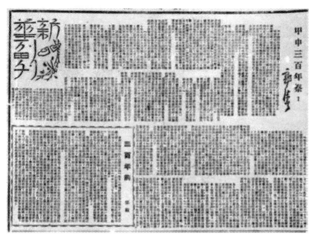

《新华日报》连载的《甲申三百年祭》

图片来源：四川大学校史馆

　　早在 1943 年，蒋介石抛出了《中国之命运》，公开宣扬一个主义、一个政党和一个领袖。特别引起人们注意的是，蒋介石在文中搬出朱明王朝灭亡的事例来论证其独裁理论的合理性。因此，当郭沫若以甲申三百年明朝灭亡来总结历史的经验教训时，国民党立刻感受到这篇文章锋芒所指，马上组织专人对文章进行围攻。《甲申三百年祭》发表后的第二天，即 1944 年 3 月 24 日，为蒋介石执笔撰写《中国之命运》的陶希圣在国民党《中央日报》发表社论《纠正一种思想》，指责郭沫若"将明之亡国的历史影射当时的时局"。其后，4 月 13日、21 日、26 日、28 日，《中央日报》又连续发表社论，污蔑《甲申三百年祭》"出于一种反常心理，鼓吹败战主义和亡国思想"①。

　　毛泽东一直对明末李自成农民起义这段历史非常重视，早在 1928 年，他就以李自成为例，提醒红军将士避免犯"流寇主义"错误。1944 年 4 月 12日，毛泽东在延安高级干部会议上所作的报告《学习和时局》中强调："我党历史上曾经有过几次表现了大的骄傲，都是吃了亏的。……近日我们印了郭沫若论李自成的文章，也是叫同志们引为鉴戒，不要重犯胜利时骄傲的错误。"②毛泽东还将《甲申三百年祭》列为延安整风运动文件，供全党学习。中共中央宣传部、中央军委政治部根据党中央、毛主席的指示向全党、全军发了通知："郭文指出李自成之败在于进北京后，忽略敌人，不讲政策，脱离群众，妄杀干部，'纷纷然，昏昏然，大家都像以为天下就已经太平了的一样'，实为明末农民革命留给我们的一大教训。作品对我们的重大意义，就是要我们党，首先是高级领导干部，无论遇到何种有利形势和实际胜利，无论自己如何功在党国，德高望重，必须永远保持清醒与学习态度，万万不可冲昏头脑，忘其所以，重蹈李自成……覆辙。"③

　　1944 年 11 月 21 日，毛泽东给郭沫若写了一封信，信中写道："武昌分手后，成天在工作堆里，没有读书钻研机会，故对于你的成就，觉得羡慕。你的《甲申三百年祭》，我们把它当作整风文件看待。小胜即骄傲，大胜更骄傲，一次又一次吃亏，如何避免此种毛病，实在值得注意。"④ 毛泽东在这封信中，

　　① 叶青等：《关于〈甲申三百年祭〉及其他》，独立出版社，1944 年，第 73 页。
　　② 《毛泽东选集》（第三卷），人民出版社，1991 年，第 947—948 页。
　　③ 郭沫若纪念馆等：《〈甲申三百年祭〉风雨六十年》，人民出版社，2005 年，第 92—93 页。
　　④ 中共中央文献研究室：《毛泽东书信选集》，人民出版社，1983 年，第 241 页。

对郭沫若所做的十分有益的革命文化工作表示了赞誉，同时也饱含期待地指出：“你的史论、史剧大有益于中国人民，只嫌其少，不嫌其多，精神决不会白费的，希望继续努力。”[①]

正是基于对李自成农民起义失败教训的深刻总结，毛泽东在党的七届二中全会上强调，“夺取全国胜利，这只是万里长征走完了第一步。如果这一步也值得骄傲，那是比较渺小的，更值得骄傲的还在后头。在过了几十年之后来看中国人民民主革命的胜利，就会使人们感觉那好像只是一出长剧的一个短小的序幕。剧是必须从序幕开始的，但序幕还不是高潮。中国的革命是伟大的，但革命以后的路程更长，工作更伟大，更艰苦。这一点现在就必须向党内讲明白，务必使同志们继续地保持谦虚、谨慎、不骄、不躁的作风，务必使同志们继续地保持艰苦奋斗的作风。”[②] 1949 年 3 月 23 日，毛泽东在离开西柏坡向北平进发时，又提起李自成的教训。他说：“我们是进京赶考，我们绝不当李自成，李自成进京后就变了，我们一定要考个好成绩。”

 **案例点评**

早在五四运动时期，郭沫若就以充满革命激情的诗歌创作，歌颂人民革命，歌颂社会主义和共产主义，开一代诗风，成为我国新诗歌运动的奠基者。郭沫若创作的历史剧，是教育人民、打击敌人的有力武器。他是我国运用马克思主义观点研究中国历史的开拓者。他创造性地把古文字和古代史的研究结合起来，开辟了史学研究的新天地。郭沫若在哲学社会科学的许多领域，包括文学、艺术、哲学、历史学、考古学、金文甲骨文研究，以及马克思主义理论著作和外国进步文艺的翻译介绍等方面，都有重要建树。邓小平曾对郭沫若做出这样的评价：“他长期从事科学文化教育事业的组织领导工作，扶持和帮助了成千上万的科学、文化、教育工作者的成长，对发展我国科学文化教育事业做出了不可磨灭的贡献。他和鲁迅一样，是我国现代文化史上一位学识渊博、才华卓具的著名学者。他是继鲁迅之后，在中国共产党领导下，在毛泽东思想指

---

① 中共中央文献研究室：《毛泽东书信选集》，人民出版社，1983 年，第 230 页。
② 《毛泽东选集》（第四卷），人民出版社，1991 年，第 1438—1439 页。

引下，我国文化战线上又一面光辉的旗帜。"①

本案例可用于"人生观"及"中国精神"相关内容的教学。通过讲述郭沫若在求学时期树立科学高尚的人生追求、积极进取的人生态度，投身于反帝反封建的革命文化活动、运用马克思主义观点研究中国历史等事迹，引导大学生从四个方面向郭沫若学习。第一，郭沫若对党、对人民、对革命无限忠诚。郭沫若在重要历史关头，都站在党和人民的立场上，全心全意地为中国人民和世界人民服务。第二，郭沫若不断革命、始终站在时代前列，与时俱进。不论在民主革命时期还是在社会主义革命和社会主义建设时期，郭沫若都保持着极大的革命热忱，斗志旺盛，不愧为永葆革命青春的先锋战士。第三，郭沫若不畏艰难险阻、勇攀科学高峰，在学术研究和文艺创作中，勤于探索，勇于创新。第四，郭沫若的民主学风。在学术研究领域里，他坚持实事求是的科学态度，一贯主张各抒己见，取长补短，共同提高。

1. 郭沫若一生始终与革命的进步的力量站在一起，始终走在时代潮流的前列，郭沫若的故事对新时代青年践行爱国主义有怎样的启示？

2. 阅读《甲申三百年祭》，谈谈读后的体会。

参 考 文 献

[1] 毛泽东选集：第三卷 [M]. 北京：人民出版社，1991.
[2] 毛泽东选集：第四卷 [M]. 北京：人民出版社，1991.
[3] 毛泽东书信选集 [M]. 北京：人民出版社，1983.
[4] 陈明华. 郭沫若 [M]. 哈尔滨：黑龙江人民出版社，1982.
[5] 在郭沫若同志追悼会上邓小平同志致悼词 [J]. 科学通报，1978 (7).
[6] 张碧秀. 郭沫若与四川大学 [J]. 巴蜀史志，2006 (3).

① 《在郭沫若同志追悼会上邓小平同志致悼词》，《科学通报》，1978 年第 7 期。

吴虞：只手打孔家店的老英雄

吴虞

图片来源：四川大学校史馆

吴虞（1872—1949），原名永宽，字又陵，号爱知庐主人，原籍四川新繁（现成都市新都区）。1881 年，年方 10 岁的吴虞进入成都尊经书院（四川大学前身），师从蜀中著名学者吴之英、廖平学习诗文和经学，打下深厚的国学基础。1917—1920 年，吴虞先后在四川公立法政专门学校、四川公立外国语专门学校、四川公立国学专门学校（均为四川大学前身）担任历史、国文或文学史教员。1925 年秋天，从北京回到成都的吴虞，先后担任成都公学、国立四川大学等校教授。胡适曾称赞吴虞为"'四川省只手打孔家店'的老英雄"，并将其与陈独秀并称为当时"攻击孔教最有力的两位健将"①。

---

① 欧阳哲生：《胡适文集》（第 2 卷），北京大学出版社，1999 年，第 609 页。

"成都言新学之最先者"

1898 年的戊戌变法，给中国带来前所未有的震动。在这场维新思潮的冲击下，青年吴虞转而开始接触西方资产阶级社会及政治学说，遂立志"兼求新学"。即使在戊戌变法运动失败、四川旧派势力再度猖獗的情况下，吴虞仍"澹于希世，不事科举"之业，"不顾鄙笑，搜访弃藏，博稽深览，十年如一日"，钻研新学，探求新知，被时人誉为"成都言新学之最先者"。辛亥革命后，吴虞曾加入共和党，任《四川政治公报》主编，后著文反对袁世凯称帝。

1905 年秋，已过而立之年的吴虞，东渡扶桑，就学于日本法政大学。到日本之后，全新的环境使吴虞眼界大开，精神和思想豁然一变。吴虞除了认真研究欧美各国宪法、民法和刑法外，还广泛阅读了卢梭、孟德斯鸠、斯宾塞、远藤隆吉、久保天随等东西方思想家的著述。吴虞还特别将这些近代资产阶级社会政治学说，同孔、孟、老、庄等中国传统文化做了"比较校勘"，并由此逐渐产生出反封建，反对旧礼教、旧道德的思想。

1907 年，吴虞从日本法政大学毕业。回国后的吴虞，曾先后任成都县中学、嘉定府中学及四川通省法政学堂（后改名四川公立法政专门学校）教习。经过西方资产阶级社会及政治思想的熏陶和洗礼，吴虞日益显示出了尊崇个性发展、追求思想自由的倾向。其间，吴虞曾编撰了《宋元学案粹语》一书，因其中多处引用明代"名教罪人"李贽之语，清廷学部以"非儒"之罪名命令四川提学使赵启霖予以查禁。1910 年，吴虞发表《辨孟子辟杨墨之非》，文中指出，"天下有二大患焉：曰君主之专制，曰教主之专制。君主之专制，钤束人之言论；教主之专制，禁锢人之思想"[①]。在此基础上，吴虞进一步发出了要求言论和思想自由的勇敢呼声，他说："夫学术思想之在一国，犹人之有精神也。故约翰·弥勒之言曰：无新思想、新言论，则其国亦无由兴。盖辩论愈多，学派愈杂，则竞争不已，而折衷之说出，于是真理益明，智识益进，遂成

---

① 赵清、郑城：《吴虞集》，四川人民出版社，1985 年，第 13 页。

为灿烂庄严之世界焉。故知专制者，乃败个人品性之一大毒药也。"[1] 因此，吴虞下定决心打破儒学独尊的地位，他在《辨孟子辟杨墨之非》一文中就明确表示，愿意"抠衣执鞭"，以"鼓舞言论思想自由之风潮"。吴虞不仅拿起批判的武器，抨击清王朝的专制制度及作为其精神支柱的孔孟儒学，还拿出一笔资金，积极参加立宪派舆论喉舌《蜀报》的创办工作，并且一直是该报的主要撰稿人之一。

五四运动时期，以国立成都高等师范学校为主，同时包括四川公立法政专门学校、四川公立农业专门学校、四川公立外国语专门学校、四川公立工业专门学校、四川公立国学专门学校，成为五四运动在四川的策源地。自 1917 年开始，吴虞先后在四川公立法政专门学校、外国语专门学校及国学专门学校担任历史、国文或文学史教员。在学校，他先后教过国文、先秦诸子、中国文学史、刑法通论、法制史、政治学等多门课程。他吸收了日本法制史的优点，自编了法制史的讲义，这也是第一本由中国人自己编写的法制史讲义。在国文课上，他出题让学生写《王充〈问孔篇〉书后》，引导学生比较专制与共和的优劣。1918 年春，在北京发生了轰动全国的林纾（琴南）致信蔡元培（鹤卿）攻击新文化运动的事件，吴虞立即让学生写《书〈蔡鹤卿答林琴南〉书后》，以此引导学生认识新时代的潮流不可阻挡。

"只手打孔家店"

1916 年 12 月，吴虞首次把自己所作文章寄给陈独秀。自此以后，《新青年》杂志先后登载了吴虞的大量文章，这些文章的一个突出特点，在于把反对宗法制度、家族制度、专制制度和批判封建宗法思想、礼教、伦理道德结合起来，笔锋犀利，极具振聋发聩作用。

由于吴虞有着长期"外遭社会之陷害，内被尊长之毒螫"的切身感受，因而他与陈独秀、李大钊等人从总体上批判封建思想不同，吴虞锋芒所指主要是封建宗法制度。吴虞在《儒家主张阶级制度之害》一文中深入分析了儒家思想中的"孝"，认为儒学主张的传统的家庭制度构成了封建君主专制的基础；儒

---

① 赵清、郑城：《吴虞集》，四川人民出版社，1985 年，第 13 页。

家的伦理原则以"孝"为核心则成为要求人们无条件地对君主尽"忠"的基础。这样,"孝"就成为儒家伦理之本原、礼义之基准、教育之根本。在吴虞看来,儒家思想之"害"就是要消除民众的一切反抗或反叛的思想,"把中国弄成一个'制造顺民的大工厂'"。他大声疾呼:"儒教不革命、儒学不转轮,吾国遂无新思想、新学说,何以造新国民?悠悠万事,惟此为大已!吁!"①

在新文化运动的高潮中,吴虞写了《吃人与礼教》,积极配合鲁迅先生对封建旧礼教的猛烈抨击。他的这篇文章产生了巨大影响,推翻"吃人的礼教"成了那个时代进步青年冲破封建旧礼教束缚、与封建旧道德抗争的一个响亮的战斗口号。

吴虞一系列文章所表现出来的无畏勇气和战斗精神,赢得了中国进步思想界尤其是进步青年学生们的广泛喝彩。在成都及四川省内,吴虞几乎成为广大青年学生的思想偶像,同时也是封建卫道士的眼中钉、肉中刺。他的每一篇文章都是向封建专制宣战的檄文,以致"使当时地主阶级震动了。宋育仁、曾学传这些遗老,在成都高师教员室,一唱百和,如临大敌,要驱逐吴虞出教育界"②。

新文化运动时期的吴虞,站在斗争前列,他以对旧礼教、旧思想、旧道德的深刻批判,与封建卫道士直接交锋对垒,成为全国名噪一时的风云人物。因此,胡适在《〈吴虞文录〉序》中赞誉吴虞为"'四川省只手打孔家店'的老英雄"③,"中国思想界的一个清道夫"④。

李劼人等在吴虞指导下以"少年中国学会成都分会"名义创办了与《湘江评论》齐名的《星期日》周刊。

1920年夏,吴虞离开成都赴京,先后在北京大学、北京师范大学、南方大学京校、中国大学、北京学院等校任教。在北大担任国文教授期间,很多学生慕名选修吴虞开设的"诸子文"及"国文"课程,其盛况一度为北大国文系"前所未有",直到20世纪20年代中期他回到成都。1931年,他又任教于国立四川大学。

---

① 参见李玉刚:《五四风云人物:吴虞·易白沙》,人民日报出版社,1999年,第74页。
② 张秀熟:《二声集·五四运动在四川》,巴蜀书社,1991年。
③ 欧阳哲生:《胡适文集》(第2卷),北京大学出版社,1999年,第610页。
④ 同上书,第608页。

吴虞一生没有放弃反孔、非儒的立场，当年他与老师廖季平在成都少城东城根街漫步时，廖季平劝他"言论宜稍和平，恐触忌"，他却感叹自己"四十非儒恨已迟"。虽然吴虞有"门庭自辟心疑古，胆识冲天智过师"的气概，但他在成都最后任教的几年中，仍遭到尊孔复古派的排斥和打击，到1933年终于被迫去职。此后吴虞隐退在家，晚年书斋名曰"宜隐堂"，从中可见他历经世事炎凉后的无奈心态。

吴虞作为知识分子，有反帝爱国的热情和反对封建旧文化的战斗精神，他在新文化运动中发挥的重要作用得到社会各界的高度肯定和赞赏。但他毕竟只是新旧交替时期的启蒙主义者，具有历史的局限性。1949年，吴虞在成都病逝。

 **案例点评**

五四运动前后，吴虞在《新青年》上发表《吃人与礼教》《家族制度与专制主义之根据》等文章，大胆冲击封建礼教和封建文化，曾引起巨大的反响。在当时，吴虞俨然成为新文化运动的代表人物之一。

毛泽东指出，新文化运动乃至五四运动本身存在缺点，"那时的许多领导人物，还没有马克思主义的批判精神，他们使用的方法，一般地还是资产阶级的方法，即形式主义的方法。他们反对旧八股、旧教条，主张科学和民主，是很对的。但是他们对于现状，对于历史，对于外国事物，没有历史唯物主义的批判精神，所谓坏就是绝对的坏，一切皆坏；所谓好就是绝对的好，一切皆好。这种形式主义地看问题的方法，就影响了后来这个运动的发展。"[①] 吴虞也不例外，我们要以历史唯物主义的立场方法看待他，既要肯定他的历史贡献，也要看到他因时代而产生的不可避免的历史局限性。

教学建议

本案例可用于"吸收借鉴优秀道德成果"的教学。在讲授关于吴虞的思想时，既要讲清楚他在新文化运动乃至五四运动时期对于反封建的历史贡献，也要善于从他的教育思想中挖掘其有益学生成长的素材。比如，吴虞在给《国立

---

① 《毛泽东选集》（第三卷），人民出版社，1991年，第831—832页。

四川大学文本科同学录》写序时指出："故吾今之所陈，当以富国强兵保民为上计，而无取于仁义道德之空言、训诂章句之末艺，取旧日疲癃残疾习惯，一大震荡而扫除之！""君求学，固求所以经世安人。今既毕业，自当出其所得，以为国家社会兴利除弊，旷然一大变其俗。"此外，教师应引导学生辩证看待吴虞思想学说的时代价值与历史局限性，以及吴虞个人在品德修养方面的缺陷，以此引导学生正确理解"传承中华传统美德"，以及个人品德修养对于成长成才的重要作用，促进大学生树立正确的道德观，自觉加强道德品质修养。

1. 联系五四运动一百年来的中国历史发展进程，谈谈五四运动的地位和五四精神的作用。

2. 吴虞被称为五四时期"'四川省只手打孔家店'的老英雄"，他提出的"反孔非儒"的时代意义是什么？今天我们应该如何认识中国传统文化的作用？如何做到传统文化的创造性转化和创新性发展？

[1] 赵清，郑城. 吴虞集 [M]. 成都：四川人民出版社，1985.

[2] 吴虞. 吴虞日记：上册 [M]. 成都：四川人民出版社，1984.

[3] 李玉刚. 五四风云人物文萃：吴虞·易白沙 [M]. 北京：人民日报出版社，1999.

[4] 欧阳哲生. 胡适文集：2 [M]. 北京：北京大学出版社，1998.

[5] 周策纵. 五四运动史 [M]. 长沙：岳麓书社，1999.

[6] 《四川大学史稿》编审委员会. 四川大学史稿：第一卷 [M]. 成都：四川大学出版社，2006.

[7] 谭红. 少城烟云里 几多旧情怀：川大教授在少城的生活片段 [EB/OL]. (2013-04-24). http://news.scu.edu.cn/info/1142/20492.htm.

巴金：把心交给读者

青年时期的巴金

图片来源：四川大学校史馆

巴金（1904—2005），原名李尧棠，字芾甘。1919—1922年，巴金在四川公立外国语专门学校（四川大学前身）学习和生活。"巴金"是他的笔名，也是他使用时间最长、因此最为人们熟知的名字，另有笔名佩竿、极乐、黑浪、春风等。巴金是享誉海内外的中国现代文学大师，杰出的社会活动家，著名的无党派爱国民主人士。第一届、二届、三届、五届全国人民代表大会代表、常务委员会委员，中国人民政治协商会议第一届全体会议代表，1983年起，巴金任第六届、七届、八届、九届、十届全国政协副主席，中国作家协会主席。

我是"五四"的儿子

巴金原籍浙江嘉兴，祖上曾在四川做官，后定居成都，巴金就出生在成都。1918 年秋，15 岁的他以李尧棠的名字入读四川公立外国语专门学校，先读预科，后读英文、法文科，在校学习了 5 年。巴金在四川公立外国语专门学校求学期间，正值五四浪潮席卷全国，四川自然不曾例外。在吴虞等先生的带动和鼓励下，成都学校学生积极响应和声援北京学生，在运动中十分活跃。

少年巴金也积极参加了反帝反封建的斗争。在《巴金文集》第十卷中，他回忆道："五四运动像一声春雷，把我从睡梦中惊醒了，我睁开眼睛，开始看到一个崭新的世界。""面对一个崭新的世界，我有点张皇失措，但是我已敞开胸膛尽量吸收……只要是新的、进步的东西，我都爱，旧的、落后的东西，我都恨。"他如饥似渴地大量阅读进步书籍和刊物，如《新青年》《每周评论》《少年中国》等，还参与本校师生编辑出版《四川学生潮》《星期日》《威克烈》（weekly，即英语"周刊"的音译）的工作，与国立成都高等师范学校的学生张秀熟、袁诗荛等人来往密切。1920 年，巴金与袁诗荛一起创办《半月报》，组织进步社团"均社"。在《半月报》上，巴金发表了自己的第一篇文章《怎样建设真正自由平等的社会》，体现了一个青年学生反帝反封建、主张社会革命的追求和思考。1922 年 2 月，他在《文学旬刊》上发表诗歌《被虐者底哭声》12 首，从此开始了文学创作生涯。1922 年冬，巴金在四川公立外国语专门学校预科和本科班（英文）肄业 。

新文化运动的思想启蒙，对于巴金后来走向世界，写出《家》《春》《秋》这样的作品，起到了奠基作用。巴金后来在《老化》一文中说："我是'五四'的儿了，我是'五四'的年轻英雄们所唤醒、所教育的一代人。'五四'使我睁开了眼睛，使我有条件接受新思想、新文化，使我有勇气一步一步离开我的老家。"

1923 年 5 月，巴金与三哥李尧林一起东出夔门到上海求学。1927 年 1 月至 1928 年年底，他远赴法国留学，其间不断有译著发表。1929 年，他第一次以"巴金"的笔名在《小说月报》发表长篇小说《灭亡》，描写革命党人杜大心反抗军阀的斗争及其命运，该作品引起文坛的关注。

自己的作品"百分之五十是废品"

世上有不少赞叹别人的文人，但鲜有批评自己的文人。20 世纪 80 年代中后期，人民文学出版社拟出版《巴金全集》，起初巴金不同意。巴金认为，他自己的作品有百分之五十不合格，是"废品"①。编辑王仰晨几次到上海做说服工作，巴金最终是被王仰晨的热情和决心打动，才同意他编印自己的作品。《巴金全集》共 26 卷，700 多万字，这是巴金献给人类的一笔巨大文学财富。赵兰英曾在《巴金的故事》一文中写道：

> 巴金是无情的。他说，第 4 卷中的《死去的太阳》，是一篇幼稚之作，第 5 卷中的《利娜》，严格地说还不是"创作"。他认为《砂丁》和《雪》都是失败之作。这两篇小说，写于 30 年代初，以矿工生活为题材。他虽然在长兴煤矿住过一个星期，但是对矿工的生活，了解的还只是皮毛。因此，编造的成分很大。尽管如此，当时统治者很害怕这两篇小说，发行不久就遭到查禁。

> 巴金是严厉的。在读者中广为流传的《爱情三部曲》，他也说是不成功之作。在《巴金全集》第 6 卷"代跋"中，巴金开篇就写道："《爱情三部曲》也不是成功之作。关于这三卷书我讲过不少夸张的话，甚至有些装腔作势。……有人批评我写革命'上无领导、下无群众'，说这样的革命是空想，永远'革'不起来。说得对！我没有一点革命的经验。也可以说，我没有写革命的'本钱'。我只是想为一些熟人画像，他们每个人身上都有使我感动的发光的东西。我拿着画笔感到毫无办法时，就求助于想象，求助于编造，企图给人物增添光彩，结果却毫无所得。"

> 巴金是苛刻的。他还说《火》是失败之作。《火》也是三部曲，巴金多次讲过它是失败之作。在编选《巴金选集》时，也没有把它们收进去。巴金说："我不掩盖自己的缺点。但写一个短篇，不一定会暴露我的缺点。写中篇、长篇那就不同了，离不了生活，少不了对生活的感受。生活不够，感受不深，只好避实就虚，因此写出了肤浅的作品。"巴金还说："我

---

① 赵兰英：《巴金的故事》，《廉政瞭望》，2005 年第 11 期。

还有一个毛病，我做文章一贯信笔写去，不是想好才写。我没有计划，没有蓝图，想到哪里就写到哪里。所以我不是艺术家，也不是文学家，更不是什么大师。我只是用笔做武器，靠作品生活，在作品中进行战斗。我经常战败，倒下去，又爬起来，继续战斗。"

巴金是彻底的。巴金对自己的批判毫不留情，他觉得在一些文章中写了自己不想说的话，写了自己不理解的事情。在一些作品里，他还写了许多不切实际的豪言壮语，与读者的距离越来越远。他的百分之五十废品的观点，自然不被人们认同。编辑王仰晨首先在给巴金的信中表达了异议。巴金回信道："说到废品你不同意，你以为我谦虚。你不同意我那百分之五十的废品的看法。但是，重读过去的文章，我绝不能宽恕自己。有人责问我为什么把自己搞得这样痛苦，正因为我无法使笔下的豪言壮举成为现实。"

巴金是理智的。他清晰地看到时代的发展、社会的变化。所以，他说："三十年代、四十年代的青年把我当作他们的朋友……在十八九岁的日子，热情像一锅煮沸的油，谁也愿意贡献出自己宝贵的血。我写了一本又一本的书，一次又一次地送到年轻读者手中。我感觉到我们之间的友谊在加深。但是二十年后，五十年代至八十年代的青年就不理解我了。……不是他们离开我，是我离开了他们。我的时代可能已经过去。我理解了自己，就不会感到遗憾，也希望读者理解我。"①

把心交给读者

巴金对自己作品的深刻反思，体现出他不断自我反省、自我革命的真诚与勇气，尤其是他晚年写作的《随想录》，无情地自我解剖，为改革开放后的中国文坛树立了"说真话"的风尚。巴金先生对祖国、对人民充满着炽热的爱和纯真的情。他曾经说过："我写作不是我有才华，而是我有感情，对我的祖国和同胞我有无限的爱，我用作品表达我的这种感情。""爱真理、爱正义、爱祖

---

① 转引自赵兰英：《巴金的故事二：称自己的作品百分之五十是废品》，新华网，2003 年 11 月 25 日。

国、爱人民、爱生活、爱人间美好的事物"① 是巴金文学创作的不竭动力。

1991 年巴金赠给四川大学出版社的译文选集和手书

图片来源：四川大学校史馆

1980 年，76 岁的巴金向读者演讲时说："自从我执笔以来就没有停止过对我的敌人的攻击。我的敌人是什么？一切旧的传统观念，一切阻止社会进化和人性发展的不合理的制度，一切摧残爱的势力，它们都是我的最大的敌人。我始终守住我的营垒，并没有做过妥协。"② 与祖国和人民同甘苦、共命运的胸怀，造就了巴金作品的不朽品格。当年不知多少热血青年读着巴金的著作，冲破封建桎梏，寻求独立自主的人生；不知多少热血青年怀揣着巴金的著作，奔向延安，投身民族解放的洪流。无论是在抗战时期，还是在社会主义建设时期，巴金都奔波在祖国的大地上，不知疲倦地描绘人民心底的美好梦想，传达人民的情感。抗美援朝战争时期，他奔赴前线慰问将士，其创作的小说《团圆》被改编成故事影片《英雄儿女》，成为中国电影史上的不朽经典。巴金先生著作等身，《巴金全集》有 26 卷，《巴金译文全集》有 10 卷，还有大量佚

---

① 巴金：《再访巴黎》，载《随想录》（合订本），生活·读书·新知三联书店，1987 年，第 86－87 页。

② 巴金：《文学生活五十年》，载《巴金全集》（第 20 卷），人民文学出版社，1993 年，第 570 页。

文。这些都浸透着他的心血和汗水。从《家》《春》《秋》，到《憩园》《寒夜》，再到《随想录》，巴金不同时期的创作都有"高峰"耸出。

巴金不愧是五四新文学洪流中涌现出来的杰出文学大师，他在半个多世纪的文学生涯中创作出的优秀作品，影响了一代代读者。他的作品反映了那个时期先进思想和先进文化的方向，他以真挚的艺术创作为 20 世纪的中国留下了一个个难忘的文学形象，奠定了他在中国现代文学史上的重要地位。

除了文学创作之外，巴金还有多方面的贡献。他精通英语、法语、俄语，还能用德语、意大利语、日语、西班牙语进行阅读；他还是最早在中国倡导推广世界语的先驱之一。作为翻译家，他翻译的屠格涅夫、高尔基、王尔德等人的作品，至今仍是读者喜爱的译林经典。作为出版家，他主持编选的作品已经成为 20 世纪中国文学史的精彩篇章。

巴金担任中国作协主席长达 27 年，他意识到自己有将一个时代的印记传承下去的责任，希望有一个专门的机构能够搜集、收藏、整理、研究、展示现代作家作品。1981 年，巴金提出设立中国现代文学馆的倡议，得到各方面的响应和支持。为此，巴金还捐款 15 万元，并为"中国现代文学馆"题写了馆名。中国现代文学馆为我们展现了五四运动以来中国新文学取得的辉煌成就，保存了大量宝贵的史料。现在，我们走进中国现代文学馆，能看到巴金的铜像、巴金的手模以及展馆陈列的巴金的文学作品实物。光阴流逝，巴金及其作品的魅力非但没有消失，反而更显示出恒久的力量和光芒。

巴金的文学成就、道德人格、宽广胸怀、深厚学养都堪称一代楷模。2003 年，巴金被评选为"感动中国"年度人物。当年的颁奖辞这样评价巴金："穿越一个世纪，见证沧桑百年，刻画历史巨变，一个生命竟如此厚重。他在字里行间燃烧的激情，点亮多少人灵魂的灯塔；他在人生中真诚地行走，叩响多少人心灵的大门。他贯穿于文字中的热情、忧患、良知，将在文学史册中永远闪耀着璀璨的光辉。"

案例点评

巴金是中国现当代杰出小说家、散文家、翻译家、编辑出版家，被誉为"当代中国文学巨匠""世纪文学老人""文坛泰斗""人民作家"等。1933 年底，巴金开始与鲁迅先生交往。鲁迅曾经说过："巴金是一个有热情的有进步思想的作家，在屈指可数的好作家之列的作家……"① 巴金虽然早被公认为20世纪中国文学大师之一，但他从来不以文学家、作家自居，他认为自己的写作全是为了说心里话，发出内心的呼喊。"爱那需要爱的，恨那摧残爱的"，不仅是巴金的文学信条，也是巴金的人生信条。巴金晚年对自己有过深刻的反省，对自己的作品有过严苛的批判，其思想漫笔《随想录》在20世纪80年代后期的中国文坛引发了一场历史回顾与反思的热潮，"说真话"成了全社会率行与呼吁的人格品质。他的好朋友、作家萧乾评价说："巴金的伟大，在于敢否定自己。"生涯几乎贯穿整个20世纪的巴金，曾是一代又一代青年的航标与动力。正如法国学者明兴礼所指出的那样："巴金小说的价值，不只是在现时代，而特别在将来的时候要保留着。因为他的小说是代表着一个时代的转变。"②

 **教学建议**

本案列可用于"理想信念"相关内容的教学。教师可以引导学生把巴金的生命历程、巴金的作品与中国百年历史紧密结合起来，在历史长河中感悟和体会巴金的一生和巴金作品的深刻意义。

《巴金全传》的作者陈丹晨认为，"书写巴金的一生命运，也就是探索和描绘20世纪中国知识分子的奋斗史、心灵史、思想文化史，写出他们为社会改造而上下求索、九死不悔的中国传统文化精神"。教学中，可以引导学生通过了解巴金、学习巴金，深入把握20世纪中国知识分子的奋斗史、心灵史、思想文化史，激励自己努力成为担当中华民族伟大复兴大任的时代新人。

学习思考题

1. 巴金说过："我写作不是我有才华，而是我有感情，对我的祖国和同胞我有无限的爱，我用作品表达我的这种感情。"联系巴金的作品，谈一谈你对这段话的理解。

---

① 转引自陈丹晨：《巴金评传》，河北人民出版社，1981年，前言。
② 转引自张放：《巴金：二十世纪中国的良心》，《巴金研究》，2004年第1期。

2. 巴金多次谈到"我是'五四'的儿子",巴金的人生经历对于当代大学生选择人生道路有何启示?

[1] 巴金. 随想录:合订本 [M]. 北京:生活·读书·新知三联书店,1987.

[2] 陈丹晨. 巴金全传(修订版)[M]. 北京:人民文学出版社,2014.

[3] 陈丹晨. 巴金评传 [M]. 石家庄:河北人民出版社,1981.

[4] 赵兰英. 巴金的故事 [J]. 廉政瞭望,2005(11).

[5] 李冰. 纪念巴金 学习巴金 [N]. 文汇报,2014-11-25.

[6] 罗中枢. 四川大学:历史·精神·使命 [M]. 成都:四川大学出版社,2009.

李劼人："中国的左拉"

李劼人

图片来源：四川大学校史馆

李劼人（1891—1962），原名李家祥，曾用笔名劼人、老懒、菱乐等，四川成都人。李劼人是中国现代著名作家、文学翻译家，知名社会活动家、实业家。郭沫若先生在《中国左拉之待望》一文中，把李劼人誉为"写实的大众文学家"和"中国的左拉"。

投身"保路运动"

1908年秋，17岁的李劼人考入四川省城高等学堂分设中学堂读书，在这里，他阅读了大量文学名著，擅长讲故事。在同学中，有王光祈、曾琦、郭沫若、周太玄、魏嗣銮、蒙文通、张煦等追求新知、奋发图强的青年，他们来往密切，相互之间有不少影响。在四川省城高等学堂分设中学堂就学期间，李劼人、郭沫若被推选为学生代表，参加了反对清政府向外国侵略者出卖铁路丧权辱国的"保路运动"。1912 年春，李劼人从四川省城高等学堂分设中学堂毕业，时年 21 岁。

1918 年，李大钊、王光祈等人发起成立"少年中国学会"。在成都，李劼人和一群志同道合的追求新思想的青年成立了"少年中国学会成都分会"，李劼人担任了主持分会的工作，并负责主编分会的《星期日》周刊。《星期日》是四川宣传先进思想的阵地，与京湘两地的《每周评论》《星期评论》和《湘江评论》并称"民国四人刊"。

李劼人任主编的《星期日》

图片来源：四川大学校史馆

1926 年，国立成都大学刚成立不久，校长张澜聘李劼人为该校教授，后又聘其为预文科主任。李劼人主要讲授"文学概论""中国文学史""诗经作品选"等课程。1931 年 9 月，当时的国立成都大学、国立成都师范大学、公立四川大学合并为国立四川大学，李劼人受邀讲授"中国古典文学""屈原研究"

等课程。

"大河三部曲"

1912 年，李劼人在《晨钟报》副刊上发表处女作《游园会》，从此开始了文学创作生涯。他将中国历史小说偏重于描绘重大历史事件和显赫历史人物的传统模式，转变为寓政治、军事、经济的变动于广阔社会风俗史画面的勾勒。

李劼人的"大河三部曲"（《死水微澜》《暴风雨前》《大波》）既独立成篇，又相互连贯，规模恢宏，其采用法国"大河小说"的体式，以更完整的社会生活和文化风俗叙事，在左翼社会分析小说之外开创了新的现代历史小说的创作模式，受到国内外读者的好评。对成都人来讲，不读一读李劼人的"三部曲"，似乎便不能真正认识成都，它包含了非常丰富的人文地理、民风民情。1986年 10 月，巴金重访李劼人故居"菱窠"时曾感喟道，"只有他才是成都的历史家，过去的成都都活在他的笔下"[①]。

"大河三部曲"中，《死水微澜》被誉为"小说的民国史"。该小说以袍哥头目罗歪嘴、教民顾天成和蔡大嫂三人之间的矛盾纠葛为描写中心，塑造了蔡大嫂这一在封建桎梏下拥有叛逆性格的妇女形象。书中有名有姓的出场人物有60 多人，均被刻画成"人有其情，各有其质；人有其形，各有其声"。"大河三部曲"中的《大波》则被郭沫若称作"小说的近代《华阳国志》"[②]。此外，李劼人善于描写风土人情和运用地方语言，成为我国乡土文学领域的著名作家之一。

小说家、实业家、社会活动家

1914 年，经人介绍，李劼人先后在泸县、雅安县任文教科科长。1915—1917 年曾任《四川群报》主笔和总编辑，使之成为推动新文化运动的重要阵地。

---

① 巴金：《巴金同志的一封信》，《成都晚报》，1985 年 5 月 23 日。
② 郭沫若：《中国左拉之待望》，载《李劼人选集》（第一卷），四川人民出版社，1980 年，第 5—6 页。

1919 年 7 月 1 日，正式成立的"少年中国学会"，是五四时期著名进步社团，主要发起人是王光祈、周太玄、李大钊等，李劼人参与了该学会的筹备工作。"少年中国学会"有两个分会，分别在南京和成都。1919 年 7 月 12 日，"少年中国学会成都分会"正式成立，这主要得益于李劼人的努力。在李劼人的发动下，"四川只手打孔家店"的吴虞、春柳社创办人之一的曾孝谷也要求加入，但他们终因年龄均已超过四十岁而成为"会外赞助人"。李劼人还创办"少年中国学会成都分会"机关刊物——《星期日》周报，其发表的许多文章轰动一时，成为五四时期有广泛影响的重要报刊之一，在成都经历五四运动的许多有志青年都受到《星期日》的较大影响。"五四运动在四川特别是在成都的初期阶段，在推动运动的各种力量中，李劼人起了骨干的作用。"[①]

1919 年 8 月，李劼人赴法国勤工俭学，同船的有徐特立、向警予等人。1921 年，李劼人进入蒙彼利埃大学，学习法国文学。1924 年 2 月，李劼人考入巴黎大学文学院学习法国文学史、近代文学批评等。从 20 世纪 20 年代开始，李劼人就大量翻译文学作品，法国近代许多重要作家尤其是批判现实主义作家，如福楼拜、卜勒福斯特、法朗士、左拉、龚古尔兄弟、都德、罗曼·罗兰、莫泊桑、马尔格利特等的作品，都被他翻译介绍给了中国读者。而他自己也在翻译这些文学经典的过程中吸取了创作的精髓，为他日后创作长篇小说提供了有益的借鉴。

1924 年 8 月，李劼人离开法国，回到祖国。他先任《新川报》副刊主编，不到三个月，《新川报》就被军阀杨森查禁。1926 年后在国立成都大学任教，同时从事文学创作，小说《编辑室的风波》即发表于该年 6 月 28 日的《文学周刊》。同时，他还与留法同学一起创办了嘉乐造纸厂，曾任董事长、总经理。当时四川大部分用纸都是靠海外或沿海一带供应，质劣价昂，且多为奸商所操纵。李劼人便与几位留法留德的朋友相约，拟另起炉灶，决定"先办纸厂，后办报馆"。1927 年，纸厂在乐山建成并开工，正式定名为"嘉乐造纸厂"，成为四川省第一家机制纸厂，从而结束了四川长期以来依赖沿海与国外进口供纸的历史。纸厂建成时，厂门两旁贴有一副红纸对联："数万里学回成功一旦；五六人合伙创业四川"。此联表达了李劼人等一批留法留德爱国知识分子"实

---

① 李士文：《李劼人的生平和创作》，四川省社会科学院出版社，1986 年，第 16 页。

业救国"的理想和愿望。

1930年，李劼人愤懑于军阀、政客蹂躏大学教育，迫害进步师生，毅然辞去大学教授职务，回家开饭馆。1933年，李劼人到好友、著名爱国实业家卢作孚创办的民生公司，担任民生机器厂厂长。

1937年10月30日，成都文化界救亡协会成立，李劼人在其中承担了重要工作。1938年3月27日，中华全国文艺界抗敌协会在汉口成立，周恩来被选为名誉理事。1939年1月14日，中华全国文艺界抗敌协会成都分会成立，李劼人被选为理事会理事和编辑委员会委员，并担任该会会刊《笔阵》主编。李劼人利用嘉乐造纸厂董事长的特殊身份，在中华全国文艺界抗敌协会成都分会面临经济困难之时，主动设法为其拨款，并多次为会刊《笔阵》捐赠"嘉乐纸"。嘉乐纸纸质柔韧、平整、光洁，行销市场，被赞誉为"上等纸"，西南各大、中、小学教科书和大部分出版物用纸均由嘉乐造纸厂供应，重庆《新华日报》也曾使用过嘉乐纸。嘉乐造纸厂满足了抗战期间作为大后方的四川用纸的需要，为抗日战争时期的文化传播立下了功绩。

成都解放后，李劼人担任西南军政委员会文教委员会委员，川西人民行政公署委员，川西区文学艺术工作者联合会筹备委员会副主席。曾被选举为第一届至第三届全国人大代表，历任四川省委委员、成都市人民政府副主席等职务。之后，历任全国人大代表、成都市副市长、中国文联全国委员会委员、四川省文学艺术界联合会副主席、中国作家协会四川省分会副主席等职。

李劼人用他的小说真实生动地记录了辛亥革命时期的历史波澜，在中国现代文学史上具有独特的地位。作为学养深厚的一代文豪，李劼人既是小说家，又是文学翻译家，同时还是民俗学家、实业家和文化活动家。在这些领域，李劼人都取得了不俗的成就。

1936年春，日军飞机轰炸成都，李劼人从城内疏散到郊外沙河堡乡间，后在一菱角堰边建筑了自己以黄泥筑墙、麦草为顶的栖身之所，他在门楣上还题了"菱窠"二字。菱是一种生在池沼中、根扎在泥土里的草本植物；窠即鸟虫的巢。作家将自己的家以"菱窠"名之，颇有竹篱野舍的逸趣，或许也蕴涵了被誉为乡土小说作家的李劼人植根民间的文学理想。1959年，李劼人用稿费将故居修葺一新，得一正房、一厢房、一阁楼。他在此一共生活了24年，直至1962年去世。如今，他的故居"菱窠"已被列为四川省重点文物保护单位。

案例点评

李劼人是我国著名的文学家、翻译家，还长期担任成都市和文化界领导职务。李劼人的文学创作独树一帜，香港著名文学史家司马长风先生在《中国新文学史》中把李劼人列为中国 20 世纪 30 年代中长篇小说的七大家之一，认为他的作品"风格沉实，规模宏大，长于结构，而个别人物与景物的描写又极细致生动，有直迫福楼拜、托尔斯泰的气魄"。李劼人是一位成都乡土作家，他的文学创作成就得益于他早年投身辛亥革命和进步事业，积累了深厚的生活经验和知识；也得益于他始终坚守在故乡土地上默默耕耘，锲而不舍地写作；还得益于他从法国现实主义文学中获得的营养，以及对中西文化和文学的透彻理解。他不仅在文学领域有杰出的成就，还躬行"实业救国"的理想，在旧中国是一位颇具盛名的实业家，为抗战时期四川的文化传播做出了切实的贡献。李劼人留给我们的，是一笔丰富的精神财富。

教学建议

结合"在实现中国梦的实践中放飞青春梦想""爱国主义及其时代要求""发扬中国革命道德"等教学内容，介绍李劼人的事迹及贡献，特别是要把握两个方面：其一，李劼人发起创办"嘉乐造纸厂"及其对中国实业发展和革命事业的重要贡献；其二，李劼人对创建"少年中国学会成都分会"和"中华全国文艺界抗敌协会成都分会"的重要贡献。通过这两个方面的介绍，以使命担当为逻辑主线，引导学生充分认识集小说家、实业家、社会活动家于一身的李劼人的贡献，进而引导学生正确认识贡献与索取、个人理想与社会理想的关系，激发学生担当民族复兴的时代使命，弘扬以爱国主义为核心的伟大民族精神。

学习思考题

1. 李劼人曾在一封信中说道："即令不给稿费，我还是要写，写作已成为我生命力的泉源，对于名利二字，我早置之度外。"联系李劼人在文学创作、实业报国、促进革命等方面的事迹，谈谈贡献与索取、个人理想与社会理想的关系。

2. 李劼人的文学创作对于我们认识中国传统文化有什么作用？

[1] 李劼人. 李劼人选集：第一卷 [M]. 成都：四川人民出版社，1980.

[2] 李士文. 李劼人的生平和创作 [M]. 成都：四川省社会科学院出版社，1986.

[3] 李眉. 李劼人年谱 [J]. 新文学史料，1992（2）.

[4] 伍加伦，王锦厚. 李劼人传略 [J]. 新文学史料，1983（1）.

艾芜：中国新文学史上"流浪文学"的开拓者

艾芜在四川大学与师生谈文学创作

图片来源：四川大学校史馆

　　艾芜（1904—1992），原名汤道耕，四川新繁（今成都市新都区）人，曾就读于四川省立第一师范学校（四川大学前身之一），中国现代著名小说家，素有中国"流浪小说"的开拓者、"中国的高尔基"等美誉，在中国新文学史上占有不可取代的位置，与巴金、李劼人和沙汀共同组成了中国现当代文学史上著名的川籍四大家。曾担任重庆市人民政府委员兼市文化局局长、《人民文学》编委、重庆市文联筹委会副主任、西南军政委员会文教委员会委员、全国文联委员、中国作协理事以及中国作协顾问，四川省文联、四川省作协名誉主席，以及第一届、二届、三届全国人大代表。

《南行记》首创"流浪小说"先河

　　1904 年 6 月 20 日，艾芜出生在距成都不远的新繁县清流镇一座竹环水绕的农舍里，并在这里度过了童年、少年时代。1921 年，17 岁的艾芜步行 80 余里，来到成都求学，随后考入免费的四川省立第一师范学校。因受《新青年》和创造社一些刊物的影响，艾芜将蔡元培的《劳工神圣》宣扬的思想奉为圭臬。

　　1925 年夏，因不满守旧的学校教育和反抗包办婚姻，艾芜果断抛弃即将到手的毕业文凭和小学教师工作，弃学远行，漂泊于云南，后出国赴缅甸、马来西亚、新加坡等地。一路上，他做过杂役、平民学校教师、报纸校对、报纸编辑等各种不同的工作，对形形色色的底层穷苦人民有了直接接触和深刻观察，对社会的黑暗和苦难有了更多感受，对帝国主义者的暴行产生了强烈的憎恨。1928 年秋至 1930 年，他参加了马来西亚共产党缅甸分支。1930 年冬，缅甸达拉瓦底县农民起义，艾芜和几位友人办的《新芽小报》报道了这一消息，艾芜因此被捕。1931 年春，艾芜被英帝国主义者驱逐回国，途经香港、厦门，于同年 5 月到上海。

　　这次南行对艾芜的思想和创作都有着决定性影响，打下了这位"流浪文豪"一生不曾褪去的文学底色。对此，艾芜在《南行记·后记》中说道："我热爱劳动人民，可以说是南行中扎下根子的；憎恨帝国主义、资产阶级以及封建地主的统治，也可以说是南行中开始的。我始终以为南行是我的大学，接受了许多社会教育和人生哲学，我写《南行记》第一篇的时候，所以标题就是《人生哲学的一课》。"①

　　1931 年 11 月，艾芜在上海巧遇四川省立第一师范学校的同窗好友沙汀（杨朝熙）。11 月 29 日，他们联名写信给鲁迅先生，就他们在文学创作中的困惑求教于鲁迅先生。这次通信，对两位现代文学史上杰出作家的成长起着导航引路的重要作用。得到鲁迅的鼓励与指导，两位青年更加坚定了从事文学创作的信心。1932 年春，艾芜加入中国左翼作家联盟（简称左联），开始在左联刊

---

　　① 艾芜：《艾芜文集》（第 1 卷），四川人民出版社，1981 年，第 431−432 页。

物《文学月报》上发表小说，真正走上了文学创作之路，后任左联执行委员。同时，他还在工人夜校教书，在工人中培养文艺通讯员；并以产业工人为题材，写出了《扛夫之歌》《示威进行曲》，表现了工人阶级对资本主义和帝国主义的仇恨与反抗。

1933 年春，艾芜在上海遭到国民党的逮捕，被指控触犯"危害民国罪"，并在上海、苏州的监狱被关押半年多，后经鲁迅先生和左联的多方营救，才得以出狱。在上海期间，艾芜创作了许多中短篇小说和散文，其中的短篇小说《南行记》、中篇小说《春天》、中篇小说集《芭蕉谷》等作品，大多以南行见闻感受为题材，反映中国西南边疆和东南亚国家的奇山奇水、奇风奇俗、奇人奇事。这些作品充溢着抒情气息和浪漫情调，同时把被"文明世界"抛弃了的"粗人""野人"的正义感和人情美，与"文明世界"的上流社会的虚伪、自私、贪婪、凶残加以对照，表现了对劳动人民的热爱和对剥削者、侵略者的仇恨，使人耳目一新，引起了文坛的重视。艾芜的这些作品表现了罕为人知的西南边陲生活，描写了以往几乎没有作家注意到的流浪者形象，从而开拓了新文学创作的领域，这是艾芜对中国现代文学的独特贡献。

全面抗战期间，艾芜任中华全国文艺界抗敌协会桂林分会理事。1944 年日寇侵占湘桂后，艾芜一家人由桂林辗转逃难至重庆，主编中华全国文艺界抗敌协会重庆分会会刊《半月文艺》（重庆《大公报》副刊），并继续从事创作。

1946 年，他到陶行知担任校长的社会大学任教。1947 年，艾芜与重庆文化界人士一同参加了重庆大、中学生"反饥饿、反内战、反迫害"示威游行。1947 年夏，国民党在重庆大肆逮捕民主人士，艾芜逃到上海。

在解放战争时期，艾芜的主要作品有长篇小说《丰饶的原野》《故乡》《山野》。其中，《丰饶的原野》这部小说反映了国统区农民和城市下层人民的苦难、抗争和追求，在艺术表现上以严谨沉郁的现实主义格调取代了以前抒情浪漫的艺术特色。《故乡》《丰饶的原野》和中篇小说《一个女人的悲剧》等作品，奠定了他作为革命现实主义作家的地位。

第二次和第三次南行

新中国成立后，艾芜调往北京，在中国作家协会任专职作家。20 世纪 50

年代中期，艾芜曾去鞍钢体验生活，1957 年他创作出版了以鞍钢老劳模孟泰为原型的长篇小说《百炼成钢》。在《百炼成钢》的前言中，艾芜写道："我就是想把新的一代中国人写出来。我的书名采取一句中国的成语'百炼成钢'，这不只是因为书里的人物在炼钢，而主要的意思，是说新的人，是锻炼出来的，而且还需不断地锻炼。"[①]《百炼成钢》是他创作上的一个新里程碑。这一年艾芜年加入了中国共产党。

1961 年 9 月，艾芜开始了历时六个多月的第二次南行，同行的有沙汀、林斤澜、刘真等。艾芜重游南行旧地，连续写出 12 部短篇作品，结集为《南行记续篇》。1965 年，艾芜举家迁居成都。1976 年"文化大革命"结束后，艾芜又以极大的热情投入创作，写出《春天的雾》等长篇、短篇小说，并写了大量的回忆文章和散文。1981 年春，已及耄耋之年的艾芜壮心不已，应云南人民出版社邀请，进行了第三次南行，历时 50 多天，足迹遍布滇西。他笔耕不辍，写成 12 篇游记，结集为《南行记新篇》，计百余万字。进入 20 世纪 90 年代后，艾芜仍然坚持创作，完成了最后一部长篇小说《远山的朦胧》。

就小说题材问题求教于鲁迅先生

1931 年 11 月 29 日，就小说题材问题，艾芜和沙汀专门写信向鲁迅先生求教。信中写道：

> 要这样冒昧地麻烦先生的心情，是抑制得很久的了，但像我们心目中的先生，大概不会淡漠一个热忱青年的请教的吧。这样几度地思量之后，终于唐突地向你表示我们在文艺上——尤其是短篇小说上的迟疑和犹豫了。
>
> 我们曾手写了好几篇短篇小说，所采取的题材：一个是专就其熟悉的小资产阶级的青年，把那些在现时代所显现和潜伏的一般的弱点，用讽刺的艺术手腕表示出来；一个是专就其熟悉的下层人物——现在时代大潮流冲击圈外的下层人物，把那些在生活重压下强烈求生的欲望的朦胧反抗的行动，刻划在创作里面——不知道这样内容的作品，究竟对现时代，有没

---

① 艾芜：《百炼成钢》，人民文学出版社，1959 年，插页 3。

有配说得上有贡献的意义？我们初则迟疑，继则提起笔又犹豫起来了。这须请先生给我们一个指示，因为我们不愿意在文艺上的努力，对于目前的时代，成为白费气力，毫无意义的。

我们决定在这一个时代里，把我们的精力放在有意义的文艺上，藉此表示我们应有的助力和贡献，并不是先生所说的那一辈略小名，便去而之他的文人。因此，目前如果先生愿给我们以指示，这指示便会影响到我们终身的。虽然也曾看见过好些普罗作家的创作，但总不愿把一些虚构的人物使其翻一个身就革命起来，却喜欢捉几个熟悉的模特儿，真真实实地刻划出来——这脾气是否妥当，确又没有十分的把握了。所以三番五次的思维，只有冒昧地来唐突先生了。

12月25日，鲁迅在回信中对艾芜和沙汀称赞道：

两位是可以各就自己能写的题材，动手来写的。不过选材要严，开掘要深。不可将一点琐屑的没有意思的事故，便填成一篇，以创作丰富自乐。……两位都是向着前进的青年，又抱着对于时代有所助力和贡献和意志，那时也一定能逐渐克服自己的生活和意识，看见新路的。[1]

在鲁迅先生的鼓励和指导下，艾芜找到了自己的文学创作方向，即写自己熟悉的底层人民的生活，从生活中凝练典型形象，真实反映社会现实。艾芜在新中国成立前创作的作品，大都取材于社会下层的生活，这构成了他创作的一个特色。1946年5月，艾芜发表《文艺上的一个基本问题》，阐述了文艺和文艺工作者应该站在人民立场，把写作当成献身人民的事业。这篇文章指出，"我们时时都要觉得我们乃是劳动人民的儿子。……我们要把体力劳动看成脑力劳动一样的可贵。"

他曾经和被压迫的劳动人民一道受剥削，遭侮辱，因此对于他们，他不是平平静静着手描写，而是尽量抒发自己的爱和恨，痛苦和悲愤。他对抬滑竿的、赶马的、城市苦力、穷苦农民、普通兵士和小知识分子等所遭受的苦难和不幸，表示了充分的同情和愤慨。他不仅写出了生活重压所带给他们的精神创

---

① 鲁迅：《二心集·关于小说题材的通信》，载《鲁迅全集》（第4卷），人民文学出版社，1981年，第368页。

伤和生活恶习，还发掘出了他们心灵深处的美好品德：善良、纯朴、正义感、同情心和自发的反抗。从而使人们从丑恶的黑暗现实中，看见了光明和希望。

案例点评

艾芜被称为中国新文学史上"流浪文学"的开拓者之一，开辟了"边地文学"题材领域的先河，因此获得"流浪文豪"之誉。艾芜曾说："下层人民的苦痛和辛酸，我都饱尝过的。"艾芜"认定自己作品的主人公是'下层人物'，甘心情愿地做他们的表现者、代言人和辩护士，发出他们的呐喊、呼吁，站在他们的立场上去向'文明社会'被少数'上人'所制造出来的旧秩序挑战"。[①]艾芜一生的成长和创作经历，充分反映了中国现代作家最重要的创作经验，即从人民中来，为人民而写作，艾芜堪称"人民作家"。

教学建议

本案例可用于"爱国主义及其时代要求"的教学。在讲授爱国主义的基本内涵时，可以艾芜的事迹为例，特别是要把艾芜文学创作过程中对自己骨肉同胞的热爱讲清楚，以引导学生思考为什么说"爱自己的骨肉同胞"是"检验对祖国忠诚程度的试金石"。在此基础上，可以结合毛泽东同志的《在延安文艺座谈会上的讲话》（1942 年 5 月）和习近平总书记的《在文艺工作座谈会上的讲话》（2014 年 10 月）、《在哲学社会科学工作座谈会上的讲话》（2016 年 5 月），引导学生进一步认识中国共产党的人民立场以及文学艺术工作者的社会责任。

学习思考题

1. 艾芜和沙汀在写给鲁迅先生的信中说："我们决定在这一个时代里，把我们的精力放在有意义的文艺上，藉此表示我们应有的助力和贡献，并不是先生所说的那一辈略小名，便去而之他的文人。"请联系中国特色社会主义新时

---

① 谭兴国：《艾芜评传》，重庆出版社，1994 年，第 10 页。

代，谈谈自己对以上信件内容的体会。

2. 结合艾芜的文学创作道路，谈谈为什么说"对人民群众感情的深浅程度，是检验一个人对祖国忠诚程度的试金石"。

［1］毛泽东选集（第 3 卷）［M］. 北京：人民出版社，1991.

［2］习近平. 在哲学社会科学工作座谈会上的讲话［M］. 北京：人民出版社，2016.

［3］鲁迅. 鲁迅全集（第 4 卷）［M］. 北京：人民文学出版社，1981.

［4］艾芜. 艾芜文集（第 1 卷）［M］. 成都：四川人民出版社，1981.

［5］艾芜. 百炼成钢［M］. 北京：人民文学出版社，1959.

［6］谭兴国. 艾芜的生平和创作［M］. 重庆：重庆出版社，1985.

［7］谭兴国. 艾芜评传［M］. 重庆：重庆出版社，1994.

谢无量："孩儿体"书法家

谢无量

谢无量（1884—1964），四川乐至人，原名蒙，字大澄，号希范，后易名沉，字无量，别署啬庵，近代著名学者、诗人、书法家。1910 年，谢无量在四川省城高等学堂任教，主要讲授国文和外史，兼授词章。1942 年，他在国立四川大学城内部先修班任教，主讲"庄子"，还讲述过"汉魏以后四大思想史"等。谢无量学识渊博，研究范围覆盖了文学、史学、哲学、经学等众多领域，堪称博学深思的学术大师。

一生为民的爱国人士

谢无量 4 岁随父母赴安徽，从父习诗文典籍，12 岁"诗文完篇"，才名已显。其好读史籍，深受顾炎武、黄宗羲、王船山等人的学说影响。1896 年维新人士、著名学者汤寿潜携马一浮至安徽，谢无量从汤就学。1901 年与李叔同、黄炎培等同入上海的南洋公学，为教授蔡元培所器重。课余，与马一浮创"翻译会社"，编印《翻译世界》杂志，介绍世界名著和社会科学。后结识维新派章太炎、邹容、章士钊，参与编辑《苏报》《国民日报》，组织"爱国学社"讲演活动，并与四川同乡杨玉詹、苏中、廖世勷等人商议发起四川革命。

1903 年"《苏报》案"发生，章太炎、邹容被捕入狱，谢无量赴日本。此时马一浮由美来日，赠英文版《资本论》，谢无量开始研习马克思学说。1904 年谢无量回国，至芜湖任安徽公学教授。1907 年任北京《京报》主笔。当时，段芝贵以重金买歌妓杨翠喜献清宗室载振，获任黑龙江巡抚，谢无量撰文揭露，御史赵启霖亦奏章弹劾，段被革职。后《京报》被迫停刊，谢无量返回上海，与周紫廷等创办"蜀学会"，常在报端撰文评论时政。

1909 年，宣统皇帝"新御天下"，"敕各部立存古学堂"。1910 年 5 月，四川提学使赵启霖在《请奏设四川存古学堂公牍》中提出"既有各种科学之学堂以增进知识，不可无讲求国学之学堂以培植本原"。四川官绅以"导扬风气"为己任，倡导弘扬古道、保存蜀学，于是设立了四川存古学堂，成为当时全国七所存古学堂之一，并聘"蜀中奇才"谢无量为首任监督（校长）。谢无量同时还在四川省城高等学堂讲授国文和外史，兼授词章，教学之余，潜心研究古典文学。

1910 年 10 月，谢无量和张澜、蒲殿俊等参加立宪运动，他代四川省谘议局撰写了《国会请愿书》。文中称："天下情势危急未有如今日之亟者，内则有盗贼水旱之警，外则有强邻逼处之忧。……当局宜博咨天下之贤士，群策群力，急起直追，以救危之于万一。……亟盼速定大计而开国会，以顺人心。宗社安危，在此一举。"[①]

1911 年，清廷宣布川汉铁路国有，川民激愤，成都成立"保路同志会"。谢无量和张澜、蒲殿俊、杨庶堪等投入"保路运动"。

1912 年夏，谢无量赴上海为中华书局编书 10 余种，陆续出版的有《中国大文学史》《中国哲学史》《中国妇女文学史》等。

---

① 徐鲁：《世间已无谢无量》，《中华读书报》，2015 年 5 月 20 日，第 14 版。

1917 年，经杨庶堪、熊克武介绍，谢无量谒见孙中山，对《建国方略》提出建议，被其欣然采纳。

五四运动开始后，谢无量常为《新青年》写诗。此时，谢无量受孙中山实业救国思想影响，曾以《民权报》《独立周报》《神州日报》主笔薪资伙办安徽"水东煤矿"，数年后因资金问题停办。1923 年，谢无量南游广州，值孙中山成立陆海军大元帅大本营（简称大元帅府），筹划北伐及改组国民党，因此留任广州大学教授。后谢无量与孙中山谈及社会革命，建议孙中山"以俄为师"。1924 年，孙中山任命谢无量为大元帅府秘书长。1924 年 5 月，谢无量任大元帅府特务秘书（即机要秘书），11 月随孙中山北上。1925 年 3 月，孙中山病重逝世。谢无量赋诗哀悼，参加葬礼时，与陈毅相会。他指着在场的党政要人对陈毅说："靠这些人革命不会成功的。"

1926 年 7 月，谢无量被聘为南京东南大学历史系主任，讲授"历史研究法"，提倡以唯物史观研究历史，驳斥唯心史观。一学期后，有进步学生被捕受害，谢无量被迫离开南京去上海。1928 年任教于中国公学，讲授"世界革命思潮"等课。1930 年任国民政府监察院委员。1931 年九一八事变爆发后，谢无量在上海创办《国难月刊》，建议改组国民政府，团结民众，一致抗日。因谢无量撰文痛斥蒋介石、汪精卫不抵抗政策，该刊被迫停办。此时，爱国人士沈钧儒、章乃器、李公朴等组织"救国会"，宋庆龄、鲁迅、杨杏佛、蔡元培等组织"中国民权保障同盟"，谢无量积极参加。1935 年谢无量回川，写成《建设四川意见书》，提出强邻虎视，国势日艰，一旦变生不测，沿海将不可保，建议开发西南，计划涉及政治、军事、经济、交通等领域，颇为详尽。但此时川中军阀割据称雄，不予采用。

七七事变后，谢无量迁至香港，后被蒋介石胁迫回川。1940 年到重庆，尔后称病居成都，以卖字为生。1942 年 9 月，谢无量任国立四川大学城内部中文系主任、国立四川大学夜校文学院院长、南林学院特约教授，讲授"中国汉以后学术思想变迁史"。1949 年 2 月，谢无量到重庆，应熊克武、但懋辛邀请，任中国公学文学院院长。

中华人民共和国成立后，谢无量任川西文物管理委员会主任委员。1951 年任川西行署参事、川西博物馆馆长、成都市人民代表。1952 年任四川省博物馆馆长、四川省文史馆研究员、四川省政协委员。1956 年 1 月谢无量去北京参加全国政协二届二次会议，受到毛泽东主席接见，谢无量感慨地说："我一生早年得孙先生相知，晚年得毛主席礼遇，非常幸运！"同年 8 月被聘为中国人民大学特约教授。1960 年，谢无量被国务院聘为中央文史馆副馆长。

集学术、诗文、书法之大成的一代大家

谢无量堪称学术大师。在文学史方面，谢无量著作的《中国大文学史》《中国六大文豪》《平民文学之两大文豪》《中国妇女文学史》充分地展现了他的历史观。谢无量并不是完全按照传统历史分期方法品评作品，而是重点阐述了平民文学的价值及其在推动社会发展方面的作用。其客观公允的评价，得到了众多学者的尊崇。

在语文教材方面，谢无量编了《国文教本评注》，突破了旧式文选型教材单纯以时代为序的"直线型"编排套路，兼顾时代先后及文字深浅两个方面，并尝试采用以文体分编的新体制。这里的"编"虽不是严格的现代意义上的单元，但显然已有相似思想，它开创了我国中学语文教材以单元组织课文的先例。此外，这套教材增加了诸如题解、作者介绍、注释和夹评等内容，有助于学生理解、领悟文章作法。

谢无量在哲学史、思想史方面均有建树。他著有《中国哲学史》《孔子》《韩非》《王充哲学》《朱子学派》《阳明学派》《佛道学说诠解》等。在书中他既采用了充分的材料记言叙事，又对历史人物做出了自己的褒贬评价。谢无量对于政治思想、经济思想以及道德思想等都有深入的研究，写出了《古代政治思想研究》《中国古田制考》《妇女修养谈》等著作。毛泽东主席曾评价说："谢无量先生是很有学问的，对中国古典文学和哲学都很有研究，思想也很进步，在苏联十月革命以前就写了《王充哲学》，这是提倡唯物史观的哩。"[1]

谢无量也是一位出色的师长。从 1904 年任教于安徽公学始，谢无量长期耕耘杏坛，先后在 11 所大学分别担任校长、院长、系主任、教授等。在教授学生时，他注重适时启发和因材施教。在中国人民大学任教期间，他为了帮助

---

[1] 徐鲁：《世间已无谢无量》，《中华读书报》，2015 年 5 月 20 日，第 14 版。

大学文科学生适应系统学习，专为学生编写了"学生丛书"，又专为一般学业较高的学者编写出"国学小丛书"。可以说，谢无量的教学生涯，是他一生中卓有成就的社会事业的重要部分。

谢无量还是位杰出的诗人。他从6岁就开始写诗，到终年80岁一直笔耕不辍，先后作诗达两千余首，以古体绝句及律诗为主，间有乐府、小令和联语。其重要诗集有《青城杂咏》等。在他的诗中，既能看到他对外敌入侵的愤恨，也能感受到其洋溢在诗中对于故乡、对于民族的真挚情感，以及对国家强大的期盼和渴望。于右任曾称其诗"古雅含蓄，声情并茂，有感而发，寓意深远，亦独具风范"。刘君惠则称其为诗如刘熙载所言："吐弃到人所不能吐弃为高，涵茹到人所不能涵茹为大，屈折到人所不能屈折为深。"①

谢无量也是一位书法家，在书坛独树一帜。他的字随性而起，听任自然，毫无拘束，因此被誉为归真返璞之"孩儿体"。于右任对他的书法甚为赞赏，曾评价说"笔挟元气，风骨苍润，韵余于笔，我自愧弗如"。还说他的字是"干柴体"，笔笔挺拔，别有一种韵味，是受宋朝朱熹的影响。近代帖学名家沈尹默也曾赞曰："无量书法，上溯魏晋之雅健，下启一代之雄风，笔力扛鼎，奇丽清新。"② 其存世书法作品，经整理出版的有《谢无量自写诗卷》《二十世纪书法经典——谢无量卷》《历代名家书法——谢无量》《中国历代书风系列——谢无量书风》《谢无量书法》。散于社会中的题诗、楹联、书信、碑刻则不可数计。

《中国书法鉴赏大辞典》载吴丈蜀撰谢无量书法赏析一节，对谢无量的书法艺术成就做了精当的评述："由于他博古通今，含蕴深厚，兼之具有诗人气质，襟怀旷达，所以表现在书法上就超逸不凡，形成了他独特的风格，在书坛独树一帜。"③

 **案例点评**

谢无量是一位正直的爱国人士，参加辛亥革命、积极投身抗日、反对蒋介

---

① 徐铭堃：《意出尘外 绚烂之极——谢无量书法管窥》，《书法》，2018年第5期。
② 马博：《书法大百科》（第6册），线装书局，2016年，第318—319页。
③ 王跃：《蜀都名儒：五老七贤演绎成都》，西南交通大学出版社，2019年，第96页。

石独裁反动统治，一生都在为国家独立富强而奋斗。他是一位致力于中国传统文化系统研究的先驱，也是一位在诗词、书法、文史研究、文物鉴赏等方面卓有成就的大家，在学术界声望很高。2000 年，谢无量被《中国书法》杂志评选为"中国二十世纪十大杰出书法家"之一。

本案例可用于"爱国主义及其时代要求"的教学。结合谢无量一生为国、全心为民的故事，引导大学生思考如何才能确立报国之志，以爱国之行让自己的青春更加绚丽多彩。

案例还可运用于"正确的人生观"一章中"创造有意义的人生"，以及"弘扬中国精神"一章中"让改革创新成为青春远航的动力"的教学。谢无量作为一代学术大师，在诗词、书法、文史研究、文物鉴赏等方面均有建树，其书法艺术独具一格。他的故事可以启发当代大学生思考如何才能树立正确的人生观，激励他们积极进取、不断创新，创造有意义的人生。

1. 从谢无量早年投身革命斗争，学习马克思主义学说的经历中，当代大学生能够获得哪些启发？

2. 谢无量何以成为在文学、史学、书法等领域都有很高造诣的大师？当代大学生在学习中应该如何拓展知识视野、学深学透？

参 考 文 献

[1] 曹亚彬. "孩儿体"与晋韵的融汇——谢无量书法的诗性与审美自觉 [N]. 中国书法报，2019-07-23 (5).

[2] 陈典提. 岷峨奇秀谈天藻——论谢无量的"诗情书意"[J]. 中国书法，2019 (12).

[3] 王跃. 五老七贤系列连载（三）：谢无量——书坛独树一帜 [J]. 四川省情，2019 (6).

[4] 张孝玉. 独抱凌云万古春——谢无量行书简论 [N]. 中国书法报，2019-03-26 (6).

[5] 徐铭鋆. 意出尘外 绚烂之极——谢无量书法管窥 [J]. 书法，2018 (5).

[6] 胡一峰. 谢无量：不盖章的书法家 [N]. 科技日报，2018−01−26（8）.

[7] 李兴辉. 我所知道的谢无量先生 [J]. 文史杂志，2017（5）.

[8] 冯其庸. 怀念国学大师谢无量先生 [J]. 书画艺术，2017（4）.

[9] 彭华. 谢无量年谱 [J]. 儒藏论坛，2009（1）.

赵少咸：从热血青年到语言学大师

赵少咸

图片来源：四川大学文学与新闻学院

赵少咸（1884—1966），名世宗，字少咸，祖籍安徽休宁，生于四川成都，我国著名语言文字学家，著有《广韵疏证》《经典释文集说附笺》等。他师承以戴震、段玉裁、王念孙父子等为代表的乾嘉学派，且与章太炎、黄侃等有交往，平生致力于汉语语音词义之学。曾任教于国立成都高等师范学校、国立成都大学、国立四川大学、华西协合大学、国立中央大学等校，中华人民共和国成立后在四川大学中文系任教授。

热血青年，投身革命

1904年，赵少咸刚满20岁。他目睹清廷政治腐败，丧权辱国，民族危在旦夕，认为中国应当实行政治改革，就同谢慧生、张培爵、黄复生、朱叔痴、曹叔实、唐德安、饶伯康、萧中仑、李植等缔结同盟，计划武装起义。这个同盟当时只是个小团体，后来被人叫作"乙辛社"。这样的革命组织，不但成都有，重庆也同时产生了，而且两地暗中相通，遥遥呼应，后来都成为孙中山领导的同盟会的一部分。乙辛社在成都的集会地点就在赵少咸家中，重庆来成都联络的革命同志都是由他做东道主。大家称誉赵少咸好客，实际上他是为革命事业输财，不遗余力。1906年起，同盟会先后策划和举行了江油、江安、泸州、成都、叙府、广安、嘉定和黔江起义。这些起义虽然都失败了，但却扩大了革命志士在四川的影响，鼓舞了四川广大人民的革命热情，为反清武装起义播下了火种。

不幸被捕，宁死不屈

中华民国建立后，赵少咸不以功臣自居，丝毫不为钱财、名利所动。其后，袁世凯篡国乱政，大肆逮捕革命党人，而之前有关同盟会的档案大都藏在赵少咸家中。当局从一被逮捕的革命党人身上搜得一小册，内有赵少咸姓名住处，便立即抓捕赵少咸入狱。第二天，竟有报纸讹言赵少咸居宅为长江同盟会总机关，旨在大肆株连、冤杀无辜。在狱中，赵少咸虽遭反动头子严刑逼供，却不曾吐露一句口供。而且赵少咸在被捕之前已将文件烧毁或转移，去赵少咸家抄家的人搜查不出任何证据，革命党人因此没有一个受到牵连。赵少咸在陆军监狱被关押了两个多月，宁死不屈服，最终获得释放。

博闻强识，专心治学

赵少咸在狱中时，仅有《说文解字》一书陪伴，他却能做到默诵心识，以此暂忘痛楚。这也是他成为语言学家、教育家的开始。1918年，赵少咸出任四川省立第一中学校长，从此先后执教于成都联合中学、四川省立第一师范学校、国立成都高等师范学校、国立成都师范大学、国立成都大学、国立四川大学、国立中央大学近 50 年。他家中藏书万余卷，有不少书是他或他的家属亲自抄写的，其中包括 20 世纪二三十年代学者的手稿，如龚向农、黄季刚、向宗鲁等未发表过的著述，甚至连章太炎在日本讲学口头说的，有人记录下来了，赵少咸也借来逐条批写在有关书眉上。单是《广韵》一书，赵少咸亲笔誊写的就有两部。他说："凡是记忆不牢靠的，最好多抄写几遍，自然就容易记着了。"不仅如此，他在著作中引用这些学者的立论时，都会清清楚楚地标出姓名，从不剽窃别人的学术见解。林山腴先生在诗中称他"《玉篇》过目洞厥疵，《广韵》口诵流如水"，可见他做学问认真严肃，从不马虎，令人钦佩。

不拘教条，敢于批判

在学术思想上，赵少咸承继清代乾嘉学派的戴震、段玉裁、王念孙父子之学，在近代学者中，他和章太炎、黄侃均有交往，学术观点也比较接近。但是，他的思想并不保守，不墨守成规，对新的观念和思想，他都会在彻底弄清楚之后，再发表自己的意见。20 世纪 30 年代末 40 年代初，他发表在《学林》月刊上的《斠段》，对段玉裁的《说文解字注》提出许多中肯的批评。他还写了《史籀篇疏证辨》，发表在《四川大学文学集刊》第 2 期上，对王国维关于《史籀篇》的看法多有驳正。20 世纪 40 年代后期，他读到董同龢的《广韵重纽试释》，反复吟咏之后，把一些论点批注在自己使用的《切韵考》上面，论证严谨，有理有据。

教学有法，见解独到

作为一名教师，赵少咸的教学不仅有方法，而且见解独到，深受学生喜爱。每开出一门课程，他事前都要做大量的准备工作：不仅要写讲义，而且要编参考资料。这些讲义和参考资料一经整理就是很好的论文和专著。20 世纪 20 年代他在国立成都高等师范学校任教的同时又在省立成都石室中学兼课，主讲的课程是文字学。他以《说文解字》作为教本，逐字讲解。时人辑录的

《说文集注》一书的前六篇即以赵少咸当时写的讲稿为底本。这份讲稿以段玉裁的注为基础，参考了章太炎的《小学答问》和《文始》，注重以声音通训诂，受教于他的一些人现在还能谈起当年他教学的情况：

> 他教音韵学，从《广韵》入手，上考古音，旁及等韵。陈澧《切韵考》是他指定的学习音韵学的重要参考书。他认真校对了这部书，发现书中存在不少错误。特别是对陈澧所谓的"增加字"，他更不满意，认为这些"增加字"在前代文献中已经可以见到，把它们看为"增加字"是不妥当的。为了帮助学生掌握反切，他编制了"古今切语表"，按照等韵图的格局，将《广韵》的每个小韵依照声、韵、调、开合、等、摄分别列入表内。每一格内右方注《广韵》切语，左方注《音韵阐微》切语。同时将陈澧考订的错误以及自己的见解都作为附录列在韵图之后。

对于等韵学，他也有许多独到的见解。虽然他没有学过现代的语音学，但因他对传统音韵学有很深的理解，对古代文献也极熟悉，其研究所得与当代一些学者的结论多有吻合。20 世纪 40 年代，他曾经指导一些学生校勘了《韵镜》《通志·七音略》《切韵指掌图》《四声等子》《经史正音切韵指南》，写成毕业论文。这些稿本现藏于四川大学图书馆，有助于后世对等韵学的研究。他在晚年还撰写了一篇《等韵浅说》，深入浅出地解释了等韵学上的各种概念。

赵少咸一生著述甚多，约计 800 万字，有《广韵疏证》《经典释文集说附笺》《广韵谐声表》《毛诗韵例》《毛诗韵谱》《古今切语表》《唐写本切韵残卷校记》《唐写本切韵残卷校本》《增修互注礼部韵略校记》《韵目表补》等。其中，《广韵疏证》是他的代表巨著。《广韵》是我国现存最早又较完备的一部韵书，是研究声韵、文字、词汇、文献学等不可缺少的一部工具书。20 世纪 20 年代初，赵少咸开始收集资料着手研究《广韵》，到 60 年代初《广韵疏证》全书完成，费时近半个世纪。

赵少咸治学十分严谨，他从来不轻言自己著述的事情。因为他总觉得自己的意见不够成熟，不成熟的意见不宜轻易发表，如果率尔而行，必将贻误后学，造成不良影响。因此，虽然他写了不少手稿，但正式发表的其实并不多。

宽严有度，悉心育人

赵少咸执教近 50 年，培养了一批又一批优秀学子。当代学者如李一氓、徐仁甫、郭诚永、刘君惠、周法高、殷焕先、李孝定、钟树梁、余行达、李运益等，皆出自其门下，连同他的女婿及儿孙辈，多在大学执教，有不少人是海内外知名学者。20 世纪 40 年代初，他回成都后受聘为国立四川大学中文系教授，还担任过一段时间的系主任，主持中文系的工作。成都解放时，他虽然已年近古稀，到讲堂上课有一定困难，但是他仍然以极大的热情和责任心，担起培养青年教师和进行科学研究的任务。赵少咸注重教书育人，对学生既严格又宽松。"严"是指他督导学生不松懈，他时常通知中文系学生把他规定阅读的"四史"带来系主任办公室，由他亲自检查断句是否有误，他指导的研究生必须按月交呈作业，连寒暑假也不例外。"宽"是指他为人厚道坦荡，不摆师尊架子，不以专家、长者自居，教学始终在融洽的气氛中进行。就是外地学子来川登门造访时，他也一视同仁，热情接待。赵少咸还在家中特设了一间教室，备有黑板、桌椅，专门利用星期天在家中给学生"开小灶"，是一个不收学费的语言学"讲习班"。先生尽管常常因此牺牲自己的休息时间，却乐此不疲、诲人不倦。

案例点评

在我国古音韵、文字、训诂等学术研究的领域中，赵少咸堪称一代大师。他执着于众人眼中的冷门学科语言学、音韵学而耕耘不辍，成果丰硕。先生治学严谨，对待著述发表十分谨慎；先生为人，厚道坦荡，从来不臧否人物。对于后学，更多奖掖。他终身从事教育事业，培养了许多具有卓越影响力的学者，不论文采还是人品都令人称羡。

从赵少咸几十年所走过的历程来看，他不仅是优秀的学者，同时也是一位优秀的教育家。人们常常把教师比喻成蜡烛。他一生教书育人，不是一支短短的蜡烛，而是燃烧得十分光明灿烂的火炬，辉耀世人并为后学继承传扬。正如

《礼记·学记》中所说的："善歌者使人继其声，善教者使人继其志。"① 他是当之无愧的一代师表！

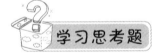 **教学建议**

赵少咸"热血青年，投身革命""不幸被捕，宁死不屈"的故事可以用在"中国精神"的教学。赵少咸投身革命、不畏生死，虽不幸被捕，但宁死不屈，生动地诠释了以爱国主义为核心的民族精神，对于大学生深刻理解"民族精神"的内涵具有启发作用。

赵少咸"博闻强识，专心治学""不拘教条，敢于批判"的故事可以用在"创造有意义的人生"的教学。人生实践是一个创造的过程，要找准人生目标、树立正确的人生观，要以认真、务实的态度对待人生，充分发挥创造力，不能安于现状、因循守旧、碌碌无为。赵少咸的一生都投身到语言文字教学和研究工作中，对待学问认真严肃、秉承批判精神，始终坚持在实践中创造人生价值。从他的为学为人中，大学生可以领悟到"成就出彩人生"的道理。

 **学习思考题**

1. 为什么赵少咸能够成为语言学大师？他的治学态度对我们有何借鉴意义？

2. 结合赵少咸的主要事迹，谈谈大学生应如何弘扬和践行爱国主义精神？如何提高自身修养？

参 考 文 献

[1] 赵少咸. 赵少咸论文集 [M]. 北京：中华书局，2017.

[2] 赵振铎. 汉语音韵学家赵少咸 [M] //四川省文史馆等. 四川近现代文化人物. 成都：四川人民出版社，1989.

[3] 余行达. 海人不倦的赵少咸先生 [J]. 文史杂志，1987（6）.

[4] 周田青.《广韵疏证》的出版及其价值 [N]. 古籍新书报，2014（3）.

---

① 戴圣：《礼记》，鲁同群注评，凤凰出版社，2011年，第144页。

向楚：从政有声，治学有成

向楚

图片来源：四川大学校史馆

向楚（1877—1961），字先乔（仙樵），号觙公，四川巴县（今重庆市巴南区）人，我国著名的文史学家。因学识渊博，精于文字音韵，曾得到孙中山先生亲笔题赠"蔚为儒宗"。辛亥革命时期，为重庆地区革命活动的主要宣传者、组织者和领导者之一。1928—1931 年，先后在国立成都高等师范学校、国立成都大学和国立成都师范大学等院校任教授和国文系主任。1931 年后任国立四川大学教授、国文系主任、文学院院长等职。后被推为国立四川大学代理校长。成都解放后，任四川大学教授、川西文教厅文物委员会委员、四川省文史馆副馆长，曾当选为四川省人大代表、政协委员和民革中央委员。所编纂《巴县志》为全国名志，有音韵学、文字学著述多种及《空石居诗存》一卷传世。

赵门三杰

向楚出生于 1877 年 7 月，父亲向万钟是县里的商人，在乡里素有名望。由于从小读书勤勉，向楚 19 岁时以优异成绩考入县学东川书院，师从进士出身的翰林赵熙。赵熙秉承张之洞办尊经书院的宗旨，以"读书之根柢在通经"，"通经之根柢在通小学"，坚持让学生们从段玉裁注《说文解字》入门，遍读群经。向楚成绩突出、雅善诗文，颇得赵熙赏识，与同学周善培、江庸一道被时人称为"赵门三杰"。

1902 年，向楚乡试中举，这原本是值得读书人欢天喜地的好事，但当时正值乱世，清政府卖国求和，签订了《辛丑条约》，而皇亲贵族仍然骄奢淫逸，挥金如土，哪管民穷财尽、国家安危。身处这样动荡黑暗的时代，面对这样腐败无能的政府，向楚的内心痛苦不堪，而乡人仍以向楚中举为荣，纷纷前来道喜，向楚漠然地说："国将不国，我得一举人，何足为荣！"忧国忧民之心溢于言表。

诗书曲兼长

赵熙是书法名家，其书法杂糅碑帖，号为"赵体"。向楚受赵熙的影响，对书法多有用心，加上数十年学养所积，字外功力甚深，字体清雅脱俗，终成颇有影响的一代书法家。除此之外，虽然向楚从不以诗人自居，但其诗名却享誉海内。他为三苏祠博物馆撰写的楹联"北宋高文名父子，南州胜迹古祠堂"被人们传诵一时。当时吴梅弟子卢前来成都教曲学，自恃名门子弟，年少气盛，不把四川诸诗人放在眼里，甚至放言四川自明代杨慎之后，无解词曲音律者。待其读到向楚诗作，见其诗风雅正，诗力与神韵俱全，方才心悦诚服。后卢前修《曲雅》一书，还专门请向楚作序。向楚在序中详论南北曲之起源、同异、音律以及今昔之不同地位等，其渊博的学识引得众人叹服。

重庆独立先驱

向楚不仅是学问家,他还积极投身革命。他走向革命与同乡杨庶堪有密切的关系。1906年年初,中国同盟会支部在重庆成立,杨庶堪被推为主事,向楚与杨庶堪为莫逆之交,由其介绍加入中国同盟会。向、杨二人为发展中国同盟会组织,一同到永宁中学堂任教,开展革命活动。他们以学堂为据点,与泸县及当地中国同盟会革命党人联系,在教育界及青年学生中积极宣传民主革命。在永宁中学堂,他们在上课讲解或指导学习时详论古今形势,介绍晚明顾炎武、黄宗羲的著作,以及《民报》《国粹学报》等,唤起学生民族意识的觉醒。学生中如张颐、杨伯谦、陶子琛、曾缄等都先后加入同盟会。向、杨二人更是与校外革命党人联系紧密,一时间永宁成为川南革命的大本营,永宁中学堂成为凝聚当地革命力量的核心。

1911年10月10日,武昌起义成功;11月22日,重庆革命党人宣告重庆独立。向楚会同朱之洪等人迫令重庆知府纽传善、巴县知事段荣嘉剪辫、缴印、投降。接着,重庆蜀军政府成立,向楚任秘书院院长。重庆蜀军政府创立之初,经费很成问题,向楚受命接收清政府的大清银行和浚川银行。他随身只带了两名士兵前往,晓谕银行交出全部账册,冻结所有资财,又将两家银行的全部存款270万银圆一并提走。接收两银行之后,重庆蜀军政府经费问题得到圆满解决。按照旧例,接收资财这等肥差,经手的官员往往趁机大发其财,有部下甚至主动要将部分款项转入向楚名下。但向楚不肯贪没公产,坚辞不允,遂令全部移交。

次年,重庆蜀军政府并入四川军政府,尹昌衡为都督,张培爵为副都督,向楚任秘书厅厅长。这年夏天,四川军政府内部发生激烈的内战,张培爵被排挤出川,胡景尹篡夺了都督之位,大肆残杀朱山、张捷先等革命同志。向楚后来对此作了深刻的反省,认为包括自己在内的一班共同在军政府奋斗的同志都只有书生之见,遇事只知顾全大局,忍让退避,主动放弃了兵权,结果反令小人有机可乘,于川事、国事毫无裨益,教训沉痛。

1915年,向楚加入孙中山先生成立的中华革命党(中国国民党前身),次年冬天赴广州。1918年,被孙中山任命为四川政务厅厅长,后任大元帅府秘书。孙中山十分赞赏向楚学术渊宏、诲人不倦，亲笔为他题赠了"蔚为儒宗"四字。

执教治学之道

1924 年，向楚受聘任国立成都高等师范学校教授兼国文系主任，他与时任校长吴玉章交往密切，深受其革命思想的影响。他在教学中宣传进步思想，并尽心于中国文学的研究。两年后，向楚任国立成都大学、国立成都师范大学等校教授及国文系主任。他与国立成都大学校长张澜私交极好，两人经常一起商讨治校教学之事。1927 年，向楚出任四川省立国学专门学校校长，以民族文化的继承与发扬为己任，投入全部心力经营。他聘请蒙文通任教务主任，宋师度为学监，三人合力，既负责行政又兼任教学，并延聘海内名儒来校任教。

1928 年春至 1931 年间，向楚奉命代理四川省教育厅厅长兼公立四川大学中国文学院院长。他在任职期间，坚持原则，不受贿赂，善于鉴别和选拔人才，特别关怀那些德才兼备、勤奋向学、成绩优异而家境贫寒的学生，给予学习机会，为祖国选出一批优秀的留学生出国深造，使他们学有专长，回国后成为从事各项事业的良才。1931 年，国立成都大学、国立成都师范大学、公立四川大学并为一校，定名为国立四川大学，王兆荣任校长，向楚以深厚的文史功底和在政界、学术界的名望出任国立四川大学文学院院长、国文系主任、教授和文科研究所所长。

向楚对于学生总是谆谆教诲、循循善诱。他常讲治学要有两性：一是记性，二是悟性。记性助于学，悟性助于思。只学不思是死读书，学而能思是活读书，读书之道正在"熟读深思"。他要求学生将重要篇章熟读成诵，至于精妙绝美的文章或诗词，更应反复朗诵，牢记心中。人们对浏览过的书虽然也有印象，但总是记不牢固，容易遗忘，要用时它不来；而熟读成诵的书，则会成为读者自己的东西，用时能召之即来，运用自如，思考问题时，也容易得到启发，形成联想。

除了教学之道，向楚对学生的关爱也令人称赞。1932 年，四川军阀混战，刘文辉、田颂尧二军的争夺战就在皇城坝一带展开，一时国立四川大学皇城校区陷于枪林弹雨之中，文学院师生出现了伤亡。在性命攸关、十万火急的情况下，向楚当仁不让，出面调停。向楚"急与诸军阀叫电话，呼吁停战半小时，让学生转移避难"。刘、田二人接到这样的电话不胜错愕，但仍答应了向楚的要求。于是，战火纷飞的皇城坝暂时安定了下来，只见向楚亲自率领三百余名师生，徒步穿过硝烟弥漫的皇城校园，迅速撤离，步行到理学院所在的南较场避难。向楚挺身而出，救师生于危难之中，令不少脱离险境的学生们感动得流泪。

向楚与《巴县志》

1926—1936 年，向楚两度被聘为《巴县志》总纂。向楚的性格是要做就做到最好，于是摆脱尘俗琐务，专一于此。他登门拜访前清举人梅际郇、秀才文伯鲁等人，恳请他们出山相助。老先生们每天早上有一碗醪糟荷包蛋，午晚饭桌上有用砂罐煨得烂烂的猪足猪肘，旁人是不能伸筷的。马褂也替他们换新，并由杂役浆洗得干干净净。这都是向楚吩咐人做好的，精诚所至，同仁为之动容，纷纷效力，立表目，订条例。旧《巴县志》原有"疆域""职官""建置"等 11 卷。向楚因时制宜，增加了"学校""商业""交通""市政"等，特别增添了"革命军始末"，一共 23 卷，保存了大量明清以来的珍贵资料。凡有关外事纠纷、教案等，他都详细地选载在"交涉"一卷中，目的是存"晚清丧权辱国之耻，人民知有以振作自奋"。"赋役"卷亦记载甚细，对云南、贵州以及四川各军阀在重庆所征之苛捐杂税详尽实录，处处揭示症结，冀为国家将来之振兴有所参考。向楚亲自撰写的是"革命军始末""事纪""叙录"等，有的是他的亲身经历，有的是网罗有史以来关于巴县之编年纪事于一炉，为历代治乱因革之博览。1937 年，耗时四年的《巴县志》面世，处处良史笔法，取舍审慎周密，博得学界交口赞誉。至今，学界专家学者想要研究巴渝之地的历史风物，《巴县志》仍是不可或缺的重要参考。

向楚晚年依旧边治学边从政，1961 年 10 月，向楚辞世，时年 84 岁。向楚一生在动荡的时局中寻求民族国家之前途，凡事皆持身谨严。虽然事务繁忙，但他在治学上仍不输于当时诸辈，尤其是经史透彻、烂熟于胸。他曾说："若讲经学史，则须严别汉代之古文今文，若通经致用，则宜择其有裨于今日国家之政教者。"

 **案例点评**

向楚一生能审时度势，跟随时代的步伐前进。早年，他为推翻封建统治，毅然抛弃已有的功名和"锦绣前程"，跟随孙中山先生加入同盟会，参加辛亥革命，协助四川军政府护国讨袁、护法之役等，赤胆忠心，功绩卓著。从政为官时他清正廉洁、克己奉公、一心为民。之后，他察厌旧社会的腐朽、落后，便弃政从教，洁身自好。他治学严谨、学养深厚，在文字、音韵、史学研究方面造诣尤深，堪称一代"儒宗"。他还是一位教育家，治校传教有方，爱生如子，深受师生爱戴。"先生执政柄，主坛坫数十年，无一瓦之覆，一陇之植，动机结果，磊落光明。"（陶亮生语）正是这样的秉性与情操，使向楚无论在政界还是在学界都赢得了极高的威望和尊重。

 **教学建议**

本案例可用于"理想信念"及"中国精神"相关内容的教学。向楚之所以能够成为通晓经史、诗文书曲皆长的一代"儒宗"，根本原因在于他的勤奋好学、严谨治学。通过讲述向楚的求学治学经历，分析他取得非凡成就的原因，揭示勤学好问、艰苦奋斗是实现人生理想的必备品质。向楚作为川渝地区辛亥革命运动的先驱，在革命斗争中表现出的为国为民的赤胆忠心、不向军阀反动势力低头的斗争精神，勇于担当、廉洁自律的高尚品格，都值得当代青年学习。

学习思考题

1. 向楚深谙为学之道，从向楚的治学经验中，当代大学生能得到哪些启示？

2. 联系向楚的主要事迹，谈谈大学生如何创造更有价值的人生？

［1］向在淞. 向楚传略［J］. 成都大学学报（社会科学版），2007（3）.

［2］陈钰铃. 向楚的才与情［N］. 重庆政协报，2020－09－24.

［3］刘乔. 蜀中名家向楚在川大的教育实践［N］. 四川大学报，2020－10－10.

蒙文通：出经入史美髯公

蒙文通
图片来源：四川大学历史文化学院

　　蒙文通（1894—1968），名尔达，字文通，四川盐亭人，早年毕业于四川存古学堂，曾从今文经学大师廖平、古文经学大师刘师培学习，成名后又向近代佛学大师欧阳竟无问学，出经入史，转益多师，形成了自己贯通经、史、诸子，旁及佛道二藏、宋明理学的学术风格，成为20世纪少有的国学大师之一。20世纪20年代起，蒙文通先后任教于国立成都大学、国立成都师范大学、成都国学院、国立中央大学、国立河南大学、国立北京大学、河北省立女子师范学院、国立四川大学、华西协合大学等校。20世纪40年代曾任四川省图书馆馆长。新中国成立后，除继续担任四川大学历史系教授外，还兼任中国科学院历史研究所第一所研究员、学术委员。

师从经学大师廖平

蒙文通的教育是在国学大师的精心指教下进行的。蒙文通五岁入私塾，1906 年随伯父到四川省城高等学堂分设中学堂学习，五年后又被选入四川存古学堂进修。四川存古学堂对入选学生要求极高，大多要求为举人、贡生及新式学堂中的顶尖人才。蒙文通进入学堂后，"两耳不闻天下事，一心只读经史书"，时刻钻研于国学之中，且不拘于大师们平时所授，课余时间会自行购置大量书籍，广涉经、史、子、集等。早年广博的知识储备为蒙文通后来治经、史、佛奠定了深厚的基础。

经学是清代学术的主流，有"古文经学"和"今文经学"之争。前者解经多详训诂章句与典章制度，后者则重微言大义及通经致用。蒙文通在存古学堂就读，遇见了对他一生有重要影响的导师——廖平。廖平堪称晚清经学大师，辨明了自汉代以来古文经学与今文经学的源流和归旨，其"经学六变"之说名扬天下。廖平倡导明家法、重条例，这种科学的治学方法对蒙文通无疑有着潜移默化的影响。

在廖平的指导下，蒙文通早年撰写的《孔氏古文说》便已深入到了旧史与六经的根基。蒙文通独特的见地深得廖平的赞誉："文通文如桶底脱。佩服！佩服！后来必成大家。"此后，蒙文通又相继撰述了《经学抉原》《天问本事》《周秦民族史》《中国史学史》《古史甄微》《古地甄微》《儒家政治思想之发展》《墨学之流变及其原理》等专论，确定了自己在经学和史学上的双重地位。

在廖平的影响下，蒙文通治学爱从本源寻找立论的根基，进而撰述其历代沿革并详加辨析，还其本来面目，使人读之晓然。此外，他一向视经学为历史的经纬，二者与文学互相交叠共同组成历史的洪流。他的著述论证也常以经治史、以史注经，二者相互叠交、辉映成趣。

蒙文通所著《周秦少数民族研究》

图片来源：光明日报

师从欧阳竟无学佛

1918年，蒙文通从四川存古学堂毕业，几年的学习使他对经学、史学都产生了浓厚的兴趣。不过，他却没有学到为官之道，往日的同学一个个衣锦还乡，他却在家乡以办私塾为生，并在一所破庙中从事经史研究，专心治学。

这样的生活一晃就是三年。新文化运动席卷整个中国，以鲁迅、陈独秀等为代表的新文化干将与吴宓、章士钊等学衡派名宿发生激烈论战，远在盐亭的蒙文通也感受到了这场运动的力量，不过，这场新学与旧学之争却让他难以取舍。于是，蒙文通索性出走，"游学于吴越之间，访学于各大经史家门下，与章太炎论古今之流变，与欧阳竟无论佛典之影响"。在长期的游学过程中，蒙文通仍然在二者之间难以取舍。不过，他却慢慢认识到，佛学在中国思想中有着潜移默化的巨大影响。于是，蒙文通来到佛学大师欧阳竟无在南京创办的支那内学院，潜心研究佛学。

在支那内学院，蒙文通专攻佛学，其间常与汤用彤等人互相争辩。在争辩过程中，他的佛学知识体系愈加缜密，少有人能及。欧阳竟无看完他撰写的《中国禅学考》和《唯识新罗学》后大喜过望，竟又重阅一遍，时而着笔于原稿之间，时而挥墨于稿纸之上。这两篇文章后来皆被刊于支那内学院院刊《内学》创刊号上，紧接在欧阳竟无的《佛法》和《心学》之后。欧阳竟无由此期望蒙文通继承其衣钵，专门研究佛学。

然而，佛学始终不是蒙文通的治学目标。1927年，蒙文通离开支那内学院，欧阳竟无常写信给他，称"孔学，聊发其端，大事无量，甚望我弟继志述事"，又望再度与蒙文通"共剪西窗烛，共作刻入谈"。在离开支那内学院当年，蒙文通即完成了他的成名作——《古史甄微》，创造性地将中国上古民族分为江汉、海岱、河洛二系，名震一时，并由此确立了他在史学上的地位。

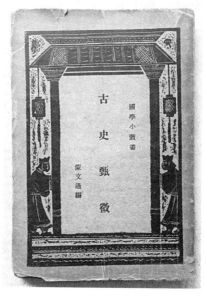

蒙文通所著《古史甄微》
图片来源：成都地方志

两次被解聘教授

离开支那内学院后，蒙文通选择重拾教鞭，潜心教书育人。他先后执教于重庆联合县中学、重庆第二女子师范学校、国立成都大学、国立中央大学、国立河南大学、国立北京大学、河北省立女子师范学院、国立四川大学、华西协合大学等校。

任教期间，蒙文通不仅学术见解独特，"脾性"也颇大。1931 年，四川军阀为节省教育经费，强行将国立成都大学、国立成都师范大学、公立四川大学合并为国立四川大学。蒙文通愤而辞去职务，以示抗议。在河北女子师范学院执教期间，日伪政府多次强邀他撰写政治学术文章，并以重金相诱。蒙文通一家有七口人，虽经济拮据、家境困顿，但他仍严辞相拒。

后来，来到北京大学执教的蒙文通却遭到了生平的第一次解聘。在北大历史系任教两年多，蒙文通一次也没有前往时任文学院院长的胡适家拜访。据说此事弄得胡适有些难堪，于是他宁愿置北大隋唐史无人授课一事于不顾，也不再续聘蒙文通。相反，蒙文通却对解聘一事不甚在意，索性转至位于天津的河北女子师范学院，"与领导交往依然如故"，足见其秉性刚直。

不久，蒙文通又转至国立四川大学。抗战后期，蒙文通等一干教员跟当时执掌校印的学阀程天放闹翻，又被解聘。他却照样给学生上课，他说："聘不聘我是你学校的事情，上不上课是我自己的事。但我是四川人，不能不教四川子弟。"他让愿意上课的学生到自己家里上课。对此，学校也拿他没办法，只有听之任之。

教学前要先说"两句话"

蒙文通给人留下最深印象的应是他的史学著作，但他晚年却跟儿子蒙默说，自己学问最深处，恰恰是不著一字的宋明理学。"理学不是拿来讲的，是拿来躬身实践的。"蒙文通指导研究生，总会先说两句话。第一句是宋代理学家陆象山的名言："我这里纵不识一个字，亦须还我堂堂地做个人。"第二句是他自己的信条："一个心术不正的人，做学问不可能有什么大成就。"

作为史学家，蒙文通怀着维护中华民族崇高利益的责任感，用他生命的最后 4 年时间，依据 130 余种古文献，写成了一部考论古代百越民族史的专著《越史丛考》，它的诞生标志着我国古民族史研究的新水平。1983 年，蒙文通辞世 15 年后，《越史丛考》由人民出版社出版，李一氓评价说："这本书没有自命为爱国主义的著作，在叙述中也没有侈谈爱国主义，而前后十二节却始终贯串着爱国主义的精神。"①

晚年，蒙文通在四川大学的趣事颇多。他的学生隗瀛涛描述说："先生身材不高，体态丰盈，美髯垂胸，两眼炯炯有神，常着中山服或中式长袍，持一根二尺来长的叶子烟杆，满面笑容，从容潇洒地走上讲台，大有学者、长者、尊者三位一体之风。"② 蒙文通上课必带烟杆，却从来不带书本，偶尔携一纸数十字的提要放在讲台上，却从来不看。有时纸被风吹走了，下面的学生哄堂大笑，他却毫不在乎，也不追赶。蒙文通上课还有个特点，就是不理会下课钟声，每每等到下堂课的教师到了教室门口，才哈哈大笑而去。

做学问"知无不言"

蒙文通在四川大学任教时，每逢考试，并不出题考学生，而让学生出题问他。考场不在教室，而在学校旁边望江楼公园竹丛中的茶铺里，学生按指定分组去品茗应试，由蒙文通掏钱招待吃茶。往往考生的题目一出口，蒙文通就能探出他的学识程度。如果学生的问题问得好，蒙文通就哈哈大笑，点燃叶子烟猛吸一口，开始详加评论。到了后来，学生就想尽办法出歪题想难倒他，这位老师却总有答案。

蒙文通的儿子蒙默回忆说，蒙文通对来询问的学者知无不言，就像钟一样，"大叩之则大鸣，小叩之则小鸣"。蒙文通的学生经常晚上登门问学，这时候，他就特别高兴，有问必答，侃侃而谈。有时候夜深了，学生怕打扰老师休息，起身告辞，他的瘾刚上来，就摆手示意学生坐下，继续交谈，等他燃过两根抽水烟的纸捻后才放行。如果学生白天登门问学，他就多半邀对方去家隔壁的茶馆，一边吃茶，一边讲学，自然又是他请客，他常操着带些盐亭土腔的四川话得意地说："你在茶馆里头听到我讲的，在课堂上不一定听得到喔。"

蒙文通不但爱和学生坐茶馆，社会上的文人，他也乐于交往。他的学生吴天墀回忆说："先生豁达大度，不拘小节，行乎自然，喜交朋友，社会上三教

① 李一泯：《读〈越史丛考〉》，《读书》，1984 年第 4 期。
② 徐百柯：《蒙文通：儒者豪迈》，《中国青年报》，中青在线，2004 年 9 月 1 日。

九流，一视同仁，所以有不少和尚、道士跟他有交情。喜欢上街坐茶馆，和人作海阔天空地闲谈，也爱邀熟人上餐馆小吃一顿。"有一次，蒙文通坐三轮车去学校，一眼就看到了一旁的学生隗瀛涛，隗瀛涛当时在研究四川近代史，蒙文通就高喊道："隗先生（对他的戏称），我家有四川近代史资料，你快来看了写文章。我的文章发表了可以上耀华餐厅（成都当时著名的西餐厅），你的发表了也可以吃一顿回锅肉嘛！"

蒙文通好茶，又好川戏，戏园子里许多人都认识这位留长须的老者。他还颇能喝酒，喝起黄酒来至少有一两斤的海量。一些学者看了蒙文通的著作以后专程来成都拜访他，交往过后，纷纷感叹：读先生的书，以为只是一个恂恂儒者，没想到先生还这么豪放！

案例点评

有学者称：中国近代以来的博学家，论研究方面之广、层次之多，罕有过于蒙文通者。其研究范围包括先秦两汉的经学及诸子学，魏晋南北朝、两宋史学，宋明理学，佛学中的禅学和唯识学，道家和道教学，古地理学，古代民族史，古代社会经济史，古代巴蜀文化等。蒙先生在中国古代史及古代学术文化研究领域造诣尤深，代表作如《古史甄微》《经学抉原》《周秦少数民族研究》《古地甄微》《儒学五论》《巴蜀古史论述》《中国史学史》《道书辑校十种》《中国禅学考》《越史丛考》等，已经成为20世纪中国学术领域中最有代表性的篇章。

蒙文通一生勤于治学、态度鲜明、立论严谨、著作颇丰，与人交往性格豪放、乐观豁达、刚正不阿、坚毅不屈。他数十年未离讲席，诲人不倦，循循善诱，为国家培养了大批学术人才，可谓桃李遍天下。

教学建议

本案例可用于"理想信念"相关内容的教学。通过蒙文通在存古学堂学经和在支那内学院学佛的经历，说明人生理想确立需要在实践中进行检验，也必须通过实践才能变为现实。当代大学生寻找和确立人生理想时，也要主动到社会实践中去进行检验，使自己的理想真正成为前进的动力。

蒙文通"两次被解聘教授"的事例可以用在"中国精神""继承中华优秀道德传统"相关内容的教学。蒙文通性格刚正不阿,不向军阀反动势力低头,敢于向反动势力说"不";虽两次被解聘教授,但却仍旧在名利面前宠辱不惊,在得失面前处之泰然,生动地体现了一代知识分子"威武不屈"、追求真理的高尚品格和坚定信念。

蒙文通常引称陆象山名言:"我这里纵不识一个字,亦须还我堂堂地做个人。"这既是他指导每一位研究生的开场白,也是他一生治学为人的真实写照,蒙文通所体现的中华民族注重精神世界的丰富,向往理想人格,重视道德修养的传统,可以促进学生认识中华传统美德的基本精神、认识品德修养对于个人成长成才的作用。

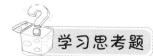

学习思考题

1. 结合蒙文通的主要事迹,谈谈大学生应树立怎样的理想信念和价值追求?

2. 怎样理解蒙文通所说的"纵不识一个字,亦须还我堂堂地做个人"?这句话对当代大学生有何教育意义?

参 考 文 献

[1] 刘复生. 蒙文通:"明道"之学 [N]. 光明日报,2019-07-29 (11).

[2] 雷文景. 经史两绝蒙文通 [J]. 天府广记,2019 (5).

[3] 雷文景. 出入经史的国学大家——美髯大师蒙文通 [M] //罗中枢. 四川大学:历史·精神·使命. 成都:四川大学出版社,2009.

[4] 党跃武. 四川大学史话 [M]. 成都:四川大学出版社,2017.

萧公权：学贯中西的政治学家

萧公权

图片来源：清华大学校友总会新闻中心

萧公权（1897—1981），原名笃平，字恭甫，自号迹园，笔名君衡、石沤、巴人，江西泰和人。1938年2月到成都，任教于国立四川大学，直到国立四川大学迁往峨眉山。国立四川大学迁回成都后，从1945年秋到1947年夏，再度任教国立四川大学。1981年在美国去世，终年84岁。

走上哲学之路

萧公权幼年就读于私塾。1915年夏，他考入上海的基督教青年会中学学习，1918年6月从基督教青年会中学毕业，同年8月赴清华大学学习，于

1920 年夏毕业。在萧公权的学术历程中，清华大学对他影响深远，奠定了他毕生治学的扎实基础，也是他教育事业的内在源泉。1920 年 8 月 23 日，他从上海出发，到美国求学，9 月进入密苏里大学新闻学院，后转入哲学系。1922 年本科毕业后，他继续在密苏里大学读研究生，师从萨拜因（George H. Sabine）和郝真（Jay Willam Hudson）两位教授。1923 年 6 月，萧公权获得硕士学位，同年 9 月，进入康奈尔大学哲学系，师从著名学者狄理（Frank Thilly）教授。1926 年，萧公权博士毕业后回国。

辗转执教多校

1927 年 2 月，萧公权受聘于南开大学，教授"政治学概论""比较政府""法理学""中国政治思想""西洋政治思想""社会演化论"等课程。1929 年 9 月初，萧公权离开南开大学，赴东北大学任教，教授"政治学"和"西洋政治思想"。1930 年，任燕京大学政治系教授，教授"政治学概论""西洋政治思想""中国政治思想"等课程。1932 年 9 月，转任清华大学政治系教授，教授"中国政治思想史"和"当代西洋政治思想"，与张奚若、钱端升、王化成、陈之迈等共事。

1937 年，日军入侵北平，清华大学决定迁往长沙，与北京大学、南开大学两大学合办临时大学。此时国立四川大学向萧公权发来聘书，1938 年 2 月萧公权一家辗转到达成都。萧公权在国立四川大学教授"中国政治思想"与"西洋政治思想"两课程。此一期间，教员的薪给不丰，物价不断高涨，单靠一个学校的薪金，不能够维持合理的生活水准。萧公权的儿女们当时十几岁，正值成长求学的年龄，需要充分的营养。作为父亲，为了让儿女们的学业不致中断，身体保持健康，萧公权不辞辛劳，时常兼任数职，奔波于数校授课。1938 年秋，燕京大学一部分师生从北平撤退到成都，在城内陕西街办学，萧公权应邀在政治系教授"中国政治思想""西洋政治思想"两门课程，直到1945 年秋燕京大学迁回北平。当时在成都的燕京大学教授中有"四大名旦"，即陈寅恪、萧公权、吴宓、李方桂。这几位教授学贯中西，博古通今，吟诗作赋，酬唱应和，为一时佳话。

萧公权还曾在华西协合大学、光华大学任教。国立四川大学从峨眉山迁回成都望江楼校址，萧公权于 1945 秋到 1947 年夏，再度任教国立四川大学。1945 年 9 月到 1947 年 6 月，他同时在光华大学、华西协合大学和国立四川大学三校兼课，每星期上课 18 小时。

在那些年艰难的条件下，各校藏书不多，国内外刊行的哲学书籍尤其难得。他在各校讲授，只好用过去十几年来陆续所得的旧材料。偶然间"温故而知新"，在旧材料中得到一些新见解，他便提供给学生参考。在多所学校兼职，国立、私立、教会大学学生的背景和知识程度不尽相同，他力求所讲的课程适合每校学生的需要。例如国立四川大学学生"国故"修养长于西洋历史，而燕京大学和华西协合大学的学生则与此相反，因此萧公权在各校授课时讲授的内容各有不同，可谓"因材施教"。

中国政治思想史的奠基之作

在四川期间，萧公权完成了他的代表作《中国政治思想史》。此书由重庆商务印书馆于 1945 年出版，在学术界的影响历久不衰。在这部著作中，他以西方文化为参照系，对中国自先秦以来的传统政治思想进行了全面深入独到的研究，既见异同，又论优劣，条分缕析，脉络清楚；既是思想史作品，又是政治分析论述。全书娓娓道来，鞭辟入里，已成为中国政治思想学界的经典，是在学术领域梳理和批评中国传统政治思想的系统性奠基著作。

萧公权并不局限于学术研究政治，他还积极关注政治论争。他反对国民党为加强独裁统治而施加的所谓"训政"，呼唤民主自由。他在《说民主》一文中说："什么是民主？我们的简单答覆是：人民有说话的机会，有听到一切言论和消息的机会，有用和平方式自由选择生活途径的机会，有用和平方式选择政府和政策的机会——而且这些机会，不待将来，此时此地，便可得着，便可利用——这就是脚踏实地的起码民主。假使这种起码的民主尚且办不到，却明唱玄虚的高调，暗用武断的方法，那决不是民主，而是民主的蟊贼。"①

萧公权虽然以西方政治学为主要研究方向，但他也有很深的国学修养。这不仅表现在他呕心沥血的著作《中国政治思想史》等有关中国政治源流的开创

---

① 萧公权：《宪议与民主》，中国文化服务社，1948 年，第 59—60 页。

性研究，同时也表现在他深厚的中国格律诗造诣中。他写了大量诗作，常与吴宓相唱和。仅在成都的几年，他就写了 900 多首诗。

1947 年夏初，国立政治大学校长顾毓琇从南京来信邀萧公权任教。萧公权一家于 8 月上旬启程到国立政治大学，萧公权在国立政治大学教授"中国政治思想"和"西洋政治思想"两门课程。

萧公权所著《中国政治思想史》

万里寄踪

1949 年 9 月下旬，萧公权应美国华盛顿大学远东与苏联研究所主任戴德华（George Edward Taylor）教授的邀请，赴华盛顿大学远东与苏联研究所任客座教授，开启了在华盛顿大学 19 年的教学历程，直到 1968 年退休。他先任客座教授，后改任常任教授。

在华盛顿大学，萧公权教授"中国政治思想""中国社会制度""中国政治思想及制度资料阅读"3 门课程。除授课外，他还指导选择以"中国"为研究对象的研究生。

同时，萧公权以 19 世纪的中国乡村为研究对象继续他的研究工作。他首先搜寻相关中外资料。从 1950 年年初起，到 1953 年夏止，萧公权翻检将近千种中外书刊。中文书里有关乡村生活实际情形的记载比较少，他就从到过中国的西洋人士的游记文章等资料中查找，以弥补不足。迁往成都前，萧公权曾在南开大学、燕京大学、清华大学先后任教 8 年以上，对北方的乡村状况、乡民生活有所观察。到了成都后，他在乡间住了 7 年多，时常与乡民接触，因而对他们的生活和心理有深入的了解。他根据自己的这些积累，把观察所得与中西方人士所述相互比照印证，得出了自己独到的见解。

1953 年秋，收集和分析资料的工作大体上完成了，他便开始《中国乡村》的写作。1955 年秋，萧公权完成了写作工作，但由于种种原因，直到 1960 年年末这部书才出版发行。

1968 年，萧公权在华盛顿大学授完最后一堂课，结束了连续 42 年的教学生涯。1981 年 11 月 4 日，萧公权在美国西雅图寓所病逝。

案例点评

作为 20 世纪中国政治学界最有影响力的学者之一，萧公权学养深厚，游走于中西文化之间，以西方文化为参照，对中国传统文化进行全面深入独到的分析，"融合中西两个伟大学术传统的菁华"。他的《中国政治思想史》开创了中国政治思想史研究的新范式，传播广泛，常被用作大学的教科书和重要参考书。萧公权对中国历史上政治制度的剖析，尤其是对国民党独裁统治的揭露，对民主的呼唤，代表了那个时代进步知识分子的良心。

教学建议

萧公权是我国政治学、中外政治学史研究的重要奠基人，在学术和教学上都有杰出的成就。尽管在国外留学，接触更多的是西方学者和理论，但他并没有放弃对中国传统文化的学习和研究，而是将二者融合起来。这对于我们认识中国传统文化与西方文化的关系有一定的启发。教学中，可结合本案例，引导学生思考"传承中华文化"与"借鉴人类优秀文明成果"之间的关系。

在萧公权所处的时代，作为研究中国政治的学者，必然对黑暗的社会和专制统治有所认识。作为正直的知识分子，萧公权积极关注政治论争，对现实进行大胆的批判。教师可以引导学生从本案例中思考做学问与关心社会现实之间的关系，认识理想与现实的关系，坚定中国特色社会主义制度自信、道路自信。

1. 萧公权的治学经验对你有何启发？
2. 萧公权为什么能够做到"融合中西两个伟大学术传统的菁华"？

参 考 文 献

［1］萧公权. 问学谏往录：萧公权治学漫忆［M］. 上海：学林出版社，1997.

［2］戴逸. 中国近代思想家文库：萧公权卷［M］. 北京：中国人民大学出版社，2015.

徐中舒：继前人之智，开史学新路

徐中舒

图片来源：四川大学校史馆

　　徐中舒（1898—1991），名道威，字中舒，安徽怀宁人，中国现代著名历史学家、古文字学家。1926年毕业于清华大学国学研究院，师从王国维、梁启超等著名学者。徐中舒先后在复旦大学、暨南大学、中央研究院历史语言研究所（简称史语所）、北京大学任教授、研究员。1937年应国立四川大学之邀聘，任教于历史系，短期在武汉大学、华西协合大学、燕京大学、中央大学兼课。

克服困难，自学成才

1898 年，徐中舒出生于安徽怀宁县。在他 3 岁时，做木工的父亲在替人建房时不幸摔死。5 岁时，徐中舒便随母亲住入安庆的慈善机构"清节堂"，二人靠母亲做织布工人挣得的一点工钱贴补日用。徐中舒 7 岁到育正小学堂上学，虽然年纪不大，却也懂得穷人家孩子上学不易，读书十分用功。每天放学回家，他总是帮助母亲做完白天来不及做的家务，再温习功课，从不荒废学业。他学习成绩一直优异，经常得到学校颁发的奖品。后来徐中舒考入皖省中学，因为学费较高，一年后无奈辍学。但是他仍然坚持自学，于 1914 年考入安庆第一师范学校。

1922 年，经过董嘉会介绍，徐中舒到上海李国松家任家庭教师。李家藏书特别丰富，举凡经学、先秦诸子、史籍、小学，无所不有，徐中舒因此得以披览钻研。在这里，徐中舒初次接触到金文和甲骨文，还看到了不易看到的孙诒让的《名原》《契文举例》、罗振玉的《殷文存》《殷虚书契考释》等书，眼界大大开阔了。他开始认识到古文字是研究古代文化必不可少的工具，为他今后对古文字的研究奠定了基础。随着眼界的开阔，他深入研究国学的愿望越来越强烈了。

就在这时，他得知清华大学创办了国学研究院，并聘请王国维、梁启超、陈寅恪等著名学者为导师的消息，不禁怦然心动。1925 年，徐中舒以第四名的成绩考上了清华大学国学研究院，成为研究院首届 32 名学员中的一员。

在国学研究院学习

在清华大学国学研究院，徐中舒受教于王国维、梁启超、赵元任、李济等著名学者。他对王国维的"古史新证"课尤其感兴趣。这时王国维对于古代史的见解已经很成熟，他在课中所授内容考订之精审，见解之新颖，都使徐中舒耳目一新。王国维治史所采用的"二重证据法"给他的印象最深，他因此树立了"新史学"的观念。徐中舒更在实际的研究过程中，将古文字学与民族学、社会学、古典文献学和历史学结合起来，创造性地把王国维开创的"二重证据法"发展成为"多重证据法"。在国学研究院学习期间，徐中舒撰写了《从古书中推测之殷周民族》一文。这篇文章于 1927 年发表在国学研究院办的《国学论丛》上。文章中，徐中舒根据丰富的文献材料，提出殷周是两个民族的看法，打破了汉民族自古以来是个单一民族的传统观点，对先秦史的研究有着重要的意义，这也是徐中舒研究中国古代社会的开端。后来他在史语所工作时，便循着这个方向陆续写出了《耒耜考》《殷人服象及象之南迁》《殷周文化之蠡测》《殷周之际史迹之检讨》等一组文章，逐渐形成了自己对中国古代社会的一套看法。

另一位对徐中舒影响深远的人是时任国学研究院讲师、后来成为其在史语所多年同事的李济。李济讲授的近代考古学和人类学对徐中舒有着巨大的吸引力和影响力。1928 年 12 月 31 日，徐中舒在给傅斯年的信中提及自己准备进行研究的课题，其中之一即为"西南民族的分化"。而在 1937 年 4 月写成的《跋苗族的洪水故事及伏羲女娲的传说》一文，徐中舒列论了与苗族洪水相类似的五个传说故事，并予以文化人类学的比较和解读。徐中舒在史语所工作了九年，其研究的一个重点领域还是西南民族历史，李济的影响可见一斑。

因家累较重，徐中舒在国学研究院只学习了一年就毕业了。尽管学习时间短暂，但对于徐中舒走上史学研究道路，这一年却至关重要。

在中央研究院历史语言研究所工作

1929 年 3 月，经陈寅恪先生推荐，应傅斯年所长邀请，徐中舒辞去了在上海几个学校的教职，赴北平任职于史语所。在史语所浓厚的学术氛围里，徐中舒在古代文化史的研究领域发表论文著述近 30 篇（种）。这一时期，徐中舒除了继续关注古代民族分布、迁徙及文化的研究，古代社会的基本生产、生活状况也是他的关注重点。在这个领域，徐中舒陆续有《耒耜考》《古代狩猎图象考》《弋射与弩之渊源及关于此类名物之考释》《古代灌溉工程原起考》等一批关注古代生产生活现象的论文问世。其后，又有《蜀锦》《结绳遗俗考》《论东亚大陆牛耕的起原》《古井杂谈》等一批相关论著发表。徐中舒在学术上取得的这些重大成果，奠定了他在史学界的地位，也显示出他独特的治学方法。

史语所同仁合影（二排左一为徐中舒）

图片来源：四川大学校史馆

在国立四川大学任教

1937 年，徐中舒辞去史语所工作至国立四川大学历史系任教，同时兼任内迁乐山办学的武汉大学教授。徐中舒到国立四川大学后，主要讲授先秦史、史料整理、金文学等课程，有时也开明清史、近代史课程。徐中舒授课深入浅出，征引广博，方法新颖，见解精到，使学生们大开眼界，深受欢迎。

入川之后，徐中舒感到学术界对四川古代史的研究几乎是空白，而四川在抗战中又处于极为重要的地位。于是他开始对四川古代史进行探索，写成《蜀锦》等文章。在他和顾颉刚等学者的提倡下，学术界对四川古代史和古代文化的研究，一时蔚成风气，成果不斐。此后，徐中舒也一直坚持不懈地研究四川古代史，并作出了巨大的贡献。蒋介石发动内战后，钞票贬值，物价飞涨，大家的日子都不怎么好过。有时候徐中舒甚至不得不忍痛卖掉一些书籍换点柴米，勉强度日。即使是在这样艰难困顿的环境中，徐中舒依旧没有放弃学术研究。

立场坚定，忠贞爱国

日本侵略者的枪炮声使"偌大的北平再也放不下一张平静的书桌"，史语所被迫迁出北平。动荡的生活并没有使徐中舒放松学术研究，他认为，在抗日救亡的危急关头，更应该提高民族自信心。而阐述祖国古代灿烂的历史和文化，正是提振民族自信心的手段之一。在《殷周之际史迹之检讨》一文中，他直接驳斥日本侵略者宣称的所谓"王道乐土"："今者吾邻封于攘夺劫杀之余，复高唱其王道乐土之说，吾人目睹此等谰言呓语之流行，虽殷、周吊民伐罪之说，果为史实，吾人亦当不敢置信矣！"① 这直接表现出一个学者的民族气节和强烈的敌忾。

作为一名学者，徐中舒一直在学术上辛勤耕耘，孜孜不倦，希望为振兴中华学术做出自己应有的贡献。但他并没有"两耳不闻窗外事，一心只读圣贤书"，作为一个思维敏锐、头脑清醒的史学家，他对当时国内政治局势有着自己清晰的认识。成都解放前夕，国民党政府的种种倒行逆施，使他认识到这个反动政府是不会有前途的。1949 年，蒋介石从成都逃往台湾前，曾指令当时的国立四川大学校长黄季陆劝说徐中舒等几位著名学者去台湾，黄季陆多次到徐中舒家劝说，甚至亲自送上飞机票，但徐中舒一直不为所动。直到成都和平解放，徐中舒和其他师生一起以欢欣鼓舞的心情，迎接新生活的到来。

1952 年，徐中舒被任命为西南博物院院长，次年重任四川大学历史系主任。这一时期，徐中舒系统地了解和学习了马克思主义理论，也开始运用马克思主义理论指导自己的学术研究。他发现自己对于历史发展规律的一些思考，能够在马克思主义中得到明确的解答。1951 年，他在《论东亚大陆牛耕的起源》一文中就运用了社会发展史的观点，进一步加强了当年对犁耕文明起源地的论证。20 世纪 50 年代，我国史学界就奴隶制和封建制分期问题展开讨论，徐中舒发表的《论周代田制及其社会性质》一文，即运用了马克思主义的理论作指导，表明他在 20 世纪 40 年代就着手进行的周代田制的研究更加深入、更加成熟了。

---

① 徐中舒：《徐中舒论先秦史》，上海科学技术文献出版社，2008 年，第 218 页。

徐中舒在指导研究生

图片来源：四川大学校史馆

徐中舒对于培养后进一直不遗余力。他经常教导学生们做学问要严谨，反对问题弄不清楚就轻易下结论、写文章的浮躁学风。另一方面，他又鼓励学生写文章。学生写成文章送给他看，他总是不辞辛劳地进行修改。他几乎每天都在工作，从不间断，但他却不以为苦，反以为乐。他曾说："我很幸福，到了八十多岁，还是耳聪目明。我最大的奢望就是在有限的余年中，把平生积累的点滴知识系统地整理出来，留给后人参考。"①

案例点评

徐中舒的一生是在科学研究和教书育人中度过的，其科研成就可分两大部分。一是史学，先秦史是他的主攻方向，这一方面的著述在其著作目录中即达40多篇（种）。在治古史中，他十分注重考古发掘，以考古学为工具，结合古史文献进行论证，缜密推理，翔实可信。二是古文字学，他在古文字学研究方面亦有丰硕成果，所作《金文嘏辞释例》为治金文者必读之篇。《怎样考释古文字》《怎样研究古文字》等文章，体现出"愿把金针度与人"的高尚情操。他还主编了大型古文辞书《汉语古文字字形表》《殷周金文集录》《甲骨文字

---

① 冷铨清：《永不停止的史坛老将——记四川大学历史系主任徐中舒教授》，《光明日报》，1999年9月26日。

典》等。在垂暮之年，还毅然承担起国家大型科研项目《汉语大字典》主编的重任。据不完全统计，徐中舒著作共 121 篇（种），著作等身，成就斐然，堪称一代大家。

徐中舒献身教育事业 70 多年，先后在 8 所大学执教，为国家培养出一大批科研人才，桃李遍及全国。

教学建议

徐中舒"克服困难，自学成才""在国学研究院学习"的案例可以用在"理想信念"相关内容的教学。通过徐中舒从小克服困难、努力学习，以及在担任家庭教师的同时还在博览群书、充实自己的经历，来说明、论证理想与现实的关系以及实现理想的过程是长期的、艰巨的、曲折的。

徐中舒在面对国民党利益诱惑之时，能够保持清醒的认识、坚定政治立场的事例可以用在"中国精神"相关内容的教学。

徐中舒治学见解独到、敢于创新、锲而不舍、勤奋严谨，在考古学、古文字学、四川古代史等领域做出了巨大的贡献。徐中舒在工作中始终保持着积极进取的人生态度，用科学高尚的人生观指引人生，不断创造自己的人生价值。在抗日战争及解放战争期间，即使是在艰难困顿的环境中，徐中舒依旧没有放弃学术研究，坚持不懈。这些生动的事例都可运用在"正确的人生观""创造有意义的人生"等章节的教学。

学习思考题

1. 从徐中舒的治学经验中，当代大学生可以得到怎样的借鉴？

2. 结合徐中舒的主要事迹，谈谈大学生如何树立正确的人生观并在实践中创造有价值的人生？

[1] 何崚. 中国"新史学"的开创者——国学大师徐中舒 [M] //罗中枢. 四川大学：历史·精神·使命. 成都：四川大学出版社，2009.

［2］徐亮工. 徐中舒先生的新史学之路［N］. 四川日报，2018－10－26（7）.

［3］彭裕商. 国学大师徐中舒先生［J］. 文史知识，1998（10）.

［4］党跃武. 四川大学史话［M］. 成都：四川大学出版社，2017.

姜亮夫：一代国学宗师

姜亮夫

图片来源：清华校友总会新闻中心

姜亮夫（1902—1995），名寅清，字亮夫，云南昭通人。1921—1925年在国立成都高等师范学校国文部学习。他是我国著名的楚辞学、敦煌学、语言学、历史文献学方面的专家，辛勤执教67载，著书逾1000万字，造诣高深，成就斐然。

系出名门，家风醇厚

姜亮夫家族出自金陵，明初以军功入滇。他的父亲姜思让，字叔逊，是清末京师大学堂法律科学生，较早接受维新学说。武昌起义后，姜思让回到昭通，参与领导地方推翻清王朝的起义。这个思想先进的知识分子家庭和新旧交替的时代，使姜亮夫从小受到良好的民主爱国思想和文化熏陶。除了从小教姜亮夫学习科学知识，姜思让还非常注重对儿子的爱国教育。他喜欢文天祥的《正气歌》，把它写成条幅挂在墙上。姜亮夫八岁时就已经背熟，父亲还经常给他讲解。这些都对姜亮夫爱国思想的形成产生了深刻的影响。

在父亲的教育下，加上所读《船山遗书》《明夷待访录》等书的影响，少年姜亮夫已经懂得了什么是爱国精神和民族气节。他曾回忆道："小学时受到军阀的危害，到上海后又看到帝国主义对国家民族的轻蔑及一切横行霸道，觉得应当悉心探求中华民族积弱的原因。"[1] 尤其是师从章太炎后，在导师的鼓励下，他的研究之路从文学转到经学、小学，又转向了历史学。在动荡年代，读书、做学问成为姜亮夫的精神慰藉。他说自己"对国家民族的整个文化，成为一个无原则无条件的爱好者"[2]，"这时开始觉得读书绝不是为了升官发财，也不是为了赶闹场。这点基本认识确定后，读书才算有目的有意义"[3]。

青年求学，名师指点

1922年，21岁的姜亮夫以云南省官费生身份被国立成都高等师范学校录取，入国文部学习，师从林思进（字山腴）、龚道耕（字向农、君迪）等先生。在林山腴先生的第一堂课上，学生们每人拿到一本张之洞的《书目答问》。这书介绍了许多重要典籍，林先生先让大家在书上做好标记：哪本书可读、哪本书要细读、哪本书可不读。有一次，林先生问姜亮夫最近在读什么书。姜亮夫回答说清代史学大家章学诚的《文史通义》。林先生问有何体会。姜亮夫如实说没有很通。林先生笑着告诉他，读不懂是正常的，前面的大家把一生的研究汇集在这种史评著作中，没读过《史记》《汉书》《资治通鉴》，怎么能读懂前人的评价？

林先生的这一番教诲让姜亮夫毕生难忘，使他领悟到治学的方法如此重要，倘若找不对方法，比如没打好基础、对原典不熟，那无疑是走上了歧路。

---

[1] 傅杰：《姜亮夫论学集》（下卷），商务印书馆，2020年，第215页。
[2] 同上。
[3] 同上。

晚年的姜亮夫回忆当年的求学经历，对这一段往事念念不忘。他说："大学毕业，我在学习方法上有这样的体会：一，初知'连类而及'及比较的读书方法。做学问可以从一个问题引出其他问题。二，初知根底之学与浮夸之学的区别。"①

在先生们的指导下，姜亮夫读完了《诗经》《尚书》《荀子》《史记》《汉书》《说文解字》《广韵》《楚辞》等典籍，为其日后学术生涯奠定了坚实的根基。他在自传中说："这些都是中国历史、文化的基础，自以为这是我一生治学的得力处。"②

1924年，经学大师廖季平先生正在成都讲学，姜亮夫便去向廖先生请教。廖先生的博学让姜亮夫十分敬佩："为了引证一个观点，他可以大段大段地背诵原始材料，真是惊人的记忆力。"③ 在廖先生的引导下，姜亮夫博览儒学、佛学及西方社会科学著作，精研《华严经》、唯识论和老庄之学。

姜亮夫在学校夜以继日地勤奋苦读，将生活费绝大部分耗在书肆中，有时还得打工维持生计。他还开始发表诗作，并完成论文《昭通方言疏证》的初稿。1925年，姜亮夫以优异成绩从国立成都高等师范学校毕业。

结束了蜀中学习，姜亮夫游历杭州、上海至北京，寻求继续深造的机会。其后，他先是考入北京师范大学，后又通过王国维、梁启超主持的考试，被清华大学国学研究院录取。入学后他在王国维先生的指导下，确定以"诗骚联绵字"为研究对象，并最终完成《诗骚联绵字考》。他还拿出在成都学习期间所作诗集求正于梁启超、王国维，被评"思想多情感少，缺乏诗才"，他失望地将全部诗稿付之一炬，从此致力于国学研究。

艰辛执教，呕心著书

1927年，从国学研究院毕业后，姜亮夫先后应邀任教于南通高级中学和无锡中学。1929年，应北新书局之邀编《高中国文》课本，后相继受邀任教于大夏大学、持志大学、中国公学大学部和河南大学等高校。在此期间，他较

---

① 姜亮夫：《我是怎样做研究工作的》，《浙江日报》，1961年12月21日。
② 北京图书馆：《文献》，1980年第4辑（总第6辑），书目文献出版社，1981年，第187页。
③ 傅杰：《姜亮夫论学集》（下卷），商务印书馆，2020年，第235页。

全面地接触了西方社会学著作，并以西方诸家之说论证《尚书》，作《尚书新证》。1932 年，姜亮夫成为章太炎门生。章太炎指导他从杜佑的《通典》入手读史，告诫他要做一个真正的学人，并撰联"多智而择，博学而算；上通不困，幽居不淫"① 以赠之。

1935 年姜亮夫游学巴黎，入巴黎大学博士院学习考古学。业余时间他常去参观法国的博物馆、图书馆。自晚清以后，中国大量珍贵文物流落海外，仅在巴黎，姜亮夫所见的就有数千件，其中不乏已在中国失传的文献。有感于此，这位热血青年萌生出整理中国流失文物清单和抄录流失文献的想法。他带着笔墨一头扎进巴黎的博物馆、图书馆，从开门第一个进，到关门最后一个出，每天要抄到晚上，中午就在馆中啃干面包。回到住所后，他还要整理抄写的笔记。就这样，姜亮夫最后积累了一百几十卷抄本。晚年姜先生视力极差，与在巴黎抄文献这段经历关系不小。

他还省吃俭用，拍下 3000 多张中国流失文物的目录、索引、拓片和实物照片，每张照片就要花费 14 法郎，而他每天的生活费只有 20 法郎。

次年夏，姜亮夫在法国国家图书馆访旧书，认识了当时正在法国整理敦煌木简的王重民。起初姜亮夫对这些并不特别感兴趣，但知道是文化瑰宝，便下决心相助王重民。渐渐地，他发现其中有古代的字书、韵书、"五经"、《老子》等典籍，这都是与他专业相关的，很多还是唐代甚至更早以前的人写的，非常有价值。就这样，姜亮夫开启了他的另一个研究领域——敦煌学。

因为几乎天天泡在图书馆、博物馆，姜亮夫最后没有拿到巴黎大学的博士学位。但他抄下的这些书卷中，保存了中国已经失传的古书，如隋代陆法言的《切韵》已经失传千年了，姜亮夫从流失的敦煌文献中发现了失传的内容，把这本书的残本辑了出来。

1937 年，姜亮夫游学伦敦，于人英博物馆读敦煌经卷，完成《敦煌杂录》。在英国，他结识了诗人叶慈等，拜访了萧伯纳。返回巴黎后，他继续游学柏林、莫斯科。之后，他冒险由西伯利亚进入满洲里回国，并受聘于东北大学，教授文字学、楚辞。1938 年年初，日军入侵潼关，迫使西安的东北大学迁至四川三台，姜亮夫南下至三台教学。

---

① 孙虹：《国学大师姜亮夫》，云南人民出版社，2017 年，第 121 页。

1942 年因父亲病逝，姜亮夫返回云南，后接受龙云任命，任云南大学文法学院院长一职。1947 年，任昆明师范学校教授。1949 年，应时任云南省主席卢汉邀请，任云南省教育厅厅长。云南解放后任云南军政委员会文教处处长。1951 年在云南省博物馆工作。

1953 年，姜亮夫接受浙江师范学院聘任来到杭州。1958 年，浙江师范学院并入杭州大学，他先后任杭州大学中文系主任、古籍研究所所长。"文化大革命"后，姜亮夫承担了更多的科研教学任务，成果斐然。1979 年，他受教育部委托举办楚辞讲习班，授课笔记被整理成《楚辞今绎讲录》，后由北京出版社出版，为"楚辞学五书"之一。1980 年，姜亮夫参加了《中国大百科全书·中国文学卷》的编写，撰写了"先秦文学"这一分卷。1983 年，姜亮夫出任杭州大学古籍研究所所长，并受教育部委托举办敦煌学讲习班，培养了一批敦煌学研究骨干。1984 年，中国敦煌吐鲁番学会语言文学分会成立，他担任会长；1986 年，中国屈原学会成立，他任名誉会长。这些都反映了学术界同行对姜亮夫学术成就、学术影响力的充分认可和敬仰。

苦行成就一代宗师

姜亮夫是第一位对楚辞学做综合研究的专家，被誉为"楚辞学大师"。其以《楚辞通故》《重订屈原赋校注》《楚辞学论文集》《楚辞书目五种》为代表的近四百万字的楚辞研究系列著作，蔚为大观，是当代楚辞学者中著述最为丰硕的一位大学者。

在敦煌学方面，姜亮夫也是我国早期的拓荒者和奠基人之一，著有《瀛涯敦煌韵辑》《瀛涯敦煌韵书卷子考释》《莫高窟年表》《敦煌学论文集》《敦煌——伟大的文化宝藏》《敦煌学概论》《敦煌碎金》等。

姜亮夫一生治学植基于语言学，在敦煌切韵学、中国音韵学方面做出了卓越贡献，是他那个时代的一面旗帜。他培养了许多语言学方面的高层次人才，并出版有《中国声韵学》《古汉语语音学》《瀛涯敦煌韵辑》《瀛涯敦煌韵书卷子考释》《诗骚联绵字考》《甲骨学通论》《古文字学》《古汉语论文集》《昭通方言疏证》等语言学巨作。

姜亮夫之博学有目共睹，被称之为"通人"。他不仅在楚辞学、敦煌学、语言学、文献学等方面有杰出的贡献，而且在其他方面也有多种著作，诸如《文学概论讲述》《成均楼文录》《北邨老人文辑》《诗经别录》《词选笺注》《中国历代小说选》《欧行散记》等。

姜亮夫奉行"无广博知识不能精深，不占有材料不能下结论，无严谨态度无所收获"① 的治学信条，不仅成就了自己的学术伟业，也培养出一众杰出学生。他要求学生对各相关学科都要有所涉猎，包括物理学、生物学；教导学生读书要读原本，不要读选本；希望学生不要一味沉溺书本，非常欢迎学生提出问题——越尖锐越受姜亮夫赏识。

1995 年 12 月 4 日，姜亮夫病逝，享年 93 岁。这位几乎与整个 20 世纪相始终的文化老人，在学术与教学园地里辛勤耕耘了 70 多个春秋，为我们留下了 30 多部学术论著，数百篇学术论文，涉及中国文化史上多方面内容以及楚辞学、敦煌学、古史学、古汉语等各个领域。2002 年，云南人民出版社出版《姜亮夫全集》，该书共计 24 册，近 1250 万字，汇集了先生一生的学术成果，堪称巨作。

《姜亮夫全集》

姜亮夫在其回忆录中列举中外文化伟人时说："这些人所留下来……的许

---

① 晓舟：《呕心沥血 谱教育宏篇——记著名学者姜亮夫先生教书育人》，《浙江社会科学》，1990年第 1 期。

许多多让我们人类快乐的东西……他们用自己的成就来滋养后人。用短暂的一刹那的人生，做一点对人类有好处、有用途的事情，那不是很好的事情吗！""我不拿个人享受作为自己的快乐，我只是想着我能够帮助人，多做一点事情，多写一点好书留给后人，是我最大的快乐，是我最大的乐观人生。"①他这样说，也这样做了。姜亮夫一生奋斗，实至名归，无愧为一代国学宗师。

案例点评

姜亮夫自幼受家庭影响，立志于从国学、史学中探索中华民族积贫积弱的原因，从传统文化中找到提振民族精神的途径。他是楚辞学大家，屈原"虽九死而犹未悔"的爱国精神是他投身于国学研究的精神动力。从先生的故事中，我们至少可以得到"治学"与"为人"两方面的启发。一方面，他将毕生精力都投入到学术研究中，日积月累，终成大家。青年时期他跟随名师，虚心好学，从不懈怠，打下坚实的知识基础。他总结自己的治学经验：博览以见异说，贯通以求重点，温故以寻流变，比较以得是非。另一方面，他对中国传统文化有着深厚的感情，对国家民族的命运有着深切的关怀。他自己省吃俭用，一字一句地抄录流失国外的珍贵典籍资料带回祖国，宁可放弃博士学位，留下眼疾隐患也无怨无悔。"深沉、邃密、博雅；刚健、笃实、光辉"，这是姜亮夫81岁时写给外孙女的一副对联，这12个字，浓缩了先生一生践行的治学为人之道。

教学建议

姜亮夫一生致力于中国传统文化的研究，在楚辞学、敦煌学、古史学、古汉语等各个领域都有重要建树。这些成就的取得，源自他从小接受优秀传统文化的熏陶、求学阶段名师的引导以及自己的热爱与勤勉。结合本案例，可以启发学生思考中华优秀传统文化在涵育社会主义核心价值观和社会主义道德中的作用，正确认识优秀传统文化的创新性转化和创造性发展。

在国外留学期间，姜亮夫为了能将更多流失海外的文献转录回国，不惜放

---

① 姜亮夫：《姜亮夫全集》（第24册），云南人民出版社，2002年，第348页。

弃自己的学位；他不以个人享受为快乐，以为人类、国家和他人做贡献为乐，以成就事业为乐。学习他的精神，对于当代大学生正确理解人生价值有深刻的教育意义。

1. 姜亮夫说自己"对国家民族的整个文化，成为一个无原则无条件的爱好者"。如何理解这段话？今天我们应该如何对待中华民族的传统文化？

2. 姜亮夫能够成为一代宗师，其原因何在？从中我们能得到哪些启发？

[1] 姜亮夫. 姜亮夫全集（第24册）[M]. 昆明：云南人民出版社，2007.

[2] 傅杰. 姜亮夫论学集 [M]. 北京：商务印书馆，2020.

[3] 唐靖. 姜亮夫家世渊源与昭通地方社会转型关系考略 [J]. 昭通学院学报，2017，39（6）.

[4] 林家骊. 姜亮夫先生年谱简编 [J]. 职大学报，2012（4）.

[5] 傅杰. 姜亮夫教授学术传略 [J]. 阴山学刊（社会科学版），1994（2）.

[6] 殷光熹. 姜亮夫先生的文化贡献及其他 [J]. 中国文化研究，2012（冬之卷）.

[7] 姜昆武. 苦行修善果——忆先父姜亮夫先生 [J]. 文史知识，2008（8）.

[8] 晓舟. 呕心沥血 谱教育宏篇——记著名学者姜亮夫先生教书育人 [J]. 浙江社会科学，1990（1）.

缪钺：一脉灵溪映学林

缪钺

图片来源：四川大学校史馆

　　缪钺（1904—1995），字彦威，江苏溧阳人。1904年12月6日出生于直隶迁安（今河北迁安），著名历史学家、文学家、教育家，在诗词、书法方面亦堪称大家。缪钺出身书香门第，中学毕业后，考入北京大学，后因贫肄业。曾任培德中学与保定中学国文教员、国立河南大学中文系教授、广州学海书院教授兼编纂、国立浙江大学中文系教授、华西协合大学中文系教授、国立四川大学历史系教授。1952年，缪钺专任四川大学历史系教授，常与闻在宥、徐中舒、蒙文通、冯汉骥、叶石荪等先生往还论学。

"少时伫兴亲书卷"

　　缪钺原籍江苏溧阳而生长于北方，家居保定。五六岁时开始认字，七八岁时就跟随外祖父读《论语》《孟子》，养成了背书的习惯。九岁插班入小学，十八岁中学毕业，打下了坚实的治学基本功。

　　因家中藏书颇多，又得到父亲与学校教师的辛勤教诲，所以缪钺从小就养成阅读古书的兴趣与能力，逐渐熟练掌握古代汉语。他充分利用课间、寒暑假空闲时间，广泛阅读古书，包括经、史、子、集各方面，并逐渐形成自己的治学方法。父亲指导他从《书目答问》入手，再看《四库全书总目提要》。在一个暑假中，缪钺曾按照《书目答问》的体例，为家中藏书编了一本书目，父亲还为他写了一篇序。通过翻阅《四库全书总目提要》，缪钺了解到许多古书作者的身世，以及书的版本、内容、体例及其得失。又读王引之《经义述闻》，段玉裁《说文解字注》，章学诚《文史通义》等，对目录、训诂、校勘、音韵等方面有了一定了解。特别是读了《文史通义》，所谓"辨章学术、考镜源流"之学，使他豁然开朗，不再拘于字义章句之间。

　　缪钺曾说："我爱好古典文学出于天性，曾选读《庄子》《楚辞》《史记》《昭明文选》，陶渊明、杜甫、李商隐、黄庭坚、吴伟业诸家诗集，以及各种重要的文章、诗、词选本，如姚鼐《古文辞类纂》、王士禛《古诗选》、姚鼐《今体诗钞》、沈德潜《唐诗别裁》、张惠言《词选》等。虽不尽解，却很爱读，名篇佳什，经常背诵。又练习写作古文、骈文、诗、词等，通过实践，更能了解古人创作的甘苦、艺术手法以及其作品中所蕴含的深意微旨。对于史书，《资治通鉴》是我最爱读而且熟读的。"[①] 缪钺还喜欢读各种小说、戏曲文学，如《聊斋志异》《红楼梦》《西厢记》《桃花扇》等，这类书籍不但使他扩展了知识，而且可供娱情遣兴，以资调剂。

　　正因为读书多了，缪钺逐渐认识到，文史结合是中国文化的优良传统，古代许多著名学者往往如此，如司马迁、班固、范晔、沈约、欧阳修、元好问等皆是。后人要研究古代作家的作品与生平，必须熟习当时的历史背景才能深

---

① 缪钺：《冰茧庵随笔》，四川人民出版社，2017年，第31—32页。

入，此即所谓"知人论世"。反之，要研究历史，如能透过文学作品探索当时人的"心声"，则对于问题往往能有深刻而新颖的看法。因此，缪钺在他的教学与科研中，常用文史结合的方法，触类旁通，互相印证，涉猎既广，探索渐深。他的专著与论文多是在这种情况下撰写出来的。

"熟读深思"是缪钺总结的读书治学经验。他认为，重要的书必须熟读、精读甚至背诵，只靠泛泛浏览是远远不够的。他从幼小时起就养成背书的习惯。习惯久了便成为自然，一方面，记忆力亦愈用愈强，感觉背书非但不是苦事，而且是一种乐趣。另一方面，通过反复记诵，原先不甚理解的，也渐渐能理解了；原先自以为已经理解的，再通过背诵，更能深入体会作者的用心而求得其精意微旨。

"熟读"还必须与"深思"结合起来。他认为读书不仅是要多获知识，而且应深入思索，发现疑难，加以解决，此即所谓读书得间，也就是所谓有心得。读书发现疑难问题之后，需要利用已有的知识，以比勘、联想的方法，寻找线索，深入追踪，再多看资料，多方论证。如剥蕉叶，如解连环，一层一层地深入下去，就能发前人之所未发，获得可靠的创见。但治学者如果只知道深入探索，还是不够的，同时，又要求能站得高，看得远，从大处着眼。他说，古人的治学经验可以借鉴，但还必须通过自己的长期实践，才能体会到其中甘苦，他在《夜读》一诗中，自述读书治学之经验：

少时仁兴亲书卷，如向深山跻跻行。触眼峰峦乱稠叠，回头脉络尽分明。

九原随会犹能作，并世扬云敢互轻？后世视今今视昔，夜灯下笔悟平生。[1]

因势利导 悉心指导后辈

缪钺培养研究生时，都是要求他们先切实读书，打好基础，而不可急于找题目、写论文。他要求研究生系统地阅读与专业有关的重要文史书籍，有选择

---

[1] 缪钺：《冰茧庵随笔》，四川人民出版社，2017年，第36页。

地参看宋人、清人、近人的有关论著，在多读深思的过程中，自然能有所感悟，发现问题，谋求解决，并提出初步的论证与设想。缪钺就因势利导，在这方面提供线索，告诉学生们如何再进一步广泛细心地涉猎有关资料，运用马克思主义的观点方法进行深入论析，清除错误的想法，形成正确的意见；这样琢磨酝酿之后，等到论证基本可靠，意见比较成熟时，即可考虑如何谋篇布局，写成论文。缪钺对研究生说，"这样做，你们学问的成长是自然的，根基是比较坚实的，将可为以后的钻研打好基础。如果你们在学习开始时，我就先给你们每一个人出一个论文题目，你那时读书还不多，对这个题目还所知很少，更谈不上心得，将要完全按照我指出的线索看书，摘录资料，亦步亦趋，处于被动。时间久了，你在此范围内搜集了不少资料，加以对照、探索，也可以想出见解，写成一篇论文，或许在某些小地方有新收获，但是从总的方面来说，将是不够的。因为历史包括政治、经济、文化、民族、中外关系各方面，是互相关联、互有影响的，如果无较广泛的知识而只是先在一个较窄的范围内搜集资料，则在视野的广度与探研的深度方面，将受到相当大的局限。"①

缪钺还不惜花费宝贵的精力和时间，热情鼓励和细心指导后进学者，从事古籍的整理和研究，即便在晚年身体欠佳之时，也勉力坚持。

1985 年，四川大学古籍研究所承担了编纂《全宋文》的国家重点项目。接受这一艰巨任务之后，当时担任主编的曾枣庄、刘琳二位教授，一面精心组织全所十余位研究人员进行编纂的准备工作，一面又向担任名誉所长的缪钺请教编纂方针。此时，缪钺已年逾八十，身体衰弱，双眼患病，而且还忙于自己的研究课题和指导硕士、博士研究生。但缪钺仍不辞苦辛，多次与曾、刘二位主编商定体例、辨析疑难，完全视同自己的项目来对待。因为缪钺兼擅中国古典文学，对两宋的文章烂熟于胸，故而提出的意见都很中肯，对后来编纂工作的顺利进行，起了重要的指导和推动作用。

缪钺胸怀博大，对后进学者的热情帮助，并不限于与自己关系亲近的弟子和学生。1990 年，南京师范大学古文献整理研究所吴金华教授标点的《三国志》，由湖南岳麓书社出版。缪钺为表示大力支持，特赠"前言"一篇。1992年，陈寿的故乡四川南充市，成立"陈寿与《三国志》研究会"，向缪钺请求

---

① 缪钺：《冰茧庵随笔》，四川人民出版社，2017 年，第 44 页。

指导。缪钺对此极为关心，但因目力衰损，故多次召学生到家中，述说意见，要学生记录下来之后，写信转告南充方面。后又赠送自己主编的《三国志选注》数套，供南充市新建的陈寿纪念馆作为陈列之用。至今研究会的会员们回忆起这些往事，依然感动不已。

高超的教学艺术

在四川大学师生眼里，缪钺"谨严雅致，口笔俱佳"，颇具魏晋风骨。他讲授东汉魏晋南北朝史，第一堂课就把学生们深深吸引住了。缪钺上课很准时，上课钟声刚响完，他就步入教室，所讲内容一结束，也正好响起下课钟声。当时缪钺已年过五旬，但都是站着授课，并始终面向学生，有时只在讲台上来回走动几步。缪钺讲课也有讲稿，但讲稿可能只是简要的提纲，因讲稿始终放在讲桌上，只是说到数字时才偶尔看看，征引史料时往往是脱口而出。他上课时会做手势，但手势既特殊又文雅，经常是左手掌向上放于胸前，右手指配合语言的节律在左掌心中做抠的动作，有同学说"先生的话是从手心里抠出来的"。

他讲话不快不慢，吐字发音非常清晰，语言高雅简洁，故学生做笔记，能逐字逐句地记录下来。就连课堂板书，他写得也很有特色。他的板书是直行书写的，字形不大，笔画却很清楚，从右至左，一条接着一条，从不混乱，中途也不擦抹，即使有同学抄不及板书，过后也能补上。同学们都说，缪先生讲课的笔记最好记。

狭隘相轻流弊多

在培养学生端正的治学观念的同时，缪钺又特别注意引导学生要有开阔的胸襟，不能沾染"文人相轻"的流弊。20世纪80年代以来，文史学界的研究日渐繁荣，而与此同时，因争夺名利而彼此相轻的陋习也有所显现。对此现象，缪钺非常反感。他认为，学术乃是公器，而学者也是各有所长，应当集思广益，共同推动学术的发展。那种心胸狭隘，嫉贤妒能，作风霸道，以个人为中心的行为，不仅会败坏学术界的风气，而且也会招致有识者的讥评，结果反而使自己的形象受损。缪钺不仅谆谆告诫学生们绝对不能沾染这种不良风气，还以自身的行为，为学生们做出极好的表率。他从不随意贬低他人，相反，每次提到学术界的某位先生，他都总是赞扬其学术的长处和种种贡献，敦厚的儒者之风，使学生们深受感化。

心裁自出铸新钱

重视创新，也是缪钺经常对学生们强调的治学问题。他曾专门安排时间，特别讲授学术创新的问题。他说，自然界的生命要想延续发展，必须推陈出新。同样的道理，学术的生命也必须推陈出新，才能繁荣昌盛。因此，创新精神是治学的灵魂。缪钺说，其实这样的认识，古人早就有了。顾炎武曾经将他创作《日知录》的过程比作"采山之铜"，他指出：具有创造性的学者，其著作自出心裁，充满新意，就好比到山中开采铜矿来铸造全新的钱币一般。而因袭他人而无自己创新见解的著作，就好比收集废旧铜钱回炉毁之，翻新铸造二手的钱币。前者是有价值的创造，而后者是无价值的模仿。[①] 缪钺说，三百年前的古人，尚且有如此清醒的识见，我们又如何能再去做那种翻造旧钱以冒充新钱的事情呢？因袭前人，不仅对学术发展的生命造成阻碍，而且对因袭者本人而言，也等于是在浪费自己的精力和生命。缪钺强调，学力可能有高低，题目可能有大小，创见也可能有多寡，但是研究的结论如果一点新意都没有，那就不要勉强写成东西。在学生们撰写硕士和博士学位的论文当中，缪钺更是严格要求，必须有新意，有创见，否则就必须推翻重来。

缪钺从事中国古代史、中国古典文学、历史文献学的教学与科研工作70年，治学原以先秦诸子及古典文学为主。20世纪40年代中期以后，转而钻研魏晋南北朝史。20世纪80年代以后，再次致力于词学研究。缪钺亲承张尔田先生之教诲，同时深受王国维、陈寅恪二先生治学的影响，特别师法陈寅恪先生文史互证的方法，以史说文，以文证史。缪钺一生滋兰育人，鞠躬尽瘁，于1995年1月6日病逝于成都。2004年6月，《缪钺全集》由河北教育出版社出

---

① 顾炎武：《亭林文集·卷四·与人书》，载张家璠、耿天勤、庞祖喜：《中国史学史简明教程》，广西师范大学出版社，1992年，第270—271页。

版，共8卷。

 **案例点评**

缪钺文史双炳，为卓然大家，史坛耆宿。缪钺少时治学，受清代学者影响颇深，景慕顾炎武"博学于文""行己有耻"的经世致用之学，并能兼采诸家之长，尤其仰慕汪中的"博极群书，文藻秀出"。缪钺的文章，清美宕逸，意度冲远，深得汪中的神韵。缪钺对于年谱的编纂造诣很深，所编《颜之推年谱》《杜牧年谱》《元遗山年谱汇纂》影响极大，这些年谱都起到了订补史传讹误和缺略的作用。缪钺对三国史事有精深的研究，是这个领域最有成就的学者之一。

除了科研，缪钺六十年来教书育人，辛勤培育后学，奖掖多方。缪钺的为人更是后辈的楷模，他以"耿介淡泊"期许学生，这也是缪钺立身处世的写照。缪钺的治学和为人一样，襟怀宽阔，包容甚广。除古籍整理研究方面的成就外，更值得我们学习的，是缪钺的学者风范。

教学建议

本案例可以用在"中国精神"和"社会主义核心价值观"相关内容的教学。缪钺一生致力于中华传统文化和历史的研究，学养深厚，成果斐然。他对中华传统优秀文化的热爱和传承的事例，可以使我们更好地理解什么是"文化自信"、如何树立"文化自信"。

缪钺品德高尚。他对于治学有自己独到的理解，勇于创新；对待青年学生多予鼓励提携；对待同行同事则胸怀宽广。在缪钺身上，体现着中华民族传统美德，体现着作为教师教书育人的职业道德，体现着他所追求的高尚道德境界。这些都堪为大学生学习的楷模。

 **学习思考题**

1. 从缪钺的治学之道中，你对如何做学问是否有了新的认识？

2. 结合缪钺的主要事迹，谈谈你从缪钺身上都学到了哪些品质？

［1］缪元朗. 缪钺先生学记［M］. 成都：四川大学出版社，2016.

［2］缪钺. 治学补谈［J］. 文史哲，1983（3）.

［3］方北辰，吕一飞. 一脉灵溪映学林——回忆缪钺恩师的治学教诲［J］. 许昌学院学报，
2005（4）.

［4］党跃武. 四川大学史话［M］. 成都：四川大学出版社，2017.

杨明照：龙学泰斗

杨明照

图片来源：四川大学校史馆

杨明照（1909—2003），字韬甫，四川大足（今重庆大足）人。著名文献学家，四川大学终身教授。杨明照毕生致力于中国古代文论及古代文献研究，著述丰富，成就卓著。其对《文心雕龙》的研究更被公认为划时代的成果，被誉为"龙学泰斗"。

与《文心雕龙》的不解之缘

杨明照5岁发蒙，第一个老师是他既教私塾又行中医的父亲。父亲对他管教很严，期望甚殷，教他读的第一部书是《龙文鞭影》，是很艰深的四言韵语。而后"四书""五经"，以及《古文观止》《唐诗三百首》《声律启蒙》《论语引尚》《四书题窍汇参》《了凡纲鉴》等书，都成为杨明照必须依次诵读和阅览的要籍。1926 年，17 岁的杨明照由私塾考入新设的大足县简易师范学校，次年又考入新建的大足县立初中。在一篇题为《我和〈文心雕龙〉》的文章中，杨明照回忆道："我是从私塾考上现代中学的。年龄较大，国文根底较好。当时学校的规定：间周一次作文，只许写文言。而我又好以一些骈偶的辞句凑合成篇，常受到老师的称赞。"①

1930 年，杨明照进入重庆大学文科预科学习。当时，吴芳吉教授给班上开"文学概论"课，经常板书刘勰的《文心雕龙》原文，讲得绘声绘色。杨明照听得心悦诚服，被那秀词丽句的骈文吸引住了，这样的文体是他之前读私塾和初中时不常见到的。从此，杨明照便与这部中国古代文学理论批评名著结下了不解之缘。课杂饭后，手里总是拿本黄叔琳注本《文心雕龙》浏览、朗诵，"由于爱之笃、读之勤，未到暑假，全书已背得很熟了"。暑假时，杨明照又将自己新买来的上海中原书局排印本《文心雕龙》随身带回家阅读研究。"朝斯夕斯，口诵心惟，初得其门而入。"随着研读的深入，杨明照发现现有的注本多偏重于文字的校正，而对于"词句的考索，颇有些未尽之处，尚待补正"。于是杨明照便将自己在研读过程中的"偶有所得，便分条记诸副本。暑期将届，遂清写成册，作增订之用"②。这是杨明照从事《文心雕龙》校注拾遗工作的第一步。

1932 年秋，杨明照升入重庆大学国文系。大多数时间他都专心致志于补正黄叔琳、李详两家的注本，日复一日，范围逐步扩大，校注条目不断增加。正当研究日渐深入、颇有所获之时，杨明照见到由北平文化学社印行的范文澜注本，发现范注已经非常详赡，一度认为自己"无须强为操觚，再事补缀"，几欲放弃。但转念一想，自己既然有兴趣，又多有所用心，怎能半途而废？于是在范文澜校本已有成果的基础上，弃同存异，继续钻研，逐渐也发现不少错漏。"不到三年，朱墨杂施，致眉端行间几无空隙。"③

1935 年秋，重庆大学文学院、农学院并入国立四川大学，杨明照成为国

---

① 杨明照：《我和〈文心雕龙〉》，载王晓路：《中外文化与文论（第 8 辑）》，四川教育出版社，2001 年，第 1－2 页。

② 同上。

③ 同上。

立四川大学学生。在这里，他继续钻研《文心雕龙》。1936 年夏，杨明照的学士学位论文《文心雕龙校注拾遗》顺利通过答辩，指导老师庞石帚教授对论文非常赞赏，评价说："校注颇为翔实，亦无近人喜异诡更之弊，足补黄（黄叔琳）、孙（孙诒让）、李（李详）、黄（黄侃）诸家之遗。"[1] 庞先生给这篇论文打了 100 分的满分。

在大学四年的学习中，杨明照在补校补注《文心雕龙》的同时，还从事《刘子》的校注工作，并写出了初稿。该稿几经删改，最终以《刘子校注》为题于 1938 年发表在燕京大学《文学年报》第四期上。另外，他还写了《春秋左氏传君子曰征辞》《刘子理惑》《说文采通人说考》等论文，这些文章以后都发表在《文学年报》上。

郭绍虞先生的因材施教

1936 年 9 月，燕京大学研究院补招研究生，杨明照赶往北平应考。考试当天，他黎明即前往燕园，不料刚出西直门，天上便下起大雨，浑身淋了个透。但他还是兴致勃勃地赶赴穆楼考场。上午考英文，他自己估计成绩不会好。下午考国文，作文题目为"九月"。杨明照略一思索，便以遇雨发端，挥笔写就：

> 零雨迎秋，轻寒送暑，红枫晓落，林叶初黄。斯何时乎？殆九月也。夫九月者，即夏正之仲秋，其名虽殊，为节固一也。盖春秋代序，阴阳惨舒，物色之动，谁能无感？故古训秋为愁，或释为愀。旨哉！有旨哉！

接下来，他扣紧"秋"字，从正、反两面铺写，最后乃以"天高气爽，原旷野空"之宜人景色，与阳春二三月之"杂花生树，群莺乱飞"相参，道出九月别有一番情趣收篇。接着，他又随手将题纸上所列的 20 道"国学常识"题依次作答完毕。

考试结束后，杨明照一直因为自己英文考得差而担心能否被录取。当他接到录取通知书时，不免喜出望外。后来他听人说自己之所以被破格录取，全赖

---

[1] 杨明照：《我和〈文心雕龙〉》，载王晓路：《中外文化与文论（第 8 辑）》，四川教育出版社，2001 年，第 1—2 页。

于著名文学批评史专家郭绍虞先生在评审时对他的国文试卷的高度评价和全力支持。对于郭先生的知遇之恩，杨明照一直感念于心。自此，杨明照师从郭绍虞先生，步入学术生涯的新阶段。

燕京大学是当时国内著名的教会大学之一，图书资料丰富，学术气氛浓厚，专家学者众多，对于杨明照而言的确是学习的胜地。郭绍虞先生对学生总是能因材施教，循循善诱。郭先生对国学功底扎实的杨明照撰写学位论文很放心，不曾提出任何要求，任由杨明照独自发挥。而杨明照则如鱼得水，接连发表有关《文心雕龙》的研究论文，奠定了龙学研究的坚实基础。

3 年后的 1939 年夏，杨明照毕业留在国文系做助教，郭先生是系主任。郭先生叫杨明照每天到系里参与《学文示例》的编选工作，并将第一部分"日记"类范文的编选交由他负责，杨明照义不容辞地接受了导师交给的任务。由于在研究生 3 年的学习中，杨明照养成了在床上看书的习惯。但此时杨明照每天上下午都要按时在办公室规规矩矩地坐着翻阅资料，他觉得不太自如，就向一位同事流露出不愿坐班之意。郭先生了解后，立即叫工友将《越缦堂日记》《湘绮楼日记》和《缘督庐日记》等书籍送至杨明照的宿舍，并告知他今后可以在宿舍工作，不必到办公室了。从此以后，杨明照就在宿舍的小天地里自由自在地从事着编选的工作。这一方面反映了杨明照性格中的不受拘束、自由散漫，另一方面更说明了郭先生的宽容大度，他对青年人的培养教导是不拘格的。

还有一件事，让杨明照一直铭记在心。杨明照是川渝人氏，多年来乡音未改，在燕京大学任教，一口浓重的四川话必然会影响教学效果。为此，爱才惜才的郭先生没有少操心。先是派专人教杨明照学京话，然后再向校方申请让他只教两班"大一国文"和一门选修课，以减少听他用乡音讲课的一年级新生班次。结果未被批准，杨明照只好在教学过程和批改作文上多花功夫，结果学生们对他的教学反映都比较好。在三个学年的课程表上，其"大一国文"所授班次由三班减至两班，又减至一班；学时不够 9 节课的，则开选修课弥补。这样，杨明照批改作文的任务逐年减少，搞研究的时间自然增多了。有了这样的条件保障，杨明照就可以沉浸在书籍中，或浏览，或摘录，眼到心到，手不停披。情志所钟，锐意奋进，不避寒暑。这期间杨明照完成了《抱朴子外篇校笺》初稿，发表了《太史公书称史记考》等 6 篇论文。这些成果，都有赖于郭先生为他营造的宽松的工作环境和全力扶持。

"俭以养廉""勤能补拙"是杨明照的座右铭。当时的燕京大学研究院集中了国内一批著名学者，治学条件极为优越。在学习期间，杨明照先后选修了顾颉刚先生的"春秋史"，闻一多先生的"诗经"，钱穆先生的"经学概论"和容庚先生的"古文字学"等课程。老师们各有特长的治学方法，对杨明照产生了极大影响，为他形成勤奋严谨、求实创新的治学风格奠定了良好的基础。

1941—1942 年，杨明照执教于北平中国大学。1942 年杨明照返蜀，执教于成都燕京大学，升任副教授。自 1946 年始，杨明照回到母校国立四川大学任教，于 1950 年升任教授。

开创"龙学"新时代

自从对《文心雕龙》有了兴趣，杨明照便在这一领域深耕不辍，呕心沥血，终成大师。

1939 年夏，杨明照的硕士论文《文心雕龙校注》顺利通过答辩，成为他龙学研究的重要代表作。1958 年 1 月上海古典文学社出版了《文心雕龙校注》，此书面世后很快脱销，出版社先后再版五次，台北世界书局、河洛书局，香港龙门书局皆相继翻印或影印。日本立正大学教授、著名汉学家户田浩晓专门撰写了《读杨明照氏的〈文心雕龙校注〉》一文，称该书"有不少发前人所未发的见解"，堪称"自民国以来一直到战后《文心雕龙》研究的名著"[1]。中国台湾学者王更生认为此书"在《文心雕龙》的研究上为后人树立了一个新的断代"[2]。

---

① 户田浩晓：《杨明照氏〈文心雕龙校注〉读后》，载曹顺庆：《文心同雕集》，成都出版社，1990 年，第 311 页。

② 王更生：《岁久弥光的"龙学"泰斗》，载《岁久弥光》，巴蜀书社，2001 年，第 120 页。

杨明照的著作

　　《梦溪笔谈》的作者沈括曾说："校书如扫尘，一面扫，一面生。"[①] 杨明照从大学时代起开始致力于《文心雕龙》等典籍的校注，直至耄耋之年，孜孜不倦。随着研究的不断深入，《文心雕龙》校注的条目不断增加，材料不断加以补充，校注中的阙误不断得到订正，甚至"不惜以今日之我，难昔日之我"，目的就是要使校注成果日臻完善。例如，在《文心雕龙·知音》篇中，有"魏氏以夜光为怪石"一条，杨先生在《文心雕龙校注拾遗》中认为"氏"当作"民"，才符合文意。在《文心雕龙校注拾遗补正》中，其又认为"氏"字并没有错，"民字非是"。后来杨先生根据《抱朴子外篇·知止》中"宋氏引苗"一语找到旁证，证明"氏"即"人"，从而自纠前误，真可谓"一字不苟"。这充分体现了杨明照严谨的治学态度和追求真理的科学精神。

　　在"文化大革命"中，杨明照历尽坎坷，但他没有动摇自己的信念和追求，每有闲暇就把房门紧闭，将过去收集的资料和各种版本翻拣出来，摊在一张大床上，继续进行《文心雕龙校注》的补订工作。陋室狭小，然心远地偏，志趣所钟，严寒酷暑，从未间断。当初稿写成，与之前已印行的旧本相比较，《文心雕龙校注拾遗》篇幅增加了五分之二；其附录则扩充得更多，由六类蕃衍为九类。引用书目达六百八十种，几乎多了两倍。十年蹉跎，多少人虚掷光

---

　　① 沈括：《梦溪笔谈》，觉文凡、张德恒注评，凤凰出版社，2009年，第254页。

阴，而杨明照却抢回了这寸金难买的宝贵时光。拨乱反正后，杨明照"深恐网罗未周，判断有误，乃专程去北京、上海、南京三处图书馆查阅未见之书，参校未见之本。弋钓归来，对初稿进行了修改和增补，使之更臻详赡"①。1982年，上海古籍出版社出版了杨明照的近60万字的《文心雕龙校注拾遗》。该书一出，立即引起强烈反响，海内外学者给予了很高的评价。香港《大公报》专文介绍该书，认为这是杨先生继《文心雕龙校注》之后，积四十余年功夫而成的硕果，"纠正了不少前人衍误与疑难"，具有很高的学术价值。国内学者则将此书誉为"研究《文心雕龙》的小百科全书""誉满中外的洋洋巨著"。

此后，杨明照陆续出版了40万字的《学不已斋杂著》（上海古籍出版社1985年版）和20余万字的《刘子校注》（巴蜀书社1987年版）。同时，他还发表了《抱朴子外篇校正》等多篇论文。

1978年，杨明照出任四川大学中文系主任，1981年成为"中国文学批评史"学科首批博士生导师。在学术界，德高望重的杨明照也担任了不少学术团体的领导，历任四川省文联副主席、省作协副主席、中国古代文学理论学会顾问、《昭明文选》学会顾问、《文心雕龙》学会副会长等等。进入20世纪90年代，年届八旬的杨明照老当益壮，不仅撰写了《文心雕龙版本经眼录》等多篇论文，而且还完成了约82万字的"皇皇巨献"《抱朴子外篇校笺》（分上、下两册，由中华书局分别于1991年、1997年出版）。

1978年和1980年，杨明照因为患病先后动了两次手术，体质日衰，目力锐减。家人们都劝他好好休养，勿以学术为念。但先生并没有被病魔压倒，他以顽强的毅力坚持锻炼。四川大学的师生时常能在清晨看见一位银髯飘飘的老者在校园中慢跑。身体渐渐复元后，杨先生仍每天伏案写作，孜孜不倦。他在《自叙》中说："行年八十有四了。幸眼食无恙，神志尚清，每日伏案工作，至少在八小时以上。且缮写，且经检，情趣所寄，乐在其中。给博士、硕士生和青年教师做专题讲授，接连两三个小时而婉婉不倦，毫无龙钟老态，这也许是执教多年磨炼的效应吧。"

总结自己的治学经验，杨明照说，除了本身具有的先天素质和才能外，

---

① 杨明照：《我和〈文心雕龙〉》，载《岁久弥光》，巴蜀书社，2001年，第1页。

"还应当有一种刻苦钻研、百折不挠的韧劲，有一种献身学术、义无反顾的精神"①。他语重心长地告诫自己的研究生，为学"既无终南捷径可走，也没有什么不二法门，靠的是勤奋、刻苦、锲而不舍、持之以恒"②。成就大学问，不仅要扩大视野，广为涉猎，还应积学储宝，类聚群分，尤其反对"徒尚空谈"。他不仅谆谆"言传"，更是以自己的"身教"为后学树立了榜样。

杨明照为自己的寓所取名"学不已斋"，学而不已、笔耕不辍是他一生的写照。他毕生致力于中国古代文论及古代文献研究，其领域涉及《庄子》《左传》《吕氏春秋》《史记》《汉书》《说文解字》《淮南子》《刘子》《抱朴子》《文选》《文心雕龙》《史通》等古代典籍，先后发表研究论文数十篇，出版《文心雕龙校注拾遗》《刘子校注》《抱朴子外篇校笺》《文心雕龙校注拾遗补正》《文心雕龙校注》《学不已斋杂著》等多部专著。其研究成果无不沿波讨源，义周虑赡，向以严谨精深享誉学界，杨明照不愧为一代大师。

案例点评

一提到杨明照，人们总是会不由自主地联想到《文心雕龙》；同样，只要说到《文心雕龙》，就总是会想到杨明照。研究者与研究对象如此紧密地合二为一的现象，在学术界并不多见。毋庸置疑，杨明照在"龙学"研究领域的成就，具有里程碑式的意义。先生之所以能取得这样的学术成就，一是源于他对国学的热爱和深厚的学养，二是源于几十年不断地勤奋钻研、忘我投入、孜孜不倦。即便是在环境条件十分恶劣的情况下，亦不改其志，仍专注于经典文献的校勘与研究。在杨明照身上，充分体现了我国老一代知识分子淡泊名利、献身学术、追求真理的崇高精神。

教学建议

本案例可以用于"正确的人生观"和"理想信念"相关内容的教学。以杨明照为代表的老一辈知识分子以"认真、务实、乐观、进取"的态度对待学

---

① 杨明照：《培养博士生的肤浅体会》，《学位与研究生教育》，1989年第1期。

② 同上。

业、对待学问、对待人生，无论是遭遇挫折还是赢得名誉，都能坚守自己认定的事业不放弃，这样的人生态度可以为当代大学生带来很好的启示。同时，杨明照七十余年矢志不渝地钻研"龙学"，心无旁骛，终成一代大师，也可以对大学生思考如何选择自己的职业理想和人生道路有所启发。

本案例还可用于"坚定价值观自信"的教学。从杨明照毕生执着于"龙学"研究以及取得丰硕成就的故事中，引导大学生认识中国优秀传统文化的精深与独特魅力，从而尊重优秀传统文化，在文化自信中进一步坚定价值观自信。

1. 杨明照认为为学"既无终南捷径可走，也没有什么不二法门，靠的是勤奋、刻苦、锲而不舍、持之以恒"。你是如何理解这句话的？

2. 杨明照一生专注于《文心雕龙》等古代文献的研究，被誉为"龙学泰斗"，从杨先生的学术生涯中，你得到哪些启发？你会如何规划自己的学业和未来的事业？

[1] 杨明照. 我是怎样学习和研究文心雕龙的 [J]. 四川大学学报，1983（2）.

[2] 杨明照. 培养博士生的肤浅体会 [J]. 学位与研究生教育，1989（1）.

[3] 曹顺庆. 岁久弥光：杨明照教授九十华诞庆典暨中国古典文献学国际学术研讨会论文集 [M]. 成都：巴蜀书社，2009.

[4] 曹顺庆. 杨明照先生评传 [M] //杨明照论《文心雕龙》，上海：上海科学技术文献出版社，2008.

[5] 罗中枢. 四川大学——历史·精神·使命 [M]. 成都：四川大学出版社，2009.

蒋学模：经济学领域的"基督山伯爵"

蒋学模

图片来源：复旦大学档案馆官网

一部中国政治经济学学术史绕不开一位学者的名字——蒋学模，一本汉译外国畅销书《基度山恩仇记》也离不开一个翻译者的名字——蒋学模。作为四川大学的杰出校友，在两个领域挥洒才情的蒋学模堪称整整影响了几代中国学人的学界泰斗。

蒋学模（1918—2008），浙江慈溪人，著名经济学家，马克思主义理论家。在近70年的学术生涯中，蒋学模一共出版学术专著30余部，主编政治经济学教材和著作10余部、翻译文学和经济学著作10余部。其中包括连续再版10多次、印刷近2000万册的高等院校通用教材《政治经济学》。他还是《基度山伯爵》中文版初译者。

"跨界耕耘"的经济学家

1918 年 3 月，蒋学模出生于浙江慈溪的后蒋村。6 岁时他离开宁波随父亲到上海求学。1936—1937 年，蒋学模就读于东吴大学经济系，抗日战争全面爆发后转入国立四川大学继续学习，1941 年毕业于国立四川大学法学院经济学系，获法学学士学位。从大学毕业到 1949 年 5 月上海解放，蒋学模先后在香港《财政评论》、重庆国民党政府财政部财政研究委员会、复旦大学文摘社等处任职，主要从事编辑和翻译工作。这 8 年中，据粗略估计，他大约翻译了500 万～600 万字，内容涉及经济学、国际政治、文学作品等。至今仍然为广大读者所喜爱的大仲马的名著《基督山伯爵》，就是他那时期的译著。

1939 年，蒋学模在国立四川大学图书馆里读到了英文版法国著名作家大仲马的《基度山伯爵》，产生了将其翻译给中国读者的冲动。抗战胜利后，他在迁回上海滞留重庆期间开始翻译此书。1947 年，复旦大学文摘出版社分四册出版了他的译著，当时的书名用了电影的名称《基度山恩仇记》。几十年之后的 1978 年，《基度山恩仇记》更名为《基度山伯爵》，由人民文学出版社再次出版，一时间，洛阳纸贵。在他 70 年的治学经历中，凡遇到困难时，他牢记着《基度山伯爵》中的最后一句话，人类的一切智慧是包含在这四个字里面的："等待"和"希望"。也正是基度山伯爵不怕挫折的精神，鼓励着他跨过一个个难关，登顶中国经济学界的高峰。

身为著名经济学家、马克思主义经济学在中国传播的第一人，蒋学模对文学的爱好更多的是"跨界耕耘"。1949 年 5 月，上海解放，蒋学模转入复旦大学经济系，从此开始他从事政治经济学教学和研究的生涯。他历任复旦大学经济学系讲师、副教授、教授，成为中华人民共和国第一批博士生导师。他主编的教材《政治经济学》，是改革开放 40 多年来，数代大学生必读的教科书，多次再版，共发行近 2000 万册，是同类出版物中发行量最多的。

蒋学模一生著作等身，但他最看重的仍是《政治经济学》和译著《基度山恩仇记》这两部作品，他曾戏称这两本书可以代表他的一生。

为"人人都有工做，人人都有饭吃"

　　蒋学模曾说："走上以政治经济学的教学和研究作为毕生的选择，不是偶然的，这同我所处的时代条件有关。"① 他在一篇自传性质的文章里回顾说，他从小学时代起，心中就存在着两个苦恼的问题。一个问题是，中国地大物博，有五千年光辉的历史，但从鸦片战争以后，就成为英国、沙皇俄国、日本等帝国蚕食宰割的对象。成长于半殖民地半封建的旧中国，积弱积贫的现实让年幼的他感到异常苦闷，期盼着"中国这头睡狮早早醒来，不再受帝国主义的欺侮"②。另一个问题是，蒋学模的父亲是一个银行职员，收入尚可，但他的母亲却常常担心父亲失业。家里常常有失业的亲戚和同乡来访，要求介绍工作。身边亲人们的际遇，让他期望着能有那么一天，"中国人人都不愁失业，人人都有工做，人人都有饭吃"③。

　　儿时的两个问题和期望，最终演变成了四个问题：中国往何处去？中国的出路在哪儿？个人往何处去？个人的出路在哪儿？为了找到答案，他在哥哥的书架上寻求帮助。他的哥哥蒋学楷是上海劳动大学社会系的学生。他在哥哥的书架上找到一本孙本文的《社会学 ABC》，这本书让当时只是中学生的他惊奇地发现，"原来错综复杂的社会现象，是有人专门把它当作一门学科的对象来研究"④。后来他读了一本关于社会意识形态发展的书，眼界进一步打开，发现人类社会的发展原来是有规律可循的。现在世界上以私有制为基础的社会，都是要发展到以公有制为基础的社会主义社会和共产主义社会去的，而在未来社会里，将不再有民族压迫和阶段压迫，人人有工做，人人有饭吃。至此，他从幼年时期开始产生的问题，总算找到了答案。后来，他又陆续找到一些马克思主义经济学的书来读，如《资本论入门》《政治经济学基础教程》，更增强了研究马克思主义经济学的志趣。

　　正是由于这样的原因，1936 年他报考东吴大学时选择了经济学专业，后到

---

① 毛增余：《与中国著名经济学家对话》（第 3 辑），中国经济出版社，2002 年，第 129 页。
② 同上书，第 174 页。
③ 同上书，第 130 页。
④ 同上书，第 132 页。

成都又借读于国立四川大学经济系。在当时大学的讲堂上，讲的都是资产阶级经济学，是学不到马克思主义经济学的。但 1938 年，郭大力和王亚南合译的《资本论》第 1 卷出版；1940 年，《联共（布）党史简明教程》的中文本通过中共地下组织在一些进步学生中秘密传阅。这些书都成了他自学马克思主义经济学的重要读物。

"红极一时"的经济学家

上海解放后，蒋学模进入复旦大学经济学系任教。他先是开了两门新课"苏联经济建设"和"东南欧经济"，不久便转而教授政治经济学。新中国成立初期，我国的政治经济学教育几乎是亦步亦趋地学习苏联。1950 年，党中央建立中国人民大学，邀请苏联专家来讲课，并要求全国各地选派高校青年教师来学习，蒋学模便是其中之一。在这里的两年，蒋学模认为最大的收获就是"有整整两年的时间来读原著"——尽管在新中国成立前，他已经对马克思主义的政治经济学产生极大兴趣，但完全是出于"零敲碎打"的自学，也从未接触过马克思、恩格斯的原著。这期间，通过阅读原著，尤其是仔细研读《资本论》，他"初步树立了马克思主义经济学的基本观点"，为后来的研究奠定了深厚的学术根基。

除了学习，蒋学模在这两年还干了一件事，那就是著书立说。他写了一本《政治经济学讲话》，于 1952 年由开明书店出版。回到复旦大学后，他与同事一起编写了供大学本科使用的《政治经济学讲义》。这两本书都受到了社会的普遍关注。1955 年，蒋学模受邀进京参与编写《政治经济学常识》，该书受到毛泽东主席的称赞，一年之内印行了 280 万册。

1961 年，蒋学模与姚耐、雍文远等主编的教材《政治经济学教材（社会主义部分）试用本》由上海人民出版社出版。有学者曾评价："这本教材的出版是当年政治经济学建设中的一件大事，是解放以来我国自创全新系统以崭新面貌正式出版的第一本社会主义政治经济学教科书，至此才打破了苏联教科书一统天下的沉闷局面。"[1]

---

① 陈瑜：《蒋学模：不能守旧，不怕守旧》，《文汇报》，2002 年 2 月 19 日。

在政治经济学领域的突出成就，让蒋学模两次受到了毛泽东主席的接见。作为新中国培养的第一代政治经济学大师，"可以说，蒋先生很早就红极一时、名声远播"。[①]

改革开放后，确立了以经济建设为中心的基本路线，政治经济学新教材的编写工作被提上日程，蒋学模再次被委以重任。1980年，蒋学模主编了高等院校通用教材《政治经济学》，由上海人民出版社出版。该书出版后，在国内产生了广泛的影响，被普通高等院校、部队院校、成人教育等普遍采用作为教材。此后，为了及时反映我国社会主义经济建设理论的新观点和实践的新经验，该教材每两年就要做一次较大的修订，1980—2005年，一共出了13版。

"不断改悔"的经济学家

除了在政治经济学教材建设方面取得的巨大成绩，蒋学模对政治经济学的贡献还在于对马克思主义经济理论和中国改革开放经济理论的研究。20世纪80年代，具有"北派"马克思主义经济学家代表之称的于光远，与具有"南派"马克思主义经济学家代表称号的蒋学模有一次精彩的对话：于光远宣称自己是"死不悔改"的马克思主义者，蒋学模则戏称自己是"不断改悔"的马克思主义者。蒋学模还有一句名言："不能守旧，不怕守旧。""不怕守旧"的"旧"指的是马克思主义的基本原理。他认为，对于已经被历史和社会实践一再证明为正确的马克思主义基本原理就一定要坚持，决不能动摇。但同时他也强调，从事学术研究，还要"不能守旧"。马克思主义是随着社会发展和群众实践的发展而发展的，因此，马克思主义理论工作者必须以马克思主义基本原理为指导，本着"一要坚持，二要发展"的科学态度，不断地研究新问题，熟悉新情况，作出新的理论概括。他自称是"不断改悔的马克思主义经济理论工作者"，以此表明自己坚持马克思主义经济学的立场，以及坚持发展马克思主义经济理论，与时俱进、不断进取的科学精神和务实态度。

1996年10月18日，蒋学模先生作为四川大学杰出校友回成都参加母校100周年庆典。在庆典大会上，78岁高龄的蒋学模先生发表了热情洋溢的讲

---

① 周秉腾：《沉痛悼念蒋学模老师》，《特区经济》，2008年第7期。

话。他说，他离开母校55年，他之所以能在教学和科研方面做些工作，都是与母校的教育和培养分不开的，55年来他一直对母校怀着想念和感激之情！他说，他感觉已到了"夕阳无限好，只是近黄昏"的时候了，个人的生命很有限，而母校作为培养人才的基地是不会老的，是会永远生机勃勃向前发展的！

案例点评

"不能守旧，不怕守旧。"从传统中走来，但并不拘泥于传统，作为我国政治经济学的重要奠基者，蒋学模一生致力于马克思主义政治经济学的中国化、时代化和大众化。他始终坚持马克思主义，结合中国的实践经验不断创新，为马克思主义的发展注入了时代养料。他开展的教学科研工作，切实推动了新时代中国特色社会主义政治经济学的成长，主编的《政治经济学教材》，对中国经济学的学科和教材建设做出了突出贡献，对中国的改革开放和现代化事业产生了重要影响。

"在我80多年的生涯中，经历了许多剧烈的社会变迁，深信马克思主义是能够阐明社会经济制度及其发展规律的唯一真理，深信社会主义是唯一能导致中国繁荣富强和给中国人民带来幸福的社会经济制度。我将秉着这样的信念走完人生的历程。"蒋学模不仅这样说，更是这样做的，他将自己的学术生命，融入于中国近一个世纪以来波澜壮阔的时代变革中，"为这理想的大厦添上了一砖一瓦"。

教学建议

本案例中"为'人人都有工做，人人都有饭吃'而走向政治经济学""红极一时'的经济学家"的故事可用于"理想信念"的教学。例如，在谈到为什么要信仰马克思主义时，可以运用蒋学模为寻求不再有民族压迫和阶级压迫，人人有工做，人人有饭吃的理想社会而走上政治经济学的研究道路，一生致力于马克思主义政治经济学中国化、时代化和大众化的事例来说明。

本案例中"'跨界耕耘'的经济学家""'不断改悔'的经济学家"的故事可用于"中国精神"相关内容的教学。例如，在谈到如何树立改革创新的自觉意识、增强改革创新的能力本领时，可以结合蒋学模坚持马克思主义经济学的立场，结合中国的实践经验不断创新，与时俱进、不断进取的科学精神和务实态度来加以说明。

 学习思考题

1. 蒋学模曾说："走上以政治经济学的教学和研究作为毕生的选择，不是偶然的，这同我所处的时代条件有关。"结合蒋学模的故事，谈谈你对个人理想与社会理想关系的认识。

2. "不能守旧，不怕守旧。"结合蒋学模的事迹，谈谈大学生应如何走在改革创新的时代前列。

 参 考 文 献

[1] 陈瑜. 蒋学模：不能守旧，不怕守旧 [N]. 文汇报，2020-02-19.

[2] 林木西. 跨界耕耘、通俗传播、"不断改悔"的蒋学模 [N]. 文汇报，2018-05-04.

[3] 张守谦. 蒋学模的人生之路 [J]. 浙江师范大学学报（社会科学版），2002（6）.

[4] 蒋学模. 经济学领域的"基督山伯爵" [EB/OL]. （2019-06-25）. http://www.archives. scu. edu. cn/into/1012/2452. htm.

[5] 刘逖. 蒋学模学术成就与学术思想述要 [J]. 高校理论战线，2002（1）.

郎毓秀：让我唱歌就是幸福

郎毓秀

图片来源：家属提供

郎毓秀（1918—2012），中国女高音歌唱家，音乐教育家。2001 年获得首届中国音乐金钟奖最高荣誉——终身荣誉勋章，被声乐界誉为我国早期歌坛"中国四大女高音"之一。1948—1952 年，她在四川大学前身之一的华西协合大学（华西大学）担任音乐系教授、系主任。1952 年院系调整时，郎毓秀被调到四川音乐学院任教。到四川音乐学院任教后，郎毓秀仍与华西保持着紧密的联系。自 1985 年起至 2012 年 7 月病逝前，郎毓秀一直担任华西校友合唱团的声乐指导及荣誉指导，她与四川大学的这份特殊情缘延续了 60 多年。在音乐艺术上的成就和为音乐教育事业做出的杰出的贡献，使她成为我国音乐事业一个时代的代表。

走上音乐艺术之路

郎毓秀出生在一个艺术世家。祖父郎锦堂酷爱中国戏曲和绘画艺术,且有一副好嗓子,是擅唱京剧须生的票友,郎毓秀的父亲是享誉全球的"亚洲影艺之父"郎静山。

郎毓秀与父亲郎静山(摄于 1931 年)
图片来源:家属提供

郎静山是一个音乐迷。他喜爱西洋音乐,收集了大量的唱片,每天晚上,他总要上紧家里那台手摇留声机的"发条",放上几张唱片,不论是器乐还是声乐,他都爱听。郎毓秀耳濡目染之间,便逐渐开始模仿着唱片哼唱起来,反反复复地跟着唱。这些唱片多数是西洋音乐,如《小夜曲》《圣母颂》等,八九岁的小毓秀虽然不懂外语,但凭着她的痴迷与执着,反反复复地模仿练习,竟然把这些曲调都记熟了。就这样,在父亲的影响下,凭着一份热爱,郎毓秀与音乐结下了不解之缘。

1932 年,年仅 14 岁的郎毓秀灌制了她的第一张唱片——电影《风流寡妇》插曲"Vilia Song"(燕子)。1933 年夏天,郎毓秀因音色优美、音域宽广而顺利进入了上海音乐专科学校学习。她陆续在百代唱片公司录下了《杯酒高歌》《乡愁》《满园春色》《早行乐》《飘零的落花》等二三十张唱片，它们很快就风行国内各地及东南亚地区。她为上海联华影业公司摄制的电影《迷途的羔羊》演唱了主题曲《天伦歌》。这首由著名作曲家黄自先生谱曲的歌曲风靡一时，慰藉了许多孤苦的心灵，唤起人们去追求那"大同博爱，共享天伦"的美好社会，成为郎毓秀的代表作之一。这一时期，郎毓秀录制了许多唱片，并常为电影配唱插曲，她还演唱了不少国内作曲家及上海音乐专科学校师生，如刘学庵、沙梅、晏如、侯湘、陈田鹤、李惟宁、黎青主、黄自、贺绿汀等人的作品。

1936 年，冼星海在上海听了郎毓秀的演唱后十分赞赏，认为她很有音乐天赋，遂建议郎静山送女儿出国深造。

1937 年 8 月，19 岁的郎毓秀登上了意大利的威尔第伯爵号海轮，赴比利时布鲁塞尔皇家音乐学院自费留学。她辗转到达目的地时，招生考期已过，但布鲁塞尔皇家音乐学院院长为这位东方姑娘专设考场，她优美的嗓音和良好的音乐素养征服了考官，顺利考入戴依斯教授的声乐高级班，专攻花腔女高音。郎毓秀深知学习机会来之不易，十分珍惜，常常在钢琴旁一练就是七八个小时，假日也极少出游。在第二学期，她在全校的乐理、视唱练耳基础课结业考试中取得了唯一的满分。发榜时，全校师生友好地为她欢呼"中国万岁"！郎毓秀用自己的勤奋和优异的成绩，让布鲁塞尔皇家音乐学院的师生对中国学生刮目相看，为祖国争了光。

在这一期间，郎毓秀还参加了中国政府驻布鲁塞尔领事馆举办的"中国文化晚会"和在巴黎举行的"中国音乐会"，用歌声为祖国的抗战募捐。

1941 年，郎毓秀以优异的成绩毕业。第二次世界大战的战火在欧洲四处燃烧，已经波及布鲁塞尔，郎毓秀无法继续留在欧洲学习，绕道回到了上海。

《杯酒高歌》和《大军进行曲》

郎毓秀是第一位在中国舞台上展示美声学派发声技巧和细致丰富的表现力的华人歌唱家。自留学回国后，她先后在上海、天津、北平等各地举行独唱音乐会，标志着美声唱法在我国音乐界的崛起，自此开启了传播、教导和研究美声学派的艺术人生。她与同时期的喻宜萱、黄友葵、周小燕一起被誉为"四大女高音歌唱家"。

在烽火连天的抗战时期，郎毓秀与大批艺术家一起投入到抗日救亡活动中，用艺术鼓舞国民。她不辞辛劳，辗转各地演出，为抗战募捐，每一场演唱会都倾注了她对祖国和同胞的爱。1938 年，她为吕骥先生组织的抗日爱国"援绥音乐会"献唱。1944 年 8 月在兰州、西安等地举行独唱音乐会各 4 场。这期间，她演唱了由安娥改编填词的《大军进行曲》《杯酒高歌》等爱国歌曲。这些歌曲穿过硝烟、在全国各地广为传唱，"举杯高歌救国军，洒热血抗敌人，粮缺弹少勇战争，听歌声壮烈入青云……同胞们，齐加入救国军，不怕敌人炮火凶猛，看我们血肉筑长城……"她那纯美热情的歌声激励着抗战前线的将士，也振奋了后方同胞的爱国之情。1945 年 8 月 15 日，正在乐山演出的郎毓秀得到日军投降的消息，演出一结束，便加入当地民众游行的队伍中，欢庆抗战胜利。这一夜，她激动得彻夜难眠。

川大之缘

1948 年，郎毓秀从美国俄亥俄州辛辛那提师范学院、音乐学院进修学习后回国，出任华西协合大学音乐系教授兼任西南音乐专科学校教授，并担任华西协合大学（1951 年更名为华西大学，后又更名为四川医学院、华西医科大学）音乐系系主任。自此，郎毓秀与四川大学结下了不解之缘。1948 年，她还为华西助学运动义演。直到 1952 年全国高等院校调整，华西大学音乐系和四川省立艺术专科学校合并为西南音乐专科学校（即今四川音乐学院），郎毓秀出任声乐教授及声乐系主任。

在华西大学任教期间，郎毓秀加入了华西校友合唱团。后来尽管由于工作的变动离开了华西大学，但是在她心中，华西一直是她曾经的家。1985 年，华西校友合唱团恢复活动，郎毓秀受邀担任声乐指导。此后近十年间，她每周都会骑着自行车赴华西大学参加合唱排练和演出，有时还会亲自担任独唱、领唱，退休后更是乐此不疲。郎毓秀从不摆大师的架子，平易近人，热情真诚，深受合唱团团员们的爱戴尊敬。直至 2012 年去世前，郎教授一直都是合唱团的荣誉成员，她始终关心着合唱团的发展。作为中国一代声乐大师和声乐教育大师，郎毓秀不仅享誉海内外音乐界，也在华西这所医学殿堂享有崇高的声望。

为人民歌唱

郎毓秀始终不忘用歌声服务人民，只要有机会，她总是乐于为人民群众演唱。她说："我就是爱唱歌，让我唱歌就是幸福。音乐会就是我的老师，只有实践，才能提高。"

1953 年，郎毓秀参加第三届赴朝慰问团，在前线为中国人民志愿军慰问演唱长达四个月之久，参加演出数百余场，经常日演三场，且每场必唱。此后的 10 余年间，郎毓秀经常带领师生到基层进行演出，农村、工厂、军营都留下过她动人的歌声。她会拉着战士的手面对面地唱歌；有的业余合唱团请她去唱，她也不会推辞。

郎毓秀艺术造诣深厚。早年学习声乐时不但受到西方音乐的影响，也受到中国传统艺术的熏陶，因此她非常注重将西方艺术与中国传统艺术结合起来。赴比利时留学前，她就曾专门向梅兰芳先生求教京剧及昆曲。回国后，在赴全国各地的演出中，她先后学习了京韵大鼓、京剧、评弹、粤剧、川剧、四川清音的唱腔。在长期为群众演出和教学实践中，她深深感受到"学美声的也应该扎根民族唱法，向民间学习"。她既能用法语、意大利语、德语、英语演唱外国歌剧、艺术歌曲，也能演唱中国各地的民歌、新中国早期的歌剧选段等。她将民族唱法与西洋唱法结合起来，形成了自己独特的演唱风格。

郎毓秀还是对外文化交流传播的使者。1956 年，作为国家组织的文化代表团成员，郎毓秀先后出访瑞士、意大利、法国等国，在日内瓦、罗马、伯尔尼、巴黎、里昂等地举办了个人独唱音乐会，是新中国第一个在国外举行独唱音乐会的歌唱家。在国外演出中，她总要演唱中国的优秀民歌及中国当代艺术歌曲，借机将中国音乐介绍给世界各地的观众。改革开放后，她应文化部的邀请，赴德国、法国等国进行考察交流，还多次担任国际声乐比赛评委，在国际声乐教育界也享有很高的声望。

郎毓秀不仅热爱舞台，也热爱讲台，她在音乐教育事业上倾注了大量心血。她精通英语、意大利语、法语、德语等多国语言，翻译了大量的专业书籍和文献，如《卡鲁索的发声方法——嗓音的科学培育》《伊丽莎白·舒曼的教学》《美声学派的原理和实践》《西洋艺术歌曲二十首》等。她悉心指导学生，鼓励学生参加各种艺术实践，培养出古幼玲、范竞马等知名四川籍歌唱家。四川音乐学院 2012 届毕业生王欣敏说："老师入院前 1 个月还在指导我的毕业作品。"从 2008 年开始，王欣敏几乎每周都要到郎毓秀教授家接受教学指导，几乎没有中断过。"论文、毕业音乐会，老师坐着轮椅全程督导。"不管是彩排还是最后的正式演出，郎毓秀都会比她早到现场，"一场音乐会有 12 首歌，用中、英、法、德、意 5 种语言演唱。只有老师能听出我哪一个词没唱准。"据王欣敏介绍，郎教授教学严谨，但教学风格非常温和。"从来不会生气，不会批评学生，不懂的就一直讲到学生懂为止。"

晚年的郎毓秀仍然热心参加社会活动，还学会使用电脑编教材、撰写论文，从事译著工作。她说："虽然忙一些，但生活充实有意义，更有利于身心健康。""活到老，学到老，教到老，写到老，唱到老"就是她一生的生动写照。

2001 年，郎教授荣获中国文联和中国音乐家协会共同主办的、全国唯一常设的音乐综合性大奖——中国音乐金钟奖的"终身荣誉勋章"。这是对她从事音乐事业近 70 年取得的卓越成就的褒奖，乃实至名归。她出身名门又很早成名，但始终淡泊名利，从不以此炫耀。她艺术造诣深厚，却谦逊低调。尽管她在华西大学工作的时间不长，但她与四川大学的情缘从未中断。

案例点评

郎毓秀的一生充满传奇色彩，爱艺术是她一生的底色，爱祖国是她一生的基调，爱人民是她一生的亮色。她出身名门又早年成名，却从不以此而炫耀；她既学习西方美声唱法，同时也从民族音乐戏曲中汲取艺术营养。在教学中，她既重视理论又重视艺术实践。她学识渊博，对音乐事业贡献巨大却从不因此而自傲；她不求名利，不务虚名，对挚爱的音乐艺术和教育事业孜孜以求，倾注了毕生心血。从郎毓秀的故事中，我们能够看到老一辈知识分子的爱国情怀和崇高的精神境界。

教学建议

本案例可用于"人生价值观""幸福观"相关内容的教学。郎毓秀热爱歌唱、热爱音乐教育事业，无论是在抗战时期义演募捐、抗美援朝时期赴前线慰问演出，还是深入基层为群众演唱，乃至在业余合唱团演唱，她都十分投入，"让我唱歌就是幸福"。她从不把名利、地位、金钱的拥有视为幸福，也从不炫耀自己的成就。郎毓秀的幸福观可以启发当代大学生思考什么才是真正的幸福。

本案例还可用于"爱国主义的基本内涵与要求"的教学。郎毓秀的爱国情怀表现在许多方面，如对中国传统文化的热爱与传承，抗战时期用歌声鼓舞人民的士气，抗美援朝时期奔赴前线慰问演出等。她没有豪言壮语，却用行动表达出一位艺术家的爱国情怀，可以启发大学生认识不同历史时期爱国主义的不同要求，以及思考什么是真正的爱国行为。

1. 郎毓秀说"让我唱歌就是幸福"，如何理解她这句话的含义？
2. 你从郎毓秀的艺术人生中能够获得哪些领悟？

[1] 萧桐整理. 郎毓秀先生年事记 [Z].
[2] 夏丽娜. 郎毓秀：享誉国内外的女高音歌唱家[EB/OL]. (2010 - 04 - 29). http://www.npc.gov.cn/npc/c16115/201004/8c16ebe82f974a5eb25b7ec55f7cacef.shtml.
[3] 华西医学院校友会. 郎毓秀 [Z]. 华西之声，2012.

卿希泰：半路出家的"老道人"

卿希泰

图片来源：四川大学道教与宗教研究所

卿希泰（1928—2017），四川三台人，四川大学文科杰出教授。1951年本科毕业于四川大学法律系，1954年研究生毕业于中国人民大学哲学系，1959年负责创建四川大学哲学系，1980年负责创办四川大学宗教学研究所（即现四川大学道教与宗教文化研究所）。曾任国家社科基金宗教学科规划评审组副组长，首届全国高校哲学学科教学指导委员会委员，中国宗教学会副会长，四川省首批学术和技术带头人，国家"985工程"二期四川大学宗教与社会研究创新基地首席科学家。

少年求学

1928 年，卿希泰出生在四川三台与射洪两地之交的一个偏僻乡村，那里教育资源匮乏，方圆一二十里没有一所小学。于是，卿希泰的父亲便成了他的启蒙老师。卿父从三字一句的《三字经》教起，然后教四字一句的《史鉴节要》《文昌孝经》，继而教《声律启蒙》《孝经》和"四书""五经"等。卿希泰早晨、上午和晚上读"生书"，下午先是"温书"，然后是听讲、习字、学习联句等。

1939 年冬天，当卿希泰快要将"五经"读完时，他的父亲却因病去世了。父亲的突然去世，让他备受打击。那段时间，卿希泰荒废了学业，常常半夜躲在被窝里小声抽泣。1940 年春，为了让弟弟振作起来，卿希泰的兄长把他送到射洪的太乙乡上小学。因为他接受过私塾教育，有一定文化基础，便从五年级读起。第二年秋天，卿希泰便以同等学历考入了射洪的太和镇初级中学，开始了一个全新的学习阶段。

在初中阶段，卿希泰对新旧文学产生了浓厚兴趣。除课堂学习外，他还自学了不少新旧文学著作，并试写过一些诗歌、小说等各类作品。卿希泰初中阶段所创作的小说《爱·恨·悔》《XY 传》和纪事散文《射洪城北金华山露营记》等均以壁报形式在全校发表，展示出一定的文学功底。

1944 年秋，卿希泰考入当时西南地区非常有名的高中——成都树德中学高中部。高中三年，卿希泰的"国文""中国文学史"和"作文"等课程皆是由著名学者庞石帚教授讲授的。庞石帚教授学识渊博、品德高尚，深受学生爱戴。由于庞石帚教授不太喜欢评阅学生的白话文，所以他出的作文题往往比较适合于用文言写作。在这三年里，卿希泰的作文全是用文言写成的，其中《儒以诗礼发冢论》等受到庞先生的好评。除了庞石帚教授，卿希泰还受到另一位著名学者的影响，他就是罗孟桢教授，在这位教授的影响下，卿希泰的兴趣逐步集中在文史特别是中国哲学方面。

结缘川大

1947年秋，卿希泰以优异成绩考入了国立四川大学法律系，但仍对哲学葆有热爱。

当时，由中共地下组织领导的"反饥饿、反内战，争民主、争温饱"运动席卷了包括成都在内的整个国统区，年轻且拥有爱国民主思想的卿希泰也积极投身其中。进入国立四川大学之后，他首先投入到当时如火如荼的学生民主运动潮流中去，并与一些志趣相投的同学创办了"南北社"（取自鲁迅的《南腔北调集》），结合运动的需要出壁报，曾写过一些杂文如《论清高》《负起"五四"的时代使命》等。随后他加入中共地下组织领导的革命青年组织"中国火星社"，并任四川大学分社社长。

1949年成都解放后，卿希泰曾参加接管四川大学的工作。1951年6月在四川大学毕业，即留校任法律系秘书兼助教。随着社会的稳定以及生活的安稳，卿希泰终于可以继续他的哲学梦。1952年，卿希泰被保送到中国人民大学哲学研究生班学习，1954年毕业后又回到四川大学任马列主义教研室秘书和讲师。从此以后，他便一直是学校的一名"双肩挑"干部，即一面从事哲学的教学和研究，一面又担负着一些行政工作。

自1957年12月起，卿希泰开始担任生物系党总支书记，那时候生物系仅有动物和植物两个专业，于是他便与系主任一起创办了生物物理、生物化学、微生物三个新专业。1959年他负责创建哲学系，任哲学系党总支书记。该系的建立，不仅填补了当时西南地区哲学教育的空白，还为国家培养了大批哲学教学和科研人才及党政干部。

"文化大革命"初期，卿希泰遭到冲击，受了不少苦。学校的相关领导便到他家里来谈话，希望他不要因此而轻生。对此，卿希泰极为坦然："我根本不会有这个念头，我的历史是清白的，我对共产党的事业是忠心耿耿的，我对自己有个清楚的认识。我知道你们肯定是把我整错了，总有一天要给我平反，总有一天党会给我落实政策。"正是源于这份坚定与信念，卿希泰即使受到错误对待，却依旧保持着乐观的心境。

"文化大革命"中后期，卿希泰在劳动之余，偷闲阅读了一些马列主义和中国哲学史方面的书籍，并不断反思。他认为我们过去对中国哲学史的研究，基本上仅局限于儒家，对释道两家特别是对道教往往持有偏见，对它们的研究非常薄弱，以至于我们对中国传统哲学的认识往往带有片面性，不能全面地了解中国的传统哲学及其发展规律，这对于我们正确地总结历史经验和建设有中国特色的社会主义新文化是不利的。

此外，卿希泰认为道教本来是中国固有的传统宗教，但国内研究它的人不多，成果很少，而道教研究在国外却属于"热门"。1968年9月在意大利召开的第一次国际道教学术研讨会议和1972年9月在日本召开的第二次国际道教学术研讨会议，没有一个道教故乡的学者出席，这极不正常的现象让人遗憾。

拨乱反正以后，卿希泰得到了平反。当中国社会科学院世界宗教研究所来信说希望卿希泰研究道教时，他立马接下了这个任务。从这时开始，卿希泰成为一个"半路出家"的道教文化研究者。

卿希泰与道教人士交流
图片来源：四川大学校史馆

另辟蹊径

开辟道教文化研究这一新的学术领域，所面临的种种困难是不言而喻的。这项研究涉及的知识面很广且头绪繁多，需要在浩如烟海的图书资料中去粗取精、去伪存真，而过去积累下来的研究成果不多，可资借鉴的东西很少，许多事情都要从头做起。

1980 年，他受命创建四川大学宗教学研究所，开始专心于道教研究。白手起家的宗教学研究所可谓举步维艰，资料匮乏、研究人员宗教学基础薄弱，甚至连固定的办公地点都没有。与艰苦的工作条件相比，更让他难过的是世人的误解与歧视。但卿希泰鼓足勇气，迎着困难、披荆斩棘、争分夺秒、夜以继日、默默无闻地在浩瀚的书海中耕耘着。

道教之所以在很长一段时间内被人们误解为"封建迷信"，是因为人们认为它没有自己的理论体系，许多思想都是从儒释两家那里抄袭而来的，甚至认为连它所尊奉的三清，也是模仿佛教而创立的。为了澄清人们的错误看法，卿希泰从道教思想发展史的研究做起，他的第一部系统研究道教的著作就是三卷本的《中国道教思想史纲》。在书中，他明确提出了道教与儒、释两家，共同构成了中国传统文化的三大主流。在历史发展过程中道与儒、释之间，一方面是相互斗争的，另一方面又是相互吸收、相互融合的，三者的矛盾运动推动了整个中国传统文化思想的繁荣和发展。就像他在书中所言："可以说，不研究中国的道教思想史，便不可能全面地了解我国的历史，更不可能全面地了解我国的哲学思想和科学、文化思想的演变。"[①] 这也为后来他编写国家哲学社会科学"六五"规划重点科研项目《中国道教史》奠定了初步的基础。

虽是半路出家，但他靠着勤奋执着，成绩斐然。除了《中国道教思想史纲》《中国道教史》，卿希泰还有多本著作，包括《道教与中国传统文化》《无神论史话》《刍荛集》《道教文化新探》《中国道教》《道教史》《道教文化新典》《道教常识答问》《道教三字经注释》《续中国道教思想史纲》等。此外，他还著有论文 100 余篇，成果丰硕。在他的带领下，四川大学宗教学研究所培养了

---

① 卿希泰：《中国道教思想史纲》（第 1 卷），四川人民出版社，1980 年，第 29 页。

一批宗教学研究方面人才，成为宗教学研究的重镇，蜚声中外。

 **案例点评**

卿希泰生于忧患，长于离乱，走过了战火纷飞的青少年、艰苦创作的壮年以及笔耕不辍的老年。卿希泰不仅是国内道教学术的权威学者，同时也是道教文化研究的"世界权威学者"，在国际学术界亦同样享有很高盛誉。日本著名学者中村璋八教授称："卿希泰教授的《中国道教思想史纲》等众多著作，……是中国道教研究的最高权威，就在日本也享有崇高的威望。"① 著名汉学家施舟人教授也指出："如果没有卿希泰教授的贡献，中国的道教研究不会有今天这样的巨大成就。"卿先生在道教文化研究领域里筚路蓝缕和开拓进取，为后辈学人留下了丰富的物质学术遗产和精神学术遗产。

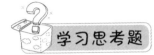 **教学建议**

卿希泰"半路出家"走上道教文化研究道路，并且在这个领域潜心耕耘，填补了我国道教研究领域的空白。从法律到哲学再到宗教学，卿希泰的治学之路既有偶然也蕴含着某种必然，充分地说明了个人人生道路的选择与社会需要之间的辩证关系。这部分事例可用于"正确的人生观"相关内容的教学。卿希泰对中华传统文化中蕴含的丰富资源十分重视，将后半生的精力全部投入到宗教文化的研究中，从中也可以启发大学生认识中华传统文化的魅力。这部分事例可以用于"尊重和传承中华民族历史文化"相关内容的教学。

学习思考题

1. 从卿希泰走上道教文化研究之路的故事中，思考当代大学生如何成为中国优秀传统文化的学习者、继承者、创新者。

2. 卿希泰认为，如果不能全面地了解中国的传统哲学及其发展规律，对于我们正确地总结历史经验和建设有中国特色的社会主义新文化是不利的。对

---

① 卿希泰：《我为何走上道教文化研究之路》，《社会科学战线》，2010 年第 10 期，第 204 页。

此，你是如何认识的？

[1] 卿希泰. 我为何走上道教文化研究之路 [J]. 社会科学战线，2010 (10).

[2] 詹石窗. 先师卿希泰教授的学术贡献 [J]. 宗教学研究，2018 (12).

[3] 廖芹. 明道阐玄，固本开新——记詹石窗教授的"道学研究"人生 [EB/OL].
    (2019－10－29). http://www.scu.edu.cn/info/1204/12970.htm.

[4] 李果. "我把自己的一生贡献给了党的事业"——记道教泰斗卿希泰和他的风雨人生
    [EB/OL]. (2011－06－13). http://news.scu.edu.cn/info/1180/24045.htm.

[5] 李海林. 卿希泰先生学术之路和学术贡献 [J]. 宗教学研究，2018 (2).

[6] 陈耀庭. 怀念卿希泰老师：坚持宗教学研究的正确方向 [J]. 宗教学研究，2018 (2).

[7] 林文钦. 典型在夙昔——缅怀卿希泰先生 [J]. 宗教学研究，2018 (2).

第四编

经世致用、 勇攀高峰的科学家

魏时珍：四川第一位获得博士学位的数学家

魏时珍

图片来源：四川大学数学学院

　　魏时珍（1895—1992），名嗣銮，字时珍，四川蓬安人，德国哥廷根大学数学、物理学博士，四川大学教授。我国著名数学家、教育家，主要从事数理方程、偏微分方程、数学教育工作。

求学之路

　　魏时珍出身书香门第，祖父魏鼎是晚清举人，父亲魏锡远是当地商贾，曾任大竹县教谕、蓬州（今四川蓬安）玉环书院院长、成都锦江书院教授，大伯父与二伯父皆是秀才。大约 6 岁时，魏时珍在祖父魏鼎的督导下开始读书。1908 年，魏时珍考入四川省城高等学堂分设中学堂；1913 年赴上海考进德国宝隆医生创办的同济德文医学堂德文科，与宗白华、郑寿龄等人同班。由于德文成绩优异，他在 1918 年德文科毕业后直接进入学校的工科学习，主修电机专业，并被学校聘为德文助教。

1920 年 4 月，魏时珍赴德国留学，入哥廷根大学师从著名教授希尔伯特和柯朗学习偏微分方程等科。大师的风范与见解令此时的魏时珍大开眼界，他对数学产生了日益浓厚的兴趣。从此，哥廷根大学便时常能看到一个中国学生的身影，或在图书馆翻阅最新的数学报告，或在向导师请教疑难问题……他的勤奋好学得到了异国同学的交口称赞。1925 年，魏时珍获哥廷根大学博士学位，是我国第一位获博士学位的数学家。同年，魏时珍回国，任同济大学教授兼理学院院长。

1926 年 11 月，国立成都大学成立，受校长张澜之聘，魏时珍回川任该大学理学院院长兼系主任。1931 年，国立成都大学等校合为国立四川大学，魏时珍被聘为国立四川大学教授兼理学院院长。1932 年 8 月，他辞去国立四川大学理学院院长职，创办川康农工学院、国立成都理学院，任院长。1935 年，任中国数学会理事。1949 年，国立成都理学院并入四川大学。1951 年 8 月，在周恩来及张澜的亲自关心下，魏时珍受聘于四川大学数学系，任教授。

与中国共产党人的不解之缘

早在四川省城高等学堂分设中学堂读书时，魏时珍便与王光祈、李劼人、郭沫若、周太玄等同学意气相投。他们常在一起切磋学问，针砭时政。魏时珍的这些同学，后来都成了一代才俊。有一次，王光祈、李劼人、魏时珍等人还一起来到成都周太玄家中聚会，效仿"桃园结义"，相约死后同葬该处。1918 年夏，李大钊、王光祈等人筹建"少年中国学会"，创办《少年中国》杂志，提倡以科学民主救国。与当时的许多青年一样，魏时珍也矢志报国、渴望有所作为，经王光祈介绍入会并参加活动。魏时珍又举荐张闻天、宗白华等人入会。魏时珍和宗白华是《少年中国》月刊的主要撰稿人。1919 年年底，老同学王光祈又与陈独秀、李大钊、蔡元培等在北京、上海组织了"工读互助团"，魏时珍也欣然加入。然而，魏时珍很快便步入了迷惘，"少年中国学会"内部出现重大分歧，"工读互助团"随之解体。面临挫折，魏时珍内心十分痛苦，一度无所适从。"忽忽半年，毫无建树，清夜思之，汗如雨下，加之一年以来，……思想破产，直欲赴郊外放声痛哭一场"，王光祈的这段感伤的文字，正是魏时珍等人迷惘心情的写照。

1920年4月，24岁的魏时珍与28岁的好友王光祈一道前往德国求学。在哥廷根大学学习期间，他和王光祈、宗白华等人发起组织了"中德文化研究会"，积极促进中西文化交流。1923年年初，朱德与孙炳文来到德国，寄居在魏时珍宿舍附近。魏时珍帮助朱德、孙炳文补习德文。不久，孙炳文先行回国，朱德仍坚持学习德语。魏时珍与朱德由此结下了深厚的友谊。两人既是老乡，又是朋友，朱德时常用自己拿手的川菜招待魏时珍，并铭记这段患难交情。20世纪50年代初期，朱德来成都视察，百忙之中仍邀请魏时珍共进午餐，观赏戏曲，畅叙当年往事，双方倍感亲切。

在中国传播相对论的第一人

在哥根廷大学学习期间，魏时珍广泛阅读了各种有关相对论的德语文献，他敏锐地察觉到相对论在数理及基础科学领域的新颖与重要。在经过对相对论深入的研习与调查中国学术界对相对论了解的程度以后，他以哥廷根大学学生的身份给爱因斯坦写了一封信，并附以自己的研究长文《相对论》，告以所撰文章将在《少年中国》上刊出，希望得到对方许可。爱因斯坦接信后欣然同意，并赠相片一张。1922年2月1日，《少年中国》推出"相对论专号"，刊出了魏时珍的《相对论》与《读国内相对论著述以后的批评》两篇5万余字的研究论文，以及魏时珍与爱因斯坦往来的信函。

魏时珍是将相对论系统介绍到中国的第一人。早在1921年3月，他就在《少年中国》第2卷第9期上发表了研究相对论的文章《空间时间今昔的比较观》，让"少年中国学会"的会刊《少年中国》成为在中国第一次刊出相对论的刊物。

深受中国传统文化影响的数理教授

经过四年的攻读，魏时珍完成了全部应修课程，写出了高水平的学术论文——《在平均负荷下四边固定的矩形平板所呈现的现象》。这篇论文，以数学方法解决了物理弹性力学范围内的某些疑难问题，对建筑学的贡献甚大，受到有关权威学者的赞扬。魏时珍因此于 1925 年获得数学、物理学博士学位。他是获该校博士学位的第一位中国人。

然而，魏时珍"在德留学六七年"间"刺激最深的一件事"，却是听到德国哥廷根大学哲学教授、知名学者纳尔逊向自己介绍中国文化学者辜鸿铭。最开始魏时珍走入纳尔逊的课堂，是为了向这位哲学名家请教哲学问题。魏时珍是德国著名数学家希尔伯特的学生，而后者与纳尔逊关系密切，而且纳尔逊对同时涉及数学、哲学和逻辑学的问题很感兴趣，这一点与魏时珍的学术兴趣也很契合。两人的交往说起来饶有趣味：一为德国教授，一为留德学人，但纳尔逊与魏时珍在一起不是大谈德国哲学，而是讨论并推介辜鸿铭，探究中国传统文化。

纳尔逊劝魏时珍要多了解辜鸿铭，并告诉他说："我读辜鸿铭的书，至今已十几次了，多读一次，即更有所得一次。大凡一本书，倘若它的价值只够得上读一次，则它的价值必够不上读一次。我希望你再读之后，你的见解或许与现在不同。"作为曾经受五四新文化运动暴风骤雨洗礼的"少年中国学会"会员，在德国文化环境下重新认识中国传统文化，让魏时珍犹如受到当头棒喝。

在系统学习、比较中西文化后，魏时珍骨子里更是深刻认同中国传统文化，成为一位国学的忠实捍卫者。魏时珍回国后，作为"洋博士"，无论在哪里任教，都不常着西装，而坚持穿中式服装，或是长衫，或是中式对门襟。1934 年 8 月 21 日，魏时珍在《大公报》上发表题为《辜鸿铭在德国》的文章，介绍中国传统文化在西欧学术界受到推崇的情况。

魏时珍 83 岁时还在书房里撰写了 3 万多字的《孔子论》，论及以孔子为代表的儒家倡导的仁政爱民、有教无类、礼乐修身等内容。他写道："即使今之青年，无法读孔子书，能为其宣传所蛊惑，而天下甚大，欧美诸国，深通汉学者不少，当其国汉学家展读此等文字时，岂不齿冷而深叹中国读书人无一坚贞之士，而徒知媚上取宠乎，此真可叹者也！人人皆痛斥'孔老二'即孔丘时，吾独草此稿，冠以'孔子论'者，意在于此。"

偏微分方程教材编写与文史哲一体主张

魏时珍的研究领域是微偏分方程和数学物理研究，对当时的中国数学界而言，这无疑是一个神秘而充满挑战性的学科领域。在留学德国期间和回国初期，他就发表了一系列高质量的研究论文，如《人类进化面面观》《科学之宗旨》《量子论的数学基础》等。从德国归来的魏时珍是最早沟通哥根廷学派与中国数学界的学者；他在国内讲授"偏微分方程""变分法""相对论"等新兴学科，给学生带来了最新的数学理念。1927 年，中华文化教育基金董事会特聘魏时珍为国立成都大学客座教授兼理学院院长。在此期间他为给学生们提供一本规范的数学讲义，特撰写了《偏微分方程》一书。该书于 1936 年由商务印书馆出版，这是中国第一本介绍偏微分方程的大学教材，对中国现代数学研究的发展有着重要的贡献。1935 年，中国数学会成立，魏时珍当选为理事。此时的他，已成为中国数学界的元老。

魏时珍曾说："我自来喜欢将数学、物理、哲学三者，混成一道讨论。"他认为文、史、哲应为一体，密不可分。为此，他提出，大学专业设置不宜过细，文科、理科应相互渗透，扩大学生的知识领域，使学生在校期间既能获得本专业的知识，又可以对其他学科有所了解。20 世纪 30 年代，魏时珍就把这种教育理念带到国立四川大学，在他就任国立四川大学理学院院长时便向学校建议：数学学院应开设文史课程，文、法学院的学生也应该学习一点自然科学。魏时珍提出这样的建议，也与他自己的学术经历和治学思想分不开。他的研究领域涉及数学、物理、哲学、文学等多学科，并不局限于数学本身。1937年，魏时珍就在《哲学评论》学刊上发表了《康德与马克思对话》，其对哲学研究的兴趣可见一斑。1982 年，魏时珍在国外的朋友、学生收集他在海外发表的论文，汇总出版了《魏嗣銮先生科哲论文集》。

1984 年 6 月，在魏时珍 90 大寿之际，德国哥廷根大学向这位 60 年前获得学校博士学位的第一位中国人颁发了"金禧特别纪念证书"，表彰他数十年来在数学领域的成就，以及为增进中德之间数学交流所做的卓越贡献。

 **案例点评**

魏时珍年少时便胸怀报国之志，参加"少年中国学会"，以"奋斗、实践、坚忍、俭朴"为共同信条，力求通过学术上之奋斗、事业上之奋斗，有所成就，促进中国社会发展。他是哥廷根大学第一个中国留学生，并以高水平毕业论文《在平均负荷下四边固定的矩形平板所呈现的现象》获得数学、物理学博士学位，这是当时中国人在哥廷根大学获得的最高荣誉。他是四川省第一位获得博士学位的数学家，是最早向国内介绍相对论的学者之一，他撰写的大学教材《偏微分方程》，对中国现代数学研究的发展和教学做出了重要贡献。

魏时珍家的客厅墙壁上，悬挂着陶亮生撰写、书法家梁伯言题书的一幅立轴："重宴琼林旧有章，何图域外更堂堂。金书抵得宫花报，蔗境还添瑞脑香。师及口中频齿及，孙曾膝下益眉扬。今春正是贞元会，一颗奎星耀海邦。"七律诗生动概括了魏时珍早年留学德国，回国后教书育人，晚年心如止水的一生。

教学建议

魏时珍早年矢志报国，积极参与李大钊、王光祈等人创办的"少年中国学会"以及"工读互助团"的活动，力图找到救国救民的道路。与同时代的许多热血青年一样，他也有过迷茫，遭受过挫折。本案例可用于"理想信念"相关内容的教学，通过魏时珍与同时代青年的痛苦与觉醒的经历，说明理想信念的重要意义、理想与现实的关系。

魏时珍是数学家，但他却对中国传统文化情有独钟，并极力主张文理交叉融合的教育理念。这一事例可用于"中国精神"和"坚定价值观自信"相关内容的教学，引导学生正确理解中国优秀传统文化的当代价值，成为具有良好综合素质、全面发展的人才。

1. 从魏时珍及同时代青年探寻救国救民道路的经历中，思考当代青年怎样才能将理想与现实结合起来，找到理想实现的正确途径。

2. 如何理解魏时珍提出的文理兼容的教育理念？这对今天大学生的学习有何启发？

[1] 张广华. 张澜与魏时珍 [J]. 文史天地，2012 (12).

[2] 汪克水，杨止包，王权才. 小记我国数理学界的前辈魏时珍 [J]. 文史杂志，2002 (6).

[3] 范敬一. 献身科学 求索真知——著名数学家魏时珍教授生平简述 [J]. 成都大学学报 (社会科学版)，1991 (2).

[4] 本书编写组. 魏时珍先生纪念文集 [Z]. 1993.

[5] 蓬安县当代人物专题. 魏时珍 [EB/OL]. [2021-04-26]. http://ren.bytravel.cn/ history/2/weishizhen.html.

方文培：一片学心托杜鹃

方文培

图片来源：四川大学校史馆

方文培（1899—1983），字植夫，生于四川忠县（今属重庆），植物分类学家，教育家，英国爱丁堡大学博士，四川大学一级教授，英国皇家学会会员、荷兰皇家学会会员，被授予英国皇家园艺学会银质奖章。英国著名科学史家李约瑟博士称方文培为"中国最杰出的植物学家"，他主编的《峨眉植物图志》"开辟了中国植物研究的新道路"。

辛苦踏遍蜀地山水

1921 年，方文培考入南京东南大学生物系。1927 年，考入中国科学社生物研究所攻读研究生，专攻植物分类学。

1928—1932年，受生物研究所派遣，方文培多次前往生物资源丰富的四川省考察植物与采集标本。他最先考察了金佛山。1891年德国人即来此处采集标本，并于国外发表文章引起国际关注。方文培遍寻金佛山，全方位梳理该区域的植被，首次发现金山杜鹃、弯尖杜鹃、川南杜鹃、长穗鹅耳枥、金山安息香等一批新种植物，并为之前仅采集到果实标本的阔柄杜鹃和麻花杜鹃补充了花卉标本。

其后，方文培前往峨眉山。峨眉山相对高差超过2000米，植物生长随海拔变化而有明显差异，自1875年起陆续有外国人来此采集标本，以丰富奇特的植物资源闻名于世。经过1个多月的调查，他采得标本1000余种、1万多份。在九老洞一带，他发现了"木瓜红"小乔木，采得标本后经鉴定确定为一新属；在雷洞坪一带，他采得冷箭竹开花标本，仔细研究后确认为一个尚无记载的新种；花佩也是此次调查中发现的另一新种植物。1928年秋天至1930年，他穿梭于川西南的原野、山林中，获得了川西南原始森林与植被分布的大量的第一手资料。

这一时期，国内战乱频仍，四川的山区更是地广人稀、交通不便，还常有野兽出没。但为了开展植物学野外调查和采集工作，方文培不惧艰险，5年间徒步行程数万里。从金佛山赴峨眉山途中，他遭遇地方武装袭击，全部标本被毁，被关押了3天后送至县府才免于罹害；在洪雅瓦屋山考察途中，遇大雨滂沱、山雾弥漫而迷失方向，他不得不夜宿岩洞，忍饥受寒，辗转4天方回到住地。尽管困难重重，但他对科学事业的执着追求却丝毫未被动摇。5年间他采集标本1.2万多种、15万多份。这些标本后来分别保存于北京、南京、广州、昆明等地的标本馆，成为中国最早、最宝贵的一批植物标本，为发展中国植物学事业奠定了基础。

根据自己的观察和研究，方文培认为槭树应以其全部营养器官和繁殖器官的综合特征为分类依据，于1932年发表英文文献《中国槭树科的初步研究》和《中国槭树科志》，首次整理记载中国槭树科植物56种，其中包括1个新种、3个新变种和3个新变型。

留学英伦，回报故土

1934年，由钱崇澍、胡先骕二位教授向英国爱丁堡大学植物系皇家植物园推荐，由"中华教育文化基金会董事会"资助，方文培赴英国学习。当时，他的学习室是一间小木板房，被人称为"中国木板房"。案头的杜鹃花标本，多数产自中国，这让方文培时常会有思乡的愁绪。于是，他将一首唐诗换了二字，来寄托心情："蜀国曾闻子规鸟，英伦（原诗为宣城）还见杜鹃花，一叫一回肠一断，三春三月忆三巴。"

留学期间，他以巨大毅力和惊人速度仔细研究保存于英、法、德、意、奥等国标本馆（室）的采自中国湘、鄂、闽、赣、川、黔、滇、藏、陕等地的植物标本，并将相关信息制成卡片。1937年夏，方文培完成论文《中国槭树科的分类》，记载槭树植物87种，这是对中国槭树资料的全面研究和总结，为国内独立进行槭树分类方面的研究奠定了基础。同年他以优异成绩获得爱丁堡大学博士学位。

1937年回国后，方文培应聘至国立四川大学理学院生物系任教，教授植物学和植物分类学，兼授农学院林学系树木学。1939年，国立四川大学文、理、法三学院为避日军空袭而迁至峨眉山，方文培时任生物系主任，教学之余继续潜心研究峨眉山植物。在1939—1946年，他确定峨眉山植物至少有3000多种，并将其中的地区特有品种和有重要价值的品种约200种编纂成《峨眉植物图志》一书，共2卷4册，每种均附有精细插图，使用中、英两种文字描述，于1942—1946年陆续出版。该书的出版标志着中国地区性植物志的问世，植物学研究进入一个新阶段。1942年英国人李约瑟于重庆见此书后特向方文培致函祝贺，并在1986年出版的《中国科学技术史》（英文版）中写道："中国最杰出的植物学家方文培博士1939年发表了槭树科专著，他不仅用现代科学的分类方法采纳了拉丁学名、中文名称，而且还用英文描述特征，后来《峨眉植物图志》也同样采用，推动了植物学研究的发展。"

此后数十年，方文培继续其细致的野外考察和认真研究，最后认定中国槭树科植物共有143种，对其分类系统也提出了新见解。1981年他编著的《中国植物志·第46卷·槭树科》出版，得到植物学界的广泛赞誉，称"槭树科研究具国际水平"。

方文培所著《峨眉植物图志》

图片来源：四川大学校史馆

1948 年秋，方文培接受联合国教科文组织的访美邀请，赴美考察讲学。方文培在他的《近年在四川采集的报春花》一书中有这样的描述："四川早以植物种类丰富，著名环宇。19 世纪以来，欧美的植物学者或传教士先后来到四川采集植物标本已有十余次之多，他们采集的标本都收藏在外国标本室，有关中国植物的著作，也在外国刊物上发表，结果引起我们研究的极大困难。"这样的状况让方文培十分不安。讲学期间，他用自己的工资将在美搜集到的采自中国的标本拍成 4000 余张照片，并将其带回国内交中国科学院植物研究所保存，供全国研究者使用。

新中国成立后，方文培婉拒了哈佛大学的聘请，于 1949 年 12 月 5 日途经香港回到成都，继续担任四川大学生物系教授，并于 1954—1960 年兼任中国科学院植物研究所研究员。1959 年 10 月，中国科学院组织全国著名植物学家筹备编写《中国植物志》，编辑委员会成立后，他任历届编委。经多年努力，方文培主持了槭树科、胡颓子科、山茱萸科、杜鹃花科等卷的编写。他还主编《四川植物志》巨著，亲手撰写了第 1 卷。1981 年《四川植物志》出版，国际植物学会会刊著文称赞并报道了出版计划，这是中国植物志首次获此殊荣。他还参加编写了《中国大百科全书·生物卷》《中国高等植物图鉴》《西藏植物志》《中国树木志》。1978 年方文培当选为中国植物学会荣誉理事长，四川植物志编委会主编。1980 年被聘为《中国大百科全书·生物卷》编委会委员，中国科学院成都分院学术顾问。

心系杜鹃

　　方文培是世界公认的杜鹃花科研究的专家，早在英国求学时即已发表论文《中国的落叶杜鹃》，后又发表《近时采集的中国杜鹃花》，分别记载了杜鹃花32 种和 153 种，为研究中国杜鹃花植物奠定了基础。经多年继续采集与研究，1981 年方文培主持《中国植物志》编写时，已确定中国共有杜鹃花植物 548种，确认了中国是世界上杜鹃花的分布中心。在杜鹃花研究中，他组织有关人员编写《中国四川杜鹃花》一书（正式出版于 1986 年），反映了四川杜鹃花的概貌，是对四川杜鹃花多年研究和野外考察的总结。500 多幅精美逼真的彩色照片均为野外实地拍摄，书中还印有植物解剖照片。该书既是介绍四川杜鹃花的系统分类、形态、产地、分布和生态环境的专业书籍，又是介绍杜鹃花研究历史和区系的通俗科普读物。该书的出版赢得了世界广泛赞誉。美国杜鹃花学会会刊评论："对于植物学家，园艺学家及园林爱好者，这是一部不可多得的好书，得到它时，真是爱不释手。"英国皇家园艺学会会刊在评论中称："此书内容丰富，超越以前的记载，是一部空前的著作，很多资料直接取材于野外，非常有用，是一部极好的书，价值甚高。"得益于方文培教授的带动和指导，四川大学在杜鹃花科植物研究方面成绩卓著，蜚声国际。

　　方文培对中国植物学领域的贡献是多方面的。在整个研究和所有发表的论著中，他十分注意规范使用植物名称，在使用中文名称外，还会标注拉丁文学名，既便于国际交流，又便于国内实际工作者应用。除撰写专著外，他广泛搜集的国内外文献及标本资料为中国植物学研究创造了条件。在 1926—1936 年对杜鹃花科和槭树科的研究中，他几乎查阅和搜集了全部中外文献，制成资料卡片 3000 余张。这些资料卡片后存于四川大学植物研究室，以便于研究，可惜其中许多原稿在"文化大革命"中散失。

　　早在 20 世纪 50 年代，在方文培的大力促进和支持下，四川大学植物标本馆就因其馆藏丰富、历史悠久并富有特色而被纳入世界著名植物标本馆。该馆现名"四川大学自然博物馆"，目前馆藏植物标本 50 余万份，其中经过研究发表的植物新种模式标本 1000 余份，名列我国高等院校首位，成为我国重要的植物学研究基地，在植物学的研究、教学及国家的经济建设中发挥着重要作用。

案例点评

方文培教授是一位杰出的生物学家和教育家。自 1937 年应聘国立四川大学生物系后，他总是课前写出英文讲稿，课后又常带领学生野外实习，实地讲解植物的结构及特征，指导采集与制作标本。他支持学生上峨眉山采集各种杜鹃花回校，鉴定名称并举办花展，极大提高了学生的学习兴趣和效果。1975年，年逾古稀的他还专门为青年教师开辟专题讲座，讲授"植物分类学研究方法"，详细阐述分类学基本研究方法，介绍国内外研究已取得的成就和现状，鼓励青年学者继续努力。

1983 年 11 月 30 日，方文培病逝。世界著名植物学家，密苏里植物园主任彼得·雷文博士（Dr. Peter H. Raven）称方文培是"多么杰出的人才"，拥有"非凡的贡献"，并说"我敢保证国际植物学界将永远不会忘记他"。1991年世界名人传记中心（剑桥）为表彰他在科学研究上的成就，授予他金质奖章，并为他立传。正如中国著名植物学家、中国科学院学部委员秦仁昌教授评价的那样："方文培教授这一生对四川大学、对植物分类学、对培养后学方面都做出了卓越贡献……"

教学建议

方文培是世界闻名的植物学家，在植物分类学领域有许多贡献，他所取得的成就大多是从艰苦的实地考察中获得的。他攀山越岭采集标本，甚至自己花钱从国外采集标本资料，这些故事都生动地展示了一位杰出科学家对科学事业的热爱和献身精神。本案例可运用于"正确的人生观""创造有意义的人生"的教学，启发学生对如何实现人生价值、如何成就出彩人生的思考。

方文培留学英国和赴美考察期间，对大量中国的植物标本出现在国外的标本室、有关中国植物的著作多在外国刊物上发表的现象感到不安，这种不安成为推动他不辞辛劳地投入科学研究的动力。结合本案例，可以引导学生深入思考当代大学生如何承担起肩负的历史使命等问题。

1. 结合案例，谈谈方文培先生为什么能在植物学研究领域取得非凡的成就？

2. 参观"四川大学自然博物馆"，谈谈你的观后感。

[1] 赵清盛. 植物学家方文培先生 [J]. 植物杂志，1983 (6).

[2] 何勇，王东. 一座瓦屋山，两代植物情 [J]. 植物杂志，1999 (8).

[3] 伍策. 中国最杰出的植物学家掀开峨眉山"植物王国"面纱 [EB/OL]. (2016—06—02). http://www.china.com.cn/travel/txt/2016—06/02/content_38589654.htm.

[4] 四川大学档案馆校史办公室. "学心托杜鹃"——四川大学教授方文培 [EB/OL]. (2019—11—08). http://archives.scu.edu.cn/info/1012/2595.htm.

[5] 余凡. 杰出植物学家方文培去世 [EB/OL]. (2017—11—29). https://sc.ifeng.com/a/20171129/6190700_0.shtml.

张铨：开拓皮革事业 为酬救国壮志

张铨

图片来源：四川大学校史馆

张铨（1899—1977），字克刚，浙江仙居人。著名的皮革化学家、教育家。先后任教于燕京大学、华西协合大学、国立四川大学、四川化工学院和成都工学院，是四川化工学院和成都工学院一级教授，我国现代皮革工业的开拓者和奠基人之一，为我国皮革工业的科学化和现代化付出了毕生精力。他还是中国民主建国会成员，曾任四川省人大代表、四川省政协常委、第三届和第四届全国政协委员、中国化学化工学会理事、四川省化学化工学会副理事长、四川省科普协会副主席、四川省科学技术协会副主席等职。入选"四川古今杰出科技人物"。

心怀"工业救国"的求学路

张铨小学毕业后，被教会保送到杭州之江大学附中就读。由于家境贫困，暑假时他在省城打工补贴家用，寒假则徒步三百里回家过年。在之江大学附中毕业后，张铨升入之江大学。但大学第二年，张母仙逝，家中又连年遭灾，张铨不忍父亲于困境中变卖家产供自己读书，便中途辍学，到金华省立第七中学教书，承担起家庭生活的重任。

张铨始终不忘求学的信念，也未中断求学之路。1919 年，五四爱国运动轰轰烈烈地爆发了，张铨也受到这场运动的洗礼，爱国救国的热情高涨。20 世纪的中国，工业落后，"百年外侮，皆因中华羸弱，只有民富国强才能敌外侮。要民富国强，必先振兴科学，师夷之长技。而振兴科学的具体方法之一，就是搞工业，工业可以救国。"国运衰微让张铨产生了"工业救国"的信念。但工业发展路途颇多，他开始思考要学习什么专业知识才能实现救国救民。

随后，在一次休假期间，张铨回到母校之江大学探望师友，偶然间看见燕京大学为"工业兴国"设立制革系的招生简章。张铨了解到当时我国的生皮资源很多，但制革技术落后，国内皮制行业只能依靠进口，大量的利润被外商赚走，燕京大学由此决定创办制革系，希望为社会办实业，造福人民。这立即引起了张铨的情感共鸣，为酬"工业救国"的雄心壮志，他说服了父亲，退掉了娃娃亲，变卖薄田，筹足路费，考入燕京大学制革系，后以优异成绩毕业并留校任教。

为进一步提高学术能力，张铨向燕京大学申请出国进修制革学，校方答复可以送他到美国攻读物理化学或生物化学。张铨不愿放弃制革事业，谢绝了这次出国的机会。1937 年，曾在燕京大学任教的温森教授为张铨争取到了两笔奖学金，张铨得以赴美国俄亥俄州辛辛那提大学制革系深造，这一年，他已经 38 岁。

留学生涯考验着张铨的意志。在生活上，他既要承担起昂贵的学费和生活费，还要寄钱养家。在学业上，他必须在三年内通过多门学位课程的答辩。来之不易的进修机会让张铨倍加珍惜。他在学业上分秒必争，以惊人的毅力出色地完成了学位论文，仅一年就取得了理科硕士学位。1940 年他又获得博士学位，成为辛辛那提大学制革系第一位来自中国的博士毕业生。他的博士论文站在制革学前沿，深层次探索植物鞣革机理，研究中国五棓子鞣质、鞣酸与胶原结合机制，提出植物鞣质与胶原的结合系物理化学吸着作用的结果的假设，并做了科学论证，为国际辛辛那提学派植物鞣革机理吸着学说的创立奠立了坚实的基础。1940 年 5 月，张铨在美国皮革化学家学会第 37 届年会上宣读了他的博士论文，引起与会专家的热烈反响。

时值国家和民族生死存亡之际，考虑到皮革既是民用工业品，又是军需品，但国内制革业落后，急需大力发展，张铨谢绝了辛辛那提大学的挽留，几经辗转，历尽艰险回到祖国。

为皮革专业奋斗终身的教育家

1925 年，张铨以优异成绩毕业于燕京大学并留系任助教，因工作成绩突出，两年即晋升讲师，从此便开启了制革学科的教学与科研工作。1927 年，国民革命军北伐，北洋政府局势动荡。面对动荡的局势和外籍教师的离校，校方打算停办制革系。然而制革业是我国大有希望的民族工业，是张铨心中工业救国的一部分。当时燕京大学是国内唯一培养制革专业人才的院校，一旦被裁撤，我国制革业发展更加前途未卜。在制革系存废的关键时刻，他毅然向校长据理力争，留住了制革系。在制革系因经费不足而停办时，他仍然在学校教授制革课程，并且不辞劳苦筹措经费，举办制革大专班，为我国制革业培养了一批高级骨干力量，为我国制革业的发展奠定了坚实的基础。

留学归国之后，张铨更是全身心投入制革专业的教书育人工作。1940 年，他受聘于华西协合大学和乐山中央技艺专科学校，开设制革工程和蛋白质化学等课程。1946 年秋，他又被国立四川大学聘请兼任该校理科研究所化学部的指导教授，先后带了 5 名硕士研究生，同时为化学系学生授课。1948 年起他还在成都铭贤学院和成都理学院兼课。他先后讲授工业化学、工业化学计算、蛋白质化学、有机化学等课程。张铨讲课时总是能旁征博引，丰富多彩的课程内容让学生受益匪浅。

新中国成立之后，张铨参与筹办制革专业，致力于人才培养。1952 年全国高校院系调整时，国家决定在泸州建立四川化学工业学院，设置皮革毛皮及鞣皮剂工学专业，委派张铨为建校副主任委员。他和他的学生徐士弘、何先祺等以极大的热情建成了新中国高校第一个制革专业，并主持制定四年制教学计划、教学大纲，编写教材，改建制革实验场，筹集图书资料等，完成了学校基础建设。1954年5月，泸州四川化工学院与成都工学院合并，他任皮革工学专业教研室主任兼院务委员。

教材是专业发展的基础，张铨很重视皮革专业的教材建设。早在四川化工学院筹建制革专业初期，他就重视图书资料建设，通过各种渠道得到英、美、苏各国的相关期刊，又结合教学专题研究，翻译了大量资料。1958年，他去莫斯科参加第三届社会主义国家国际皮革会议，带回了大量的教学资料。1961年，他受轻工业部委托，主编了教材《皮革工艺学》，后又编著了《毛皮工艺学讲义》《单宁鞣料讲义》《皮革整理工程讲义》等大学教材，为高等院校皮革专业教材建设做出了突出贡献。

张铨教授（右一）参加社会主义国家国际皮革会议期间与苏联和民主德国专家合影

图片来源：四川大学校史馆

不断发展制革技术的实干家

张铨教授毕生念念不忘振兴祖国的制革业，在长期的教学工作中，他深知"'学习理论—科学实验—指导生产'是培养专门人才和发展科学技术的必由之路"，提出"术德兼修，手脑并用"的教育理念，不仅为制革业培养了大批人才，还切实地推进了制革技术的发展。

张铨早年曾调查了北平、蚌埠等地制革业状况，写了调查研究报告，提出了发展皮革生产的建议，包括培养技术人才、进行科学的技术管理、建立制革协会共同研究生产技术与管理的改进等。他还曾到张家口考察皮毛厂，到内蒙古、宁夏、陕西等地考察原料皮资源、植物鞣料资源，向各地建议设置皮革厂、毛皮厂，利用植物鞣料制革，开发各种资源和特产。1930—1937 年，他兼任天津春合制革厂监理（总工程师），传授制革新技术，使天津春合制革厂誉满中外。学成归国后，他还曾受国民政府军政部军需署的聘请，指导西南军需制革厂的生产技术。

新中国成立初期，轻工业部号召大力开展猪皮制革。1950 年，他就在成都办了国内第一个猪皮制革训练班，亲自指导传授新技术、新工艺，为推广现代化猪皮制革，发展我国皮革工业做出了重要贡献。为此，成都市人民政府还为他颁发了一面锦旗。制革训练班成立之后，他经常带领青年教师和学生到成都、重庆、上海、河南各地制革厂参观实习，指导学生实地观察、动手操作。他还给厂方技术人员上课，帮助解决技术难题和制定技术操作规程。1955 年，张铨受聘兼任林业部成都植物鞣料研究室主任，先后组织并指导专业教师和学生对云杉、冷杉、铁杉等树皮和橡椀、红根植物的鞣性进行研究；同时进行橡椀栲胶的中试研究，进行橡椀的浸提、浓缩、干燥的生产工艺研究，设计生产设备，为建栲胶厂提供数据。1963 年，他又带领青年教师和成都制革厂的同行一道，进行锆鞣底革的实用性生产试验。1974 年，他率领师生协助安徽合肥皮革厂进行黄牛面革酶脱毛新工艺研究，成功地解决了面革的松面问题，使得黄牛面革酶法新工艺获得成功。

 **案例点评**

张铨教授是我国皮革教育事业的开创者、奠基者，为我国制革业的发展做出过重大贡献。作为一名学生，他百折不挠、学而不厌，不断攀登学业高峰；作为一名老师，他求真务实、诲人不倦，为我国皮革事业发展大力培养人才。他严谨的治学态度、求真务实的学术追求、敢为人先的创新精神、为人师表的

崇高风范是对四川大学"严谨、勤奋、求是、创新"校风的鲜活的诠释。让他不畏艰辛、投身制革事业的是"工业救国"的初心；让他学成归国，投入制革教学和科研并为之奋斗一生的是国家和人民的需要，拳拳的爱国之心通过精益求精的敬业精神得到生动诠释。

 **教学建议**

本案例可用于"中国精神"和"理想信念"相关内容的教学。爱国主义是中华民族精神的核心。在积贫积弱的旧中国，张铨与同时代受五四爱国运动影响的青年知识分子一样，尝试着各种救国救民之路。他们看到了科技落后、工业落后导致国力衰弱的现状，于是一心想通过学习科学技术、发展民族工业来拯救国家。本案例一方面可以帮助学生理解爱国主义在不同历史时期的具体内容和要求；另一方面，还可以引导学生思考个人理想与社会理想的关系。

张铨主张理论与实践相结合的人才培养观念，他不仅是我国皮革专业教育的开创者，也是不断创新制革工艺的实干家。这方面的事例可运用于"改革创新的时代精神"相关内容的教学，促进大学生思考如何"做改革创新的生力军"。

 **学习思考题**

1. 张铨提出的"术德兼修，手脑并用"的教育理念，对于当代大学生创新精神的培养有何启发？

2. 张铨在大学阶段为何选择了皮革专业？他的经历对你有何启示？

参 考 文 献

[1] 胡亚兰. 新中国皮革教育事业的一代宗师——四川大学张铨教授//罗中枢. 四川大学：历史·精神·使命 [M]. 成都：四川大学出版社，2009.

[2] 高霏. 热爱与坚守：张铨先生的制革缘 [EB/OL]. （2014-04-16）. http://news. scu. edu. cn/info/1142/20502. htm.

[3] 四川大学校史办公室. 满座风生三校立 文理工医川大兴（三）[EB/OL]. （2016-

12—27). http://news. scu. edu. cn/info/1142/20474. htm.

［4］吕欣，吕绪庸. 中国皮革科技史话讲座之四——皮革科技巨人春秋（一）［J］. 西部皮
　　 革，2000（5）.

［5］张铨教授生平［J］. 西部皮革，1999（5）.

［6］刘文涛. 张铨基金奖简介［J］. 西部皮革，2013（2）.

［7］张铨教授主要著作［J］. 皮革科学与工程，1999（3）.

［8］张铣，张扬，吴兴赤. 制革化学家、教育家张铨教授生平［J］. 皮革科学与工程，
　　 1999（3）.

侯光炯：大地之子

侯光炯

图片来源：西北农林科技大学校友网

侯光炯（1905—1996），字翼如，著名土壤学家，中国科学院院士。1946年侯光炯被聘为国立四川大学教授，1952年院系调整时调入西南农学院。侯光炯毕生致力于研究土壤地理、土壤分析分区、土壤物理化学、土壤肥力、土壤改良及生态农业等领域，在理论和技术上都有很多新的发现和创造，尤其在创建中国农业土壤学和坚持土壤学直接为农业生产服务方面，为高质、高产、高经济效益的三高农业持续发展做出了巨大贡献。

艰难的起点

1917 年，13 岁的侯光炯以优异成绩考入江苏省南通私立甲种农业学校，这是我国创办最早的农校。1923 年，南通私立甲种农业学校改制为南通大学农科，他获准免试直接入学，享受助学金，开启了他一生学农、爱农、为农服务的事业。

1924 年，他转入国立北京农业大学农化系深造。学习期间，他经常到学校附近农村接触农民，了解到由于土壤盐碱化，土地产量极低，农民生活十分贫困。这使他感到，要改变国家贫穷落后的面貌，必须依靠科学来发展农业，并决心以土壤学作为他的主攻方向。国立北京农业大学是当时中国最著名的农业大学，陈宰均、汪厥明等老师的教诲给了侯光炯极大影响，奠定了他扎实的土壤学及相关学科知识基础和学术思路。1928 年毕业后，侯光炯留校任助教。1929 年，国民政府中央地质调查所土壤研究室聘用他参加土壤科学研究工作。他主动把土壤研究与农业生产相结合，撰写了《关于农业生产与土壤》等调查报告。但在当时的学术氛围和官僚作风下，他的研究成果并未受到重视，他个人还遭到排挤。但侯光炯毫不气馁，借助马车、骡车、毛驴、木船和两条腿，风餐露宿，跋山涉水，相继推出了关于大同、哈尔滨、南昌、渭河流域、中国西北部、江苏东部等区域的土壤报告。

1935 年 7 月，第三届国际土壤学会在英国牛津召开。侯光炯代表中国土壤学界宣读了论文《江西省南昌地区潴育性红壤水稻土肥力的初步研究》，开创性地提出了"水稻土"概念，独创了"淹育、潴育、潜育"理论以论证和阐述水稻土的形成与特征，并同时展示了 30 个整段土壤标本和十多篇相关论文，为中国土壤学研究在国际上赢得一席之地。

会后，侯光炯得到苏、美、德、法、英、意、匈、荷兰、瑞典等 10 多个国家代表的邀请和中华教育基金会的资助，去各国进行访问和合作研究。侯光炯带着"中国土壤与欧美土壤有什么不同"的问题在外国进行了 3 年考察和研究。在瑞典，他与世界著名的胶体土壤学家马希特合作研究、联名发表了论文《关于土壤胶体两性活动的规律》；在苏联，他写了论文《红壤成分与茶叶品质的关系》。在国外的考察交流让侯光炯深切地认识到"中国土壤科学要走自己的路"。1937 年，侯光炯怀揣题为《欧美土壤与中国土壤的异同》的考察报告回到了祖国。回国途中，他脱掉西装，换上蓝布长衫，还剃光了头发，展示出学习知识回到故土、服务本国劳苦大众的决心。

回国之初，他被委任为中央地质调查所土壤研究室主任。抗日战争全面爆发后，中央地质调查所迁至重庆。侯光炯在经费紧缺、生活困难的情况下，让妻子当助手，8 岁女儿做野外采样工，坚持研究农业土壤，并突破性地发现土壤粘韧性与土壤胶体数量、品质的相关性，创造了检测土壤特性和肥力的崭新的简捷方法。据此，他写下了《土壤粘韧性研究》《土壤粘韧性曲线测定法》等具有国际领先水平的学术论文，引起国际土壤学界的关注，他的论文也被收入第四届国际土壤学会论文集中。

创建中国的农业土壤学

1946 年，侯光炯应聘到国立四川大学农化系任教授，同时兼任四川省农业改进所土肥室主任。在学校，他主讲土壤肥料学、土壤化学、土壤地理学等课程。他教学认真负责，实行启发式教学，经常组织学生进行学术讨论、野外考察和科学研究。他悉心研究四川分布广泛的紫色土壤，获得巨大进展，并提出了"土壤肥力与土壤的水肥动态有直接关联"等重要观点。

新中国成立后不久，侯光炯从四川大学转入西南农学院土化系任教授，曾兼任系主任。在艰难的条件下，他建立起西南第一个土壤农化教学科研机构。当美国停止向中国出口橡胶时，他受中央指派，来不及向家人告别，就远赴西双版纳开展土壤普查工作。他克服热带雨林的种种困难，完成了西双版纳橡胶宜林地的调查规划，打破了当时世界上对北纬 17 度以北不能种植橡胶的定论。接下来，他又肩负长江上游水土保持土壤调查任务，在 3 年间踏遍岷江、沱江、涪江等长江主要支流流域，为中国紫色土改良奠定了理论基础。

1955 年，侯光炯被评为国家一级教授，中国科学院院士（学部委员）。1956 年后先后兼任四川省和重庆市科协副主席、四川省土壤学会理事长、中国科学院成都土壤研究室主任。

在长期的科学研究中，侯光炯认识到欧美的土壤学是适应机械化、集约经营而发展起来的，不适应我国分散的小农经济国情。他深知真正创造生产经验、发展土壤学的，是中国土地上精耕细作几千年的农民。因此，他特别看重农民经验，从农业生产实践中研究和发展土壤学。1958 年开展群众性土壤普查工作时，他深入一线搞试点，投身生产，虚心向农民求教，发表了《农业土壤调查方法的几个要点》《四川盆地紫色土的分类分区》《水稻土肥力研究中的几个问题》等。他大胆挑战欧美 18 世纪中叶以来形成的"养分即肥力"的观点，把研究重点放在大田土壤和土壤、气候与作物的密切关系上，发现土壤中的矿物质、有机质、微生物和酶等共同组成了具有活性的土壤胶体，成为土壤保蓄水分、贮藏养分、稳定酸碱、通水透气的物理基础和主要枢纽。据此，他提出"土壤是一种具有明显生理机能的'类生物体'，土壤生理性的周期变化和植物生理作用的周期性变化是否协调，决定土壤肥力的高低"的新观点，并于 1960 年发表论文《农业土壤的生理性》，被国际土壤界誉为"土壤科学的革命性创见"。1962 年，侯光炯在《中国农业土壤的分类体系》一文中，揭示了气候（热力）直接影响土壤胶体周期性变化，提出并论证了"以热能为前提的土壤肥力观点"。

　　正当侯光炯潜心研究、创新频出之际，他的研究因"文化大革命"而中断了。20 世纪 70 年代初，他终于重返讲台。1973 年，他获准前往四川省简阳县镇金公社联合大队四队工作。在这里，侯光炯和他的助手们举办各种类型的培训班、讲习所、推广站，宣传推广农业科技，几年间，使这片跑水、跑土、跑肥的"三跑地"变成了保水、保土、保肥的"三保地"。

　　1976 年，日夜操劳的侯光炯被诊断出胃癌。调治一段时间后，病灶竟奇迹般地获得有效控制。疾病没有击垮侯光炯。他在病后进一步提炼和升华多年来的研究结果，总结提出了"土壤肥力的生物—热力学"理论，揭示出土壤、气候、作物和耕作之间矛盾统一的辩证关系，提出提高土壤肥力是夺取农业优质高产的根本，为建立适合中国国情的"大农业土壤工程"做出了巨大贡献，荣获 1978 年全国科学大会重大成果奖。1994 年 7 月，满头白发、年近九旬的侯光炯在墨西哥阿卡普尔宣读了论文《自然免耕是消除洪灾，实现持续农业的一项世界性任务》，获得各国学者的肯定与祝贺。

侯光炯教授（左二）在田间进行调查
图片来源：四川大学校史馆

到田间地头推广耕作技术

"理论来源于实践，又指导实践"，是侯光炯从事科学研究的座右铭。他坚持从生产中找课题，并将研究成果应用到生产实践中去接受检验。进入20世纪80年代后，以"土壤肥力的生物—热力学"理论为依据，侯光炯建立了水田半旱式耕作方法。他以宜宾市长宁县相岭区为综合研究基地，亲临田间地头，不厌其烦地向农民解释和推广。为扩大试验区，他甚至广悬告示："凡采用半旱免耕法而造成减产的试验户，减产部分由侯光炯赔偿。"最后，参加试验的大多数农户较前年增产15％～30％，深脚冷浸烂泥田更是增产50％以上。该技术具有省工、省水、省肥、省种、省药和高产的优点，不仅增加了农户效益，而且提高了土壤自调能力，维护了生态平衡。1984年9月，国家农牧渔业部、中国农业科学院主办的半旱式栽培学术研讨会在宜宾召开，确认了这项科研成果是有中国特色的先进农业科学技术，在水稻栽培区有广泛推广的价值。1986年，该技术获国家科技进步三等奖，国家教委和四川省科技进步一等奖，并在全国水稻区迅速推广。1986—1991年，南方17个省区市的5000多万亩土地采用该技术，获得直接经济效益20亿元以上，生态、社会效益显著。

自从立志研究土壤学，侯光炯便和农民结下了不解之缘。他说："我研究的是土壤，离开了生长的植物和它们所处的自然环境，就不可能成功。农民才是土壤的真正主人，离开农民，我的一切研究都没有意义。"在长宁县相岭区，他建立了自然免耕研究所，17年间，他每年都要到这里来蹲点，与当地干部群众一起，探索耕作技术的突破。他把农民当作自己的亲人、朋友，在指导农民生产的同时，又把农民当作老师，经常到农民中搞调查访问，学习农民经验。他的半旱式栽培法、大窝种植技术、半旱式垄沟蓄水等研究成果，都闪烁着农民的智慧之光。谈起取得的成果，侯光炯谦虚地说："我不是什么专家，农民才是真正的专家，我只不过给他们做了一下总结。"①侯光炯经常教导助手和学生们要虚心向农民请教，认真总结农民的经验。他给前来农村基地的研究生上的第一堂课就是只有与农民多接触，尊敬他们，才能从他们那里受到启发，才能学到真正实用的知识。

半个多世纪的风雨沧桑，侯光炯对土壤的痴迷始终不变。他说："土壤生万物。它忠于职守，千万年来默默地为人类奉献出粮食和其他许多财富，为人类的生存提供了最基本的条件。土壤这种没有喧闹，不求索取，但求无私奉献的精神，让我钦佩，时时启发我进行这样的思考：应该怎样对待工作，对待生命。"②

1996年，已经91岁高龄的侯老还指导和带领团队完成了一系列的科研任务：8月，"水田免耕半旱式栽培技术"经全国专家鉴定并获通过；9月，他提出根治长江流域旱涝灾害，建立长江上游生态农业示范区等重大科研课题报告，向重庆市科委递交了《三峡库区生态农业区划及其建设规划》；10月，召集自然免耕研究所人员制定1997年科研课题；直到病逝前10多天，他还忍着病痛在自然免耕所指导试验。侯光炯曾说："我是农业科学家，为农业服务一辈子是我的宗旨。生命有限，服务于农业可以无限。我决定在长宁这块土地工作到我离开这个世界为止。"他完成了自己的承诺。

---

① 申丽娟、谢德体、丁恩俊：《学风建设"四要"》，《光明日报》，2013年10月2日，第6版。
② 林晓舟：《侯光炯：富有的穷教授》，《中国教育报》，2019年10月9日。

 **案例点评**

有人说，侯光炯是"富有的穷教授"。他的一生就像泥土一样朴实，却滋养着庄稼的生长，为我们提供着精神的食粮。有的外国学者认为土壤学研究与农业没有关系，但他却深刻地认识到，土壤学研究必须为农业、农民服务才有价值，中国的土壤学必须立足中国的国情，才有发展前途。他坚持深入田间地头调查，虚心向农民请教，认真总结千百年来的耕作经验，开创了中国土壤学科研究的广阔天地，取得了丰硕的成果。他是大地之子，他热爱土地，热爱生活在这片土地上的人民。18年蹲点乡村，双脚常常沾满了泥土，他却乐此不疲。他从不居功自傲，把各种荣誉看成是"欠人民的债"，他要"利用有限之年，为土壤科学多做点贡献，为人民多还一点债"。侯光炯对自己近乎苛刻，对他人却乐善好施，有求必应。对农民生产生活的困难，他总是慷慨解囊，倾其所有。尽管侯光炯在四川大学工作的时间不长，但是，他的名字依然是四川大学的骄傲，他的精神将成为四川大学精神的宝贵财富，永远值得川大人学习继承。

 **教学建议**

本案例可用于"弘扬中国精神""创造有意义的人生"的教学。在侯光炯身上，充分体现了中国人民具有伟大奋斗精神、伟大梦想精神。他热爱人民、热爱土地的深厚情感，淡泊名利、无私奉献的科学家精神，都是当代大学生学习的榜样。侯光炯坚持理论研究与实践相结合，在田间地头向农民学习，全心全意为农民服务，"把论文写在祖国大地上"，充分说明"社会实践是实现人生价值的必由之路"。他的事迹能够教育启发大学生正确认识人生实践的重要意义。

学习思考题

1. 侯光炯说："土壤这种没有喧闹，不求索取，但求无私奉献的精神，让我钦佩，时时启发我进行这样的思考：应该怎样对待工作，对待生命。"怎样理解这段话？这段话对你有什么启示？

2. 侯光炯认为"中国土壤科学要走自己的路"，为什么？

［1］申丽娟，丁恩俊，陈绍兰等. 农业土壤学研究：侯光炯学术思想形成之考察——纪念侯光炯先生诞辰 110 周年［J］. 土壤学报，2015（1）.

［2］姜宗芬，胡声荣. 土壤科学家侯光炯教授［J］. 中国科技史料，1990（2）.

［3］倪良端. 土壤学家侯光炯［J］. 巴蜀史志，2006（2）.

［4］为我国土壤科学奋斗一生的侯光炯教授［J］. 西南农业大学学报，1990（1）.

［5］林晓舟. 侯光炯：富有的穷教授［EB/OL］. 中国教育报.（2019－10－09）. http://www.gsdjw.com/news/it/138615.html.

［6］蒋德均. 大地之子——记侯光炯院士［EB/OL］.（2020－07－26）. http://www.scdfz.org.cn/scyx/scrw/content_40389.

陈志潜："中国公共卫生之父"

陈志潜

图片来源：四川大学校史馆

陈志潜（1903—2000），四川华阳人，祖籍江苏武进，我国著名医学家、公共卫生学家、医学教育家，曾任四川医学院卫生学教授、卫生系尘肺研究室主任，华西医科大学教授。历任卫生部医学科学委员会委员，中华医学会副会长，中华医学会卫生学会委员、名誉顾问，中华预防医学会名誉理事，九三学社中央委员。他为我国的卫生事业，尤其是农村社区保健和公共卫生教育事业做出了卓越贡献，是中国公共卫生事业的创始人和奠基人，被誉为"中国公共卫生之父"。

开创中国农村三级卫生保健定县模式

陈志潜教授终生致力于农村卫生事业。早在1926年，还是北京协和医学院医学生的陈志潜，就在他主编的《丙寅医学周刊》发刊词中写道："今日之医学范围甚广，不限于治疗，亦不限于预防。言治疗而不讲预防者非今日之医学也；言预防而鄙视治疗，亦非今日之医学也。"① 陈志潜一生最具创造性的工作是20世纪30年代在中国河北省定县开展的具有国际影响的社会卫生实践活动，即建立了我国第一个农村卫生实验区，开创了中国农村三级卫生保健网的"定县模式"。

1932年，刚从国外学成归来的陈志潜博士接受了老师兰安生的建议和国际乡村改造运动倡导者晏阳初的邀请来到定县。1932—1937年，陈志潜任中华全国平民教育促进会卫生教育部主任，主持定县的农村建设实验区卫生工作。他的抱负是"通过社会实验设计出一个向中国农民提供保健和现代医疗的模式体系"。他认为，现代医学不能仅仅服务于城市人、有钱人，而应当通过实施公共卫生措施和建立"公医制度"让更广大的普通民众特别是占人口大多数的农村民众获益。

陈志潜的实验首先从社会调查和生命统计入手。调查显示，定县人口死亡率高达3.21‰，新生儿死亡率更是高达19.9%，其中，37%的新生儿所患疾病是可以预防的，32%的新生儿所患疾病可以通过早期治疗获得痊愈。在深入调查分析的基础上，他认为应当首先从可预防和可治愈的疾病防治着手，采用预防为主、防治结合的策略，通过公共卫生措施针对主要流行疾病进行综合防治。同时，他将健康教育纳入平民教育内容，培养村民的卫生意识，推动村民改变不健康的传统生活方式和行为。

当时的中国农村卫生资源严重缺乏，如何解决专业人员缺乏并有效组织卫生保健服务？陈志潜的做法是：其一，由社区推选具有服务精神的村民志愿者，经过短期培训后担任本村的卫生员，配合上级医生开展疾病防治工作。其

---

① 王丹红：《陈志潜：从协和博士到中国和世界公共卫生先驱》，王丹红专栏，https://mp.weixin.qq.com/s/8IQC3Q8sJLKds5I6IyhmiTg，2021年1月8日。

二，为村卫生员统一配发保健药箱，让其在上级医生监督下执行指定的职能，如种痘、常见疾病的简单处置和急救、水井消毒、改良厕所、开展卫生宣传，以及出生和死亡登记等。他还组织对农村旧式接生员的培训，为年轻母亲传授母婴保健知识，努力控制和降低产妇和婴儿死亡率。其三，按照定县农村行政体系的设置，建立以村为基础，上下联动的村、乡、区三级卫生服务组织网络。区卫生中心位居该网络的顶层，负责对全区卫生保健服务的行政管理和协调指导，并管理一所具有 50 张病床的医院，定期安排北平协和医学院师生到医院开展实习，培训指导当地医生解决疑难问题，进行特殊疾病的诊治。第二级为在各乡镇设立的卫生站，由当地经正规培养的医生出门诊，并负责对所辖各村卫生员的培训指导和监督。第三级是村卫生员，其在乡卫生站医生指导下执行指定的疾病防治和公共卫生任务，向乡卫生站报告工作并介绍向上转诊的病人。经过各方面的努力，定县不到三年就消灭了霍乱、天花和黑死病等传染性疾病。1934 年年底，国民政府决定在全国推广"定县模式"。

定县模式的成功，体现了陈志潜作为医者的崇高理想、创造性思维和脚踏实地的作风。他和他的团队于 20 世纪 30 年代在世界上率先探索了一条让医学走出象牙塔，将临床医学与预防医学结合、个体治疗与群体防治结合、专业人员与公众参与结合的社区卫生之路。

总结定县模式的经验，至少有以下几点值得后人汲取：第一，将卫生事业纳入社会建设协同发展，建立与农村社会建设相适应的公共卫生组织模式和实施途径。第二，三级预防保健网的设计和运行要充分考虑当地的经济条件及其承受能力，保障全体村民能够享有现代卫生保健服务。第三，通过科学组织、合理分工和适当培训与监督，让普通村民胜任在本社区推进初级预防保健服务的任务。第四，通过社会调查和流行病学分析，以问题为导向科学制定卫生计划，以解决健康问题的成效作为评价现场实验是否有效和可行的依据，注重因地制宜施策和模式的可复制性。

奠基中国健康教育事业

陈志潜（右前）在 1995 年华西医科大学建校 85 周年庆祝大会上

图片来源：四川大学校史馆

　　陈志潜长期从事医学教育和公共卫生学教学，是中国健康教育事业的奠基人之一。他认同"健康是生活的起点"的理念，亲自编写了中国最早的农民卫生知识读本，翻译出版了中国第一本健康教育学专著《健康教育原理》。早在北京协和医科大学（后改名北平协和医学院）就读期间，陈志潜就积极参加爱国学生运动并立志知识报国，用自己的现代医学技能为广大民众服务，而不是仅仅为少数人服务。他积极向民众传播"科学的医学"理念、倡导公医制度、普及疾病防治常识。1929 年从北平协和医学院毕业后，他先后追随陶行知和晏阳初到南京晓庄师范学校和河北定县创办农村卫生试验区，一边组织人员为村民防病治病，一边自编《农民卫生知识讲义》，通过农民夜校和成人学校向村民传授卫生知识。

　　20 世纪 40 年代，陈志潜在极其艰苦的条件下成功地创办了重庆大学医学院并担任院长。中华人民共和国成立后，他一直从事他所钟爱的公共卫生教育事业。在长期的社区卫生实践和院校教育中，他形成了自己独到的教育主张和方法。他主张医学生的培养必须坚持理论与实际紧密结合，特别强调参加社区卫生实践的训练。他高度重视培养医学生预防医学的理念，注重社会责任感和奉献精神。在公共卫生教育方面，他强调公共卫生工作者首先应当是一位好医生，应在在校教育阶段打牢医学临床基础；公共卫生工作者的专业化训练应当把重点放在社区卫生和现场工作上，以培养解决实际问题的能力。公共卫生工作者特别要掌握对人群疾病的调查分析技术，能够发现社区疾病流行规律和主要卫生问题，并采取针对性技术和社会措施开展综合防治。在公共卫生课程安排上，他还主张增加社会人文科学和管理科学的课程，培养学生形成开阔的视野和组织协调能力。

陈志潜教授的工作和贡献得到了国内外广泛认可。在中华人民共和国成立之初，陈志潜教授被邀请出席第一届全国卫生大会，参与制定国家卫生工作方针。"预防为主"作为重要原则，被写入国家卫生工作方针。在陈志潜教授的参与下，党和政府进一步建立了农村合作医疗制度和覆盖全部农村地区的三级卫生保健网，并大力培训村民"赤脚医生"。这些措施极大地缓解了中华人民共和国成立初期广大农村地区严重缺医少药的困境，为保障广大农村人民群众健康发挥了重要作用。

案例点评

"中国公共卫生之父"陈志潜教授提倡公共医疗制度，积极开展健康教育，为中国的卫生事业，尤其是农村社区保健和公共卫生教育做出了卓越的贡献；他执着追求、默默奉献，在自己专业领域内，为祖国赢得了荣誉，为爱国知识分子做出了榜样；他一生追求"爱国、民主、科学"，献身于中国社区医学的工作精神和博大的人文情怀，永远值得后人敬仰。

澳大利亚塔斯马尼亚大学利索夫斯基教授曾称："陈教授是真正卓越和有远见的公共卫生工作者之一，他的事业对中国的卫生保健是一项重要贡献。"联合国儿童基金会前主席格兰特博士曾评价说："陈志潜教授致力于卫生工作50多年，对世界卫生工作做出了不可估量的贡献。这些贡献至今仍在促进着中国人民的健康和幸福，同样也在相当程度地改善着世界其他发展中国家人民的健康和幸福。"

 **教学建议**

　　旧中国的医疗卫生事业十分落后，普通百姓缺医少药，看不起病，更缺乏健康卫生知识。为了改变这种状况，陈志潜克服种种困难，在定县农村开展社会卫生实践活动，建立了我国第一个农村卫生试验区，建立了中国最早的农村三级卫生网络。他心中装着的是普通百姓的疾苦病痛，在他身上，充分体现了医者的仁心大爱和救死扶伤的高尚职业道德。本案例可用于"中国精神"及"投身崇德向善的道德实践"相关内容的教学。

 **学习思考题**

　　1. 陈志潜是怎样实现建立一个"向中国农民提供保健和现代医疗的模式体系"的抱负的？他成功的经验是什么？对当代大学生有何启示？

　　2. 在陈志潜身上，体现了怎样的职业道德？

参 考 文 献

[1] 张建新. 浅谈陈志潜农村医疗卫生的哲学思想与健康中国建设的战略 [J]. 现代预防医学，2019 (18).

[2] 刘慧. 晏阳初与陈志潜的乡村公共卫生职业教育思想与实践 [J]. 职教论坛，2012 (13).

[3] 陈昭斌. 论"定县模式"中陈志潜教授的主要思想 [J]. 现代预防医学，2004 (5).

[4] 郭栉懿，郭开瑜. 农村三级医学保健网的先驱——陈志潜教授 [J]. 现代预防医学，2003 (5).

[5] 张孔来. 怀念我的恩师陈志潜教授 [J]. 现代预防医学，2003 (5).

[6] 梁占恒. 跨越半个世纪的一个句号——访陈志潜教授 [J]. 中国健康教育，1989 (3).

[7] 鱼雷. 热血化春雨润物细无声——访华西医科大学教授陈志潜 [J]. 中华预防医学杂志，1988 (1).

[8] 顾学箕，金锡鹏，胡俊峰. 介绍陈志潜教授著《中国的农村医学——我的回忆》（英文版）一书 [J]. 中华预防医学杂志，1991 (1).

[9] 苏志. 中国社区卫生之父——缅怀中华医学会副会长陈志潜教授 [J]. 中华医学信息导报，2018 (16).

乐以成：仁心妙手济妇孺

乐以成

图片来源：四川大学校史馆

乐以成（1904—2001），四川芦山人，华西协合大学医学院第一位女博士，国家一级教授，我国著名妇产科专家和医学教育家，我国妇产科医学的先驱者、开拓者和改革者。

名门闺秀，女中翘楚

乐以成出生于 1904 年 10 月 17 日，乐家祖籍江西，祖上因任官而定居芦山。乐以成的父亲乐和洲是一名武贡生，负责经营家族产业。二叔乐和济系秀才出身，负责管理家族对外事务，并在华西协合大学担任舍监。三叔乐和澄，毕业于四川法政学堂，早年从军，英年早逝。三兄弟共有子女 17 人，按"以"字辈排行，乐以成在 8 女中排行第二。乐和洲和乐和济笃信基督教，允许家中女儿不裹小脚，且非常重视子女教育，家族开办有私学，无论男女均可上学读书。

1914 年，乐以成在雅安明德学校就读，13 岁毕业后返回芦山。其间她目睹了大嫂因难产、乡间接生婆采用愚昧迷信的方法接生而过世，乐以成立志学医，希望能到成都继续求学。虽有时任华西协合大学舍监的二叔的支持，但仍遭到父亲反对。1919 年春，乐以成女扮男装逃出家庭，在母亲协助下抵达成都，进入成都华美女中，1920 年转入四川省立第一女子师范学校附中继续读书。1924 年中学毕业，入读成都女子高等师范学校，并计划前往北京协和医科大学或湖南湘雅医学院学习医学。

1924 年，华西协合大学开始招收女生，在中国西部首次实现男女同校。乐以成顺利通过入学考试，成为华西协合大学的第一批 8 名女学生之一。

1927—1934 年华西协合大学口腔及医学女学生（前排左二为乐以成）

图片来源：四川大学校史馆

1924—1932 年，乐以成度过了 8 年的艰苦求学岁月。西方现代医学知识体系庞大，且华西协合大学医学院为全英文教学，因此，最终能学成毕业的学生很少。但这些都没有难倒乐以成，她专心致志地投入到学习中，于 1932 年以优异成绩顺利毕业，获得华西协合大学医学博士学位，并同时获得纽约州立大学医学博士学位，成为华西协合大学历史上首位医学女博士。

仁心精术济妇孺

1932 年博士毕业后，乐以成成为成都仁济医院的医生，开启了救死扶伤的行医生涯。仁济医院是教会医院，是我国西南地区第一所西医医院，后成为华西协合大学的教学医院。1933 年，乐以成赴北平协和医院妇产科进修，师从林巧稚，潜心钻研妇产科医学。1934 年返回成都后，乐以成出任华西协合大学医院妇产科主治医生。

1939 年 7 月，乐以成被派赴加拿大多伦多女子大学医院妇产科做住院总医师，为期 1 年。1940 年 7 月，又进入美国洛杉矶市立医院见习 1 年。乐以成以极大的学习热情和刻苦精神投入到医学学习和实践中，创下了三天三夜不回住所、留院完成 18 台手术的惊人纪录。

1941 年，在完成加拿大多伦多女子大学医院和美国洛杉矶市立医院的医学训练后，乐以成返回华西协合大学医院，任主治医生、副教授。1944 年升任教授和妇产科代理主任。1946 年晋升为妇产科主任。虽然时局艰难，社会动荡，但乐以成以其精湛的医术服务民众，获得了极高的声誉。

1949 年，乐以成被派往英国皇家医学研究生院进修，任住院外科医生，为期 1 年。她忘我的工作精神和出众的医疗技术令英国同行刮目相看。同年新中国成立，她婉拒了英国方面优厚的待遇，说："无论你们怎么挽留，我是中国人，我要回到解放了的祖国去。"1950 年秋，她携带在国外购买的珍贵书籍、药品和新型医疗器械，经香港返回成都。

回到成都后，乐以成教授担任华西大学附属医院妇产科主任，一边行医，一边培养学生。她擅长诊断处理各种难产，以及用手术治疗多种妇科疾病，首创我国经阴道子宫切除式和逆行子宫广泛切除式。自 1953 年起，乐以成教授一直担任中华医学会妇产科四川分会及成都分会主任委员，举办学术讲座，传播新技术知识，培养医疗骨干。20 世纪 60 年代，她带领团队主编的《妇产科医师手册》《妇产科疑难病症》《妇科阴部手术图解》等著作，成为我国妇产医学界规范化、标准化专业指导典范，奠定了她在中国妇产医学领域的先驱者和开拓者的地位。从 20 世纪 60 年代至 80 年代，乐以成教授常常参加农村巡回医疗服务，还曾远赴新疆，帮助当地建设医疗卫生服务系统。

在成都的每一天，她都骑着自行车往返于住家和医院。每天早上 7 点半，她总是准时出现在科室，从无松懈。"妇产科关系着母婴生命，直接影响到家庭和社会，"她常常这样教导同事和医学生，"医生要有高超的技术，更应该认真负责地对待病人。要严肃、严格对待科学。"经她的手，有数以万计的产妇顺利分娩，成千上万的婴儿呱呱坠地。她常常在路上被她不认识的陌生人拦住，热情问候，被亲切地称呼为"乐妈妈""乐婆婆"。

1990 年，英国剑桥大学地质学教授哈兰德夫妇带着他们 45 岁的女儿，从英国千里迢迢前来中国看望乐以成教授，感谢她的救命之恩。1945 年，哈兰德教授在华西协合大学任教，哈兰德夫人临产前因先兆子痫、妊娠高血压而陷于危险，正是乐以成教授果断地为她进行剖宫产手术，才使她转危为安，最终母女平安。

乐以成善，乐以发和

"师严然后道尊"，作为医学教育工作者，治学严谨是乐以成教授的一大特点。她从制定教学大纲、教学计划开始，推动课堂教学、实习教学、师资队伍和教材建设等各个环节的工作，注重课堂教学与临床教学结合；她深入浅出、理论联系实际的教学艺术令学生们获益匪浅。同时，她探索富有创意的教育方式，要求各级医师、护士制定学习计划，结合临床病例查阅中英文资料、写读书报告，举行全科或小组读书报告会、病例分析讨论会等，促进了教学、医疗、科研的良性互动。

1983 年，年届 78 岁的乐以成教授卸任各种职务，退居二线。但她仍随时关注学校的发展，每周坚持参加查房和病案讨论，参加社会义诊活动，传播医药卫生知识。82 岁时，她仍在指导研究生；85 岁高龄时，她还坚持看门诊，服务病人。

 案例点评

乐以成在我国妇产科界享有"北有林巧稚，南有乐以成"的盛名。乐以成的名字，出自孔子《论语》中的"兴于诗、立于礼、成于乐"，以及《吕氏春秋》中的"正德以出乐，和乐以成顺"。从20岁在华西协合大学开启医学生涯到96岁离世，乐以成70多年坚守在临床和医学教育岗位上，仁心妙手医治了无数病患，迎接了无数新生命的诞生。乐以成善，乐以发和，乐以成的人生完美地呼应了她这个富有中国传统文化精神气质内涵的名字。她去世时，有人撰联一副以纪念她一生的功德："医坛泰斗更春风化雨桃李芬芳匆作古遗爱在人间；杏林大师犹著书立说成果丰硕现成永诀德行存宇内。"

教学建议

本案例可用于"人生观""中国精神"及"职业道德"相关内容的教学。

青年乐以成求学于华西协合大学医学院，长达8年的医学学习生涯困难重重，她凭着顽强的意志坚持了下来。成为一名医术精湛的临床医生，更是要经过漫长的临床实践和不断进修提高的过程，她也坚持了下来。她的事例能够启发当代大学生正确认识和处理人生的"得与失""苦与乐"的课题。

乐以成的一生还体现了医学工作者尊重科学、对工作精益求精、爱一行钻一行的爱岗敬业精神，敬重生命、全心全意为病人服务的奉献精神，生动地诠释了职业道德的内涵。

乐以成多次出国进修学习，有机会留在工作条件和生活条件都十分优越的国家，但她仍然选择了回到自己的祖国，为人民服务，充分体现了她真诚的爱国情怀。

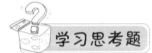 学习思考题

1. 如何理解乐以成所说的"医生要有高超的技术，更应该认真负责地对待病人"？

2. 怎样理解人生的"苦与乐"？你从乐以成的故事中获得怎样的启示？

[1] 霖泉. 医学名家：华西协合大学首位女博士乐以成 [J]. 志苑集林，2019 (2).

[2] 华西医科大学医学院妇产科. 翱翔在医学圣殿六十年——记全国著名妇产科学家乐以成 [J]. 华西医学，1991，6 (3).

[3] 张文琴，孙新生，李永莲，等. 精术济妇孺 大医效祖国——纪念九三学社社员、著名医学教育家、妇产科学家乐以成诞辰一百周年 [J]. 2005 (10).

[4] 吴学刚. 可怕的四川人 [M]. 北京：中国长安出版社，2011.

宋儒耀：中国整形外科的奠基人

宋儒耀

图片来源：四川大学华西口腔医院新闻中心

宋儒耀（1914—2003），辽宁海城人。1939 年毕业于华西协合大学，获牙医学博士学位。1948 年在美国宾夕法尼亚大学获医学博士学位。他是中国第一位整形与颌面外科教授，中国整形外科奠基人之一。历任华西协合大学口腔医院院长，北京协和医院整形外科一级教授，中国医学科学院整形外科医院院长、名誉院长，第五届、六届全国政协委员，第七届全国政协常务委员，政协医药卫生组副组长，中国农工民主党中央委员、常委、咨监委常委。美国整形与再造外科学会终身会员，国际整形与再造外科学会理事会理事，国际美容整形外科杂志地区编辑，中华整形外科学会主任委员、名誉主任委员，中国残疾人协会理事会理事。

勤奋好学，斩获三个博士学位

宋儒耀出生于辽宁海城一个医学世家。1931 年九一八事变后，日本侵占东北，他成了一名流亡学生，背井离乡，辗转于齐鲁大学和华西协合大学。1939 年，宋儒耀以优异成绩从华西协合大学毕业，获牙医学博士学位，并留校任教，在华西牙科医院担任牙科医师。两年后，他因工作出色被破格提升为外科主任。时值抗日战争，有些颌骨枪伤伤员被送到成都，但华西牙科医院却完全不能治疗。为了培养能为中国伤员治疗的颌面整形外科医生，华西协合大学选派宋儒耀去美国进修。

1943 年，宋儒耀到美国罗彻斯特大学医院整形外科担任住院医生。第二年，他到费城的宾夕法尼亚大学医学进修学院访问世界著名的颌面整形外科权威艾维（Ivy）教授。访问期间，艾维教授临时让宋儒耀担任他的手术助手，因表现出色受到教授青睐，宋儒耀又转到费城进修。

在宾大医学院担任住院医生不久，一天晚上有一位下颌骨中心性血管瘤大出血的病人来看急诊，病人危在旦夕。宋儒耀当机立断，毅然给她施行了颈外动脉结扎手术，出血立即停止。多年之后提起这个病例，艾维教授仍赞不绝口："他（宋）处理的急诊病例之一是一个颌面外伤严重出血的病人，经局部处理未能止血，但他通过结扎颈外动脉控制了出血。"他称赞宋儒耀"学习勤奋、工作仔细，笔记极为认真"，是"宾夕法尼亚大学医学进修学院最出色的学生之一"。跟随艾维教授学习时，宋儒耀坚持记录协助老师处理的每一病例，对病理标本的镜下切片都做了详细记录和描述，并配以手绘彩图。后来，他把这些笔记整理成论文，拿到了医学硕士学位。为了帮助这位才华出众的中国青年学者，艾维教授在宾夕法尼亚大学医学院解剖学系给他找了个解剖学助教的工作，让他半工半读，为此他常常要工作到深夜。1948 年，他以出色的成绩获得宾夕法尼亚大学医学进修学院科学博士学位。

宋儒耀取得博士学位之后，没有被美国优厚的生活工作条件所惑，而是怀着一颗爱国之心，学成归国，用他的医学知识为百废待兴的祖国和人民服务。1948 年，华西协合大学破格任命他为颌面整形外科教授、华西协合大学口腔医院院长，这一年他才 34 岁。宋儒耀在任教授和院长之余，又在医学院继续攻读医学博士学位。他和学生一起学习，一起参加考试，度过了三年教授兼医学生的生活，直到 1950 年年底毕业。这是他获得的第三个博士学位。

心系祖国，组建援朝手术队

1950 年 10 月，中国人民志愿军跨过鸭绿江，开赴朝鲜，揭开了中国人民抗美援朝的序幕。抗美援朝战争中，我们的志愿军英勇作战，一步一步改变着朝鲜战场上的形势。但战争是惨烈的，志愿军伤亡很大。其中，创伤和烧伤是主要的伤情。当时志愿军普遍缺少钢盔，所以创伤中以头面部创伤居多。敌军在战争中使用了凝固汽油弹——战争初期，志愿军对这种武器并不熟悉，缺乏应对方法——造成志愿军出现较多烧伤伤员。

头面部创伤伤员需要颌面部专业的医生处理，烧伤病人需要烧伤整形专业的医生处理。但新中国医务人员极度缺乏，更无这方面的医生，不少战士因缺乏有效的医疗救治而牺牲。1951 年，中央军委下令，要求西南军区迅速组建一支援朝医疗队，宋儒耀受命担任队长并负责选拔人员。

1951 年 4 月，由宋儒耀领队的援朝手术队与重庆组建的医疗队伍合并在一起，组成"西南援朝手术队"，奔赴朝鲜前线。他们一到前线就立即开始为伤员进行整形手术。宋儒耀决心探索治疗凝固汽油弹烧伤的方法。他使用大面积深度烧伤的异体植皮技术，挽救了许多严重烧伤伤员的生命；他发明了全脸和全手的整张游离植皮术，提高了面部和手部烧伤治疗功能和外观效果；他还发明了不用胶水的"带针"鼓式取皮机，完善了凝固汽油弹烧伤的治疗方法。当时伤员很多，而整形外科医生奇缺，他不得不采用"车轮战术"，由助手准备好几台手术，他做完一台手术，换身衣服，接着做第二台手术。他和其他同志们一起，用夜以继日的忘我工作，给伤员带来生的希望。为了表彰他的卓越贡献，1951 年中国人民志愿军卫生部给他所领导的手术队记集体一等功，并给他本人记大功一次。

宋儒耀（前排右一）带领的西南援朝手术队
图片来源：四川大学校史馆

由于宋儒耀和他的团队卓有成效的救治，整形外科在治疗战伤中的重要作用得到了军队的高度重视。为了提高战伤救治水平，迅速壮大整形外科队伍，1951 年，宋儒耀在长春第三军医大学开办了一个短期整形外科训练班；1952 年又在北京协和医院开办了一个为期两年的整形外科进修班，为我国培训了第一代整形外科医疗队伍。抗美援朝战争结束后，1956 年他被派送到苏联参观学习。从苏联回国后，他吸取美国和苏联整形外科的优点，结合我国整形外科工作的经验，在中国人民解放军总后勤部的支持和帮助下，于 1957 年创建了我国第一所整形外科医院——中国医学科学院整形外科医院。

不断攀登，推动医教研创新发展

宋儒耀在整形外科多个领域发明、改进了多种手术方法，极大地减轻了病人的痛苦。中国是人口众多的大国，在当时有大量贫困但需要得到整形外科治疗的病人。按照传统的整形外科方法，许多手术需要多次才能完成。宋儒耀相信中国人自己的智慧，坚持要有自己的创新。他曾说："我们中国人刻苦，有耐性，手又巧，在整形外科的一次性器官再造和显微外科手术方面，已经赶上和超过世界先进水平。我们既要虚心学习一切先进技术，更要敢于走自己的路，要用我们有的东西去外国换回我们没有的东西。"① 他经过深入研究，打破了传统的不能在多部位同时施行手术的禁律，发明了"一次手术完成的全鼻再造法"，使在国外需要三次手术才能完成的工作一次完成；他还发明了"鼻底三角瓣唇裂修复法"，使唇裂手术的效果更为完美。他提出了多种新的手术方法，如修复腭裂的上提手术，新的尿道下裂修复手术，全下肢整张植皮术等。这些发明创造凝聚了他多年的心血，标志着我国整形外科已达到世界先进水平。

宋儒耀是新中国第一位整形与颌面外科教授。从美国回国后，他就一直注重我国整形外科人才的培养，决心为祖国建立一个高水平的整形外科基地，使中国青年不再像他当年那样必须远涉重洋才能学到整形外科技术，使中国病人能得到较好的整形外科治疗。他始终不渝地朝着这个目标奋斗。从 1951 年在长春第三军医大学举办整形外科训练班开始，他一直未中断教学。他指导学生严谨认真，善于启发学生独立思考，热情支持和鼓励学生进行创新。他的学生遍布全国各地，成为各地整形外科的骨干，在我国整形外科学界起着重要作用。

1985 年，在宋儒耀教授的努力下，中华整形外科学会成立，并于同年创办了《中华整形与烧伤外科杂志》。自 1948 年以来，他共出版了《唇裂与腭裂的修复》《手部创伤的整形外科治疗》《一期再造论文集》《美容整形外科学》《乳房整形外科学》5 部整形外科著作，发表科学论文 300 余篇。他还亲自为这些著作绘图。这些图文并茂的著作，已成为有关专业的医务工作者的必备参考书。

宋儒耀还多次参加国际学术活动，以他辛勤的劳动为我国赢得了国际荣誉。1982 年夏，第八届国际整形外科学术会议在加拿大蒙特利尔召开，宋儒耀受邀参会。在这次会议中，除了做学术报告，他还肩负另一项任务，即争取使中华人民共和国成为该组织会员国。他积极利用自己的影响力，推动大会就中华人民共和国入会问题进行讨论并投票。最终，中华人民共和国成功以会员国形式加入该组织，会场升起了五星红旗。

---

① 四川大学华西口腔医学院：《大师巨匠——中国口腔医学的栋梁与精英》，载罗中枢：《四川大学——历史·精神·使命》，四川大学出版社，2009 年，第 228 页。

 **案例点评**

宋儒耀教授是国内整形外科领域最为杰出的代表人物之一。他在美国获得博士学位后选择回国，创建了中国的整形外科和第一所整形外科医院。宋儒耀教授心系祖国和人民，在抗美援朝战争中为救治伤员做出了重大贡献；他发明的多种整形外科手术方法，为病患解除了痛苦，为中国整形外科赢得了国际声誉。他为中国整形外科事业奋斗、奉献了一生，为国家培养了大批整形外科人才。1983年，他获得国际整形外科大会授予的"金锯奖"；1987年当选世界整形与再造外科学会理事。世界著名整形外科专家麦克西教授和托宾博士评价他时说："你的贡献，不仅造福于你们国家的人民，也促进了世界整形外科的发展。"

 **教学建议**

本案例可用于"理想信念""中国精神"以及"职业道德"部分的教学。

宋儒耀将国家的需要、社会的需要与个人的志趣紧密结合起来，成为他在整形外科领域努力学习、不断钻研、勇于创新的强大动力，正是因为如此，他的人生价值得到了最充分的实现。

与同时代无数爱国知识分子一样，宋儒耀对祖国和人民有着深厚的感情。他赴国外学习进修，不为国外的高薪职位所动，学成后毅然携妻儿回国；抗美援朝战争期间，他率医疗队奔赴前线，救治伤员，立下功劳。在国际会议上，他和同事们极力维护国家利益，为中国在国际整形外科领域赢得了应有的地位。这些事例对当代大学生理解爱国主义的内涵以及新时代爱国主义的要求，都有教育和启发作用。

学习思考题

1. 结合宋儒耀的故事，谈谈怎样理解个人理想与社会理想的关系？

2. 为什么宋儒耀能够在整形外科领域取得杰出成就、做出重要贡献？你从他的故事中能够获得怎样的领悟？

[1] 宋涛. 中国唇腭裂治疗先驱与大师——宋儒耀教授 [EB/OL]. (2016－09－23). http://www.hxkq.org/Html/News/Articles/2921.html.

[2] 华西坝传奇九：西南援朝医疗队 [EB/OL]. (2016－05－16). http://www.hxkq.org/Html/News/Articles/2929.html.

[3] 历史不会忘记的西南援朝医疗队 [EB/OL]. (2017－01－19). http://archives.scu.edu.cn/info/1015/1935.htm.

[4] 从华西口腔毕业的著名口腔医学院系创始人 [EB/OL]. (2017－01－19). http://archives.scu.edu.cn/info/1015/1934.htm.

[5] 中国医学科学院, 中国协和医科大学整形外科医院. 长留春色满人间——沉痛悼念宋儒耀教授 [J]. 中国整形外科杂志, 2003 (3).

[6] 王炜, 高景恒, 鲁开化, 等. 深深怀念宋儒耀教授 [J]. 实用美容整形外科杂志, 2003 (5).

[7] 王炜. 纪念宋儒耀教授 [J]. 中华医学美学美容杂志, 2003 (5).

[8] 陈南萍. 宋儒耀：大医精诚 [J]. 中国卫生人才, 2013 (3).

[9] 中华医学会整形外科学分会, 中国医学科学院北京协和医学院整形外科医院. 光耀中华 止于至善——纪念宋儒耀教授诞辰 100 周年 [J]. 中国修复重建外科杂志, 2014 (11).

[10] 罗中枢. 四川大学——历史·精神·使命 [M]. 成都：四川大学出版社, 2009.

熊达成："乐为斯土斯民平水"的治水专家

熊达成

熊达成（1916—2000），四川井研人。新中国成立后，先后在四川大学、成都工学院、成都科技大学任教授，兼任成都科技大学出版社社长，成都科技大学学报编委会副主任，四川省农林、水利科技志编委，四川省水利史研究会副理事长等职。

熊达成热爱教育事业，为本科生、研究生讲授"水利工程施工""水文学""工程材料""建筑学""城市规划"等 10 多门课程，培养了一批国内知名专家。他编写出版了《水利工程施工》《水利工程施工导流图集》《都江堰》《中国古代水利科学技术概论》等十余部专著。

献身水利

1916 年 5 月 6 日，熊达成出生于四川省井研县盐井湾（今研经镇）。1926—1932 年就读于上海光华中学、浦东中学，1933 年考入雷士德工程学院土木建筑系。熊达成历任蜀华实业公司助理工程师、自贡市川康盐务局工程处工程师、四川省公路局副工程师、四川省经济建设委员会技术专员兼设计处总干事。其后，他在四川省建设厅担任技正（工程师），分管水利工作。1946年，四川春旱，波及 123 个县，一时人心惶惶，争水纠纷严重。四川省建设厅厅长何北衡委派熊达成负责"平水"事宜。"平水"就是由官方出面协调解决用水纠纷。熊达成受命后，即刻赶赴新津县（今成都市新津区），邀集新津县、彭山县（今眉山市彭山区）、眉山县（今属眉山市）有关人士共商"平水"大计，经过耐心细致的工作，克服了重重困难，平息了三县的水利纠纷。当年虽逢大旱，大春仍获丰收。熊达成后来在一篇治水回忆文章里写道："能在生民逢难之时，乐为斯土斯民平水服役，能为农民排忧解难，回忆起来，确是乐事。"

1947 年，成都平原遭特大洪水，府、南河两岸满目疮痍，灾情奇重。灾后，熊达成受命任府、南河导修工程处处长。从 1947 年冬到 1948 年夏，熊达成沿河巡视，亲自督导，不辞辛劳，备受艰苦，往返 7 次，行程 1200 余里，按期建成沿河 46 处工程，及时解决了两岸交通、春灌用水、沿河防洪等问题。

抗日战争胜利后，一些议员想为自己所代表的县办点实事。在 1946 年举行的四川省参议会第一届第一次大会上，大邑县、邛崃县参议员联名提出"请开发大邑水源储藏水量以利增产而资提倡案"，要求引玉玺河（玉溪河）上游黄、黑二河之水入江以增加水源。当年 7 月和 9 月，四川省水利局先后派贾书河、李元亮率领工程技术人员赴大邑县勘察，并形成"大邑县玉玺河水利工程勘测报告书"。该报告呈送省府后，省主席邓锡侯训令建设厅技正熊达成率综合勘测队前往大邑复勘。复勘工作于 1947 年 8 月进行，熊达成跋山涉水，露宿风餐，经一个月的紧张工作，形成"大邑县玉玺河水利工程复勘报告书"，对大飞水的水电开发及玉玺河跨流域引水进行了更深入的研究，为新中国成立后修建大飞水电站及玉玺河引水工程打下了基础。

执掌教鞭

新中国成立后，熊达成长期在成都科技大学执掌教鞭，以他渊博的学识、丰富的经验、崇高的品德，培育出一批又一批水利事业的后继者，可谓桃李满天下。

熊达成既精通自然科学，又谙熟社会科学。熊达成古文功底深厚，外语水平颇高，除主讲水利工程施工外，还从事多项科学研究。熊达成在对水利史的研究、对都江堰的研究方面颇有建树，与弟子郭涛合著有《中国水利科学技术史概论》一书。

熊达成用历史唯物主义的观点，分析了"治水"与"兴蜀"的辩证关系，提出了成都"因水而兴""因水而荣"的著名论断。他指出："成都的创建和发展与各个历史时期的水利建设和水资源开发程度是密切相关的。水利事业兴，城市就繁荣兴旺；水利事业衰，城市发展就受到严重制约。"他还指出，都江堰的建成，对成都社会经济的繁荣起到了巨大的推动作用。故在汉代，成都就与临淄、邯郸、洛阳和宛并列为全国"五都"。唐代，成都的水利建设出现了继李冰开二江后的第二次水利建设高潮，从而使成都的经济地位跃升，享有"扬一益二"的美称。熊达成预言，成都的第三次水利建设高潮将以岷江开发和保护为中心，促进"天府之国"的新腾飞。

熊达成历任成都市第一至第五届人民代表，第八届、十届人大常委会委员，第六至第九届政协常委会委员。虽然身居校园书斋，他却时时关注国家大事，积极参政议政，热心参加社会活动，特别是对城市的水利建设和市政建设给予了极大的关注。熊达成教授常说："人生不满百，常怀千岁忧。"20世纪80年代以来，面对府、南河水量锐减，水质污染，环境恶化，功能萎缩的状况，他多次呼吁治理府、南河，并在《成都晚报》上发表文章《蓉城人民盼河清》，引起社会上有识之士的反映和共鸣。后来，他的建议被成都市委、市政府采纳，开启了成都全市人民举城攻坚，治理府、南河的征程。此时，熊达成已年近八旬，虽不能像半个世纪前，沿河巡视，指导施工，但其府、南河情结依然不减。熊达成受聘为府、南河综合整治工程终生顾问。工程指挥部领导多次叩门拜访，入舍求教，熊达成总是满腔热忱，积极出谋献策。

创建学会

1946年夏天，中国工程师学会在成都召开会员代表大会，提出在各地成立分会。会后，熊达成找到四川省水利局总工程师李镇南，商量成立中国水利工程师学会成都分会事宜。成立这个分会有一个特殊的目的，就是为四川的水利建设挽留人才。原来，抗日战争胜利后，一批入川的水利技术人员多想重返家乡工作，熊达成感到四川的水利技术人员太少，如果大家都离去，四川的水利建设又会面临人才流失的困境，因此成都亟须成立一个专业组织来团结水利人员。经多方酝酿和筹备，中国水利工程师学会成都分会于1947年12月7日上午正式成立，成立大会就在熊达成家中召开。熊达成自掏腰包，包揽了开办经费。大会选举李镇南为会长，熊达成当选为干事，分管会计。分会的成立确实起到了为四川留住人才的作用，并为成都的水利建设办了一些实事。新中国成立后，四川省水利学会、成都市水利学会都将1947年12月7日当作成立纪念日。

党的十一届三中全会以后，熊达成积极投身到成都市水利学会的组织建设和学术活动中去。1980年9月，成都市水利学会筹备组成立，熊达成当选为筹备组副组长；1981年4月召开的第一届代表大会上，熊达成当选为副理事长；1985年3月第二届代表大会，熊达成当选为理事长；1989年6月第三届代表大会后，熊达成长任名誉理事长。

熊达成虽然年逾花甲，却雄心不减，积极参加市水利学会组织的各种学术活动。1980年秋，熊达成教授率领科技人员深入金堂县，进行水利水电建设综合性学术考察，历时六天，经深入调查研究，提出十多项建议，为有关部门采纳并陆续付诸实施。1981年四川特大洪水发生后，市水利学会主办了"81.7"洪水学术讨论会，熊达成发表了《成都市"81.7"洪水问题的研究》，用丰富的历史资料和当年洪水的实测资料，分析了成都城区和金堂县洪水的成因，提出了对策建议。1984年，新津县遭特大洪灾，成都市水利学会组织专家学者前往考察。此时熊达成已年近七旬，仍不辞辛劳，亲临新津，参加考察活动，并发表了有关新津防洪的精辟见解。

指导修志

"盛世修志"历来是我国文化领域的一个优良传统，改革开放后国家政治稳定，经济繁荣，躬逢盛世，修志的使命再一次提上日程。熊达成通晓历史，熟悉世情，被聘为成都市地方志编纂委员会委员、成都市水利志编纂委员会顾问，对成都市的修志工作，特别是水利系统的修志工作，做出了重大贡献。

1985 年，熊达成撰写了《努力撰写亲见、亲闻、亲历的回忆录，为编纂〈成都水利〉提供素材》一文，希望成都地区水利界的老前辈积极撰写回忆录，要认真负责，存真求实，"不为亲者讳，不为尊者讳，不为贤者讳"。在熊达成的倡导下，《成都水利》开辟了"治水回忆"专栏，陆续发表了黄万里、李国润、李元亮、张先仕、巩坚璧、包士坤、陈光燎等人撰写的文章，为成都市水利志的编纂提供了珍贵的资料。

20 世纪 80 年代后期至 90 年代初期，熊达成陆续参加了《双流县水利电力志》《崇庆县水利志》《金堂县水利志》《新都县水利志》《大邑县水利志》《大邑县电力志》《邛崃县水利电力志》《青白江区水利志》《龙泉驿区水利志》等 9 部方志初稿的评审工作。评审之前，熊达成通读全稿；评审会上，熊达成实事求是，一面肯定成绩，一面一针见血地指出缺点，为初稿的修订工作指明方向。熊达成还为《崇州西河志》《成都水旱灾害志》等方志撰写序言。上述多部方志都凝聚着熊达成的心血。熊达成还是《都江堰志》的特约编审，为这部 60 万字的巨著付出了艰辛的劳动，不仅要审阅志稿，还亲自动笔起草《概述》，改写《创建发展》《扩改建设》等篇章。

 案例点评

天府之国，沃土良田，得益于秦时李冰父子治水之功，更得益于一代又一代有志于水利事业的人们。熊达成就是当代治水人的杰出代表。他一生心怀坦荡，安贫乐道，他把毕生精力奉献给了利国利民的水利事业，不愧为治水楷模、一代宗师，同时也是老一辈科学家全心为民、科技报国的典范。

2000 年 3 月，熊达成辞世，在遗照两侧悬挂着他生前写下的自述联："无

怨无尤仰无愧俯无求达人知命；不矜不伐胜不骄败不馁成事在天。"该联完美诠释了先生崇高的品德、执着的追求。

 教学建议

本案例可用于"成就时代新人"和"传承中华传统美德"部分的教学。熊达成一生致力于与民生紧密相关的水利事业，他勇于担当，不图名利，只为通过自己的研究和切实的工作，兴利避害，为民谋福利。这种高尚的情怀所体现出的精神，就是中国传统美德中"天下兴亡、匹夫有责"的担当精神、奉献精神，值得当代大学生学习和传承。

 学习思考题

1. 熊达成将自己的毕生精力都贡献给了水利建设事业和教育事业，他的精神动力来自哪里？

2. 熊达成"无怨无尤仰无愧俯无求达人知命；不矜不伐胜不骄败不馁成事在天"的自述联体现了怎样的思想和品德？

参考文献

[1] 陈渭忠. 治水楷模 一代宗师——悼念熊达成教授 [J]. 四川水利，2000（3）.

[2] 张学俭. "在人们的脑壳里立下一根洪水标尺"——访成都科技大学熊达成教授 [J]. 中国水利，1982（3）.

[3] 罗中枢. 四川大学——历史·精神·使命 [M]. 成都：四川大学出版社，2009.

徐僖：中国塑料之父

徐僖

图片来源：四川大学校史馆

徐僖（1921—2013），江苏南京人。高分子材料科学家，中国科学院院士，英国皇家化学学会会士。1944 年毕业于浙江大学化工系，1948 年获美国里海大学硕士学位。历任成都科技大学高分子材料系主任、副校长，四川大学教授、高分子研究所所长，上海交通大学教授、高分子材料研究所所长等。他长期从事高分子化学、高分子材料成型基础理论、油田化学和辐射化学等领域的研究，在高分子降解、共聚，高分子共混材料的形态与性能等方面取得了突出的研究成果。他成功地研究出五棓子塑料，撰写了我国第一本高分子专业教科书《高分子化学原理》，创办了中国高等学校第一个塑料专业和第一个高分子研究所，被誉为"中国塑料之父"。

国恨与家仇

1921 年 1 月 16 日，徐僖出生于江苏南京。10 岁时，他离开家去上海读书，寄居在姐姐家。他的姐夫曾领导过学生参加五卅运动，有着强烈的正义感和爱国情怀，徐僖深受他的影响。1934 年，徐僖小学毕业，在教会学校育才公学读初中，与黄根宝是好朋友。育才公学有一位充满匪气的洋校长，一次黄父来学校看望儿子，在路过洋校长身边时，无意识地做了一个不太文明的动作。于是，洋校长不分青红皂白，狠命地踢在黄父的腿上，让黄父栽倒在地，十分狼狈。小徐僖看到此情此景，怒火中烧，恨得牙痒痒。但大家敢怒不敢言，他也只有忍了。

原以为这件事情会到此结束，没想到这位蛮横无理的洋校长竟然当众宣布，开除毫无过错的黄根宝的学籍，借口是"黄根宝有这样一个不文明的父亲，肯定是没有家教的"。听到这个消息，徐僖十分愤怒，决定同黄根宝一起退学。徐僖拉着黄根宝的手，昂首挺胸，义无反顾地走出了洋学堂。其后，徐僖到离家不远的光华大学附中读书，直到初中毕业回到南京。

抗日战争期间，南京成为日本法西斯夺取的重要目标。南京沦陷前，徐僖随父母辗转逃难到四川，就读于重庆南开中学。一路上，徐僖阅尽祖国山河破碎、民不聊生的惨景。后来，当他得知母亲在南京的亲人，包括外公、外婆、舅舅、姨妈、表哥表弟、表姐表妹等二十几口人全部被日军杀害、无一幸免的消息后，所有的民族仇、家国恨一齐涌向心头。少年徐僖立下了坚定的志向，一定要学好本领、建设国家，使中国富强、中国人有自尊，不再受列强欺侮。徐僖用他的一生践行着这一志向。

孝悌双全

1940 年，徐僖考入因抗战而内迁到遵义的浙江大学化工系，到 1943 年夏天，徐母病危，徐僖由遵义回到重庆，看望母亲。但还没等到母亲病情好转，假期就结束了，他不得不含泪告别母亲，回到遵义继续学习。不久，他便收到了母亲去世的噩耗。那天，徐僖正在教室里上课，他的座位靠窗，门房师傅悄悄地将一纸电报从窗户外送到他手上。母亲逝世的消息如晴天霹雳，让正在上课的徐僖忍不住号啕大哭。从那以后，徐僖将母亲的一张小照片贴在墙上，拿一个小茶杯倒一些米在里面，然后买来一大把香，每天晚上自习时就插上一根香，自习铃一响，他就坐下来，一边看书一边祭奠母亲，要等香燃尽了才离开。

徐僖不仅是个孝子，还重情践诺。1939 年，徐僖的大哥徐俨在重庆病逝，临终时，徐俨将自己的二儿子（徐光禄，当时 9 岁）和三儿子（徐光祯，当时 8 岁）托付给徐僖。1943 年，徐僖在探望母亲后离家返校的时候，说服了他的大嫂，把徐光禄和徐光祯带到遵义与他生活在一起。据徐僖后来回忆说："从此我更加忙碌，一方面要应付功课，一方面要维持生活，同时还要抽出一定的时间来管教两个从小便失去了父亲的侄儿。"

此时的徐僖仅靠学校的少量补助费维持生活，养活自己都困难。无奈之中，徐僖找到了一个办法，那就是带着两个侄儿去街上吃潲水饭。但日子实在难熬，徐僖萌生了辍学做工谋生的想法，徐僖的老师侯毓汾听到消息后大怒，训斥他之后，自掏腰包给他发补助，并允许他兼职赚钱。深受感动的徐僖决定继续学习，做科研。但他不准备靠老师的接济来维持生活，琢磨着赚钱的法子，脑子活络的他还真找到了，摇身一变成了徐老板。

原来，他发现遵义地区产的松香价格很便宜。化学知识扎实的他知道松香中含有许多可燃性化学物质，可以用来提炼汽油、柴油。于是，他找来一帮穷学生当助手，经过多次试验，终于从松香中提炼出了柴油。他们高兴极了，徐僖兴冲冲地将柴油提到电影院去。电影院老板大喜，当时柴油是战略物资，紧俏得很，早已断货，电影院关门好久了。老板将柴油灌进发电机，发电机开动了，电影院开业了！此后，电影院、剧院、各个自备发电机的单位，都向徐僖买柴油，并称他为徐老板。

从穷学生变成了徐老板，不仅解决了侄子们的生活问题，让他们受到了良好的教育，而且这种实干精神培养了他将科技转化为生产力的能力，也为他后来的科学研究打下了基础。

求学之旅

徐僖的学术之路是在恩师侯毓汾教授的带领下开启的。侯毓汾教授是世界上研究活性染料的先驱者之一，更是世界上第一个用天然物质五棓子研制活性染料的人。在跟随侯毓汾教授用五棓子研制染料的过程中，徐僖萌发了用五棓子制取塑料的念头，并进行了塑料合成试验。1944 年，徐僖从浙江大学毕业，获得工学学士学位。当年他本已考取本校研究生，但因战乱而被迫中断学习，到重庆唐山工程学院和上海光华大学任教。1947 年，徐僖成为中华教育基金董事会在全国招考的 5 名留学生之一，到美国里海大学化学化工系深造，师从马克教授。他背着 30 多公斤的五棓子远渡重洋，经过一年多的试验，成功研制出五棓子塑料，出色地完成了学业，并于 1948 年获得科学硕士学位。

1949 年 1 月，徐僖通过马克教授的介绍，获得了到柯达公司精细化工药品工厂实习的机会。徐僖实习的车间生产的高级有机药品达 300 余种之多，亦制造没食子酸和糠醛，而这些药品皆是制造五棓子塑料的重要原料，于是这成了徐僖最向往的地方。

然而，由于遭到种族歧视，四个多月的工厂实习，徐僖仅仅熟悉了成品包装以及为各研究室运送干冰和回收药剂的工作，根本没有机会学习一些实质性的知识。但徐僖不仅说得一口流利的英文，而且是个勤快、招人喜欢的中国小伙子，得到了一大帮美国工程技术人员的青睐。他们不仅让他进入实验室，进入车间，还指着机器设备给他讲解。白天，他就是"记忆存储器"，把所学所识都"储存"在脑海中；到了晚上，他变身为"传真机"，把白天的记忆"打印"出来，形成了一页页详尽的技术资料。最重要的是，徐僖获得了在塑料车间跟班的机会。他在大约十余次的跟班中，掌握了醋酸纤维和醋酸纤维薄膜制造的成型产品的检验方法，这对他后来从事研制高分子产品的事业裨益不小。同时，徐僖还通过与工人们和技术研究员的接触，学习了 100 余种特殊有机药剂的制备方法和操作。最终他掌握了美国用在精细化工生产中的先进设备信息，并逐步形成用五棓子生产酚醛塑料的实验方案。在那个时代，中国的石油资源十分贫乏，塑料产业几乎被洋人垄断，他的五棓子制塑设想转化成了可行的研究成果，使贫油国燃起了制塑的希望。

获知新中国即将成立的喜讯后，徐僖怀着强烈的爱国之心和创建中国人自己的塑料工业的梦想，毅然谢绝美国导师的一再挽留，于 1949 年 5 月乘美国"威尔逊号"轮船回国。途经香港时，他受到刁难和阻挠，幸得著名科学家侯德榜和中华教育基金董事会董事长、曾任国立四川大学校长的任鸿隽等人的帮助，最后舍弃大部分行李，只带了一箱珍贵的笔记资料及一台打字机回到内地。

"人生的乐趣在于无私奉献"

1949 年冬，徐僖被聘为重庆大学化工系副教授，在重庆大学化工系建立了一个数十人规模的梧酸塑料研究小组，继续从事五倍子塑料研究，后在西南军政委员会工业部和重庆市人民政府的支持下，于 1953 年建立了重庆梧酸塑料厂。这是由我国工程技术人员自己设计，完全采用国产设备、国产原料的第一个塑料工厂。

1953 年，徐僖受命在四川化工学院（1955 年并入成都工学院，1978 年更名成都科技大学，1994 年与四川大学合并）筹建中国高校第一个塑料专业，培养国内首批塑料专业高等技术人才。此后，他与成都结缘 60 年，成为中国高分子领域杰出的科学家和教育家，也是中国高分子材料事业的奠基人和开拓者。1960 年，徐僖主编的我国第一本高分子专业教科书《高分子化学原理》出版，成为当时国内高等学校高分子专业普遍采用的教材，结束了该专业全部采用国外书籍，没有中文书可用的局面。

"文化大革命"中，徐僖的研究事业受到阻碍，他本人还患上了眼疾并因得不到妥善治疗一只眼睛几乎失明。1970 年，徐僖受一些军工单位邀请，协助解决重要技术问题。他十分珍视这些联系实际、为生产建设服务的机会，不辞辛劳，深入工厂、车间、实验室及野外试验现场，同技术人员、工人一起研究试制新产品，搞技术革新，取得了多项重要成果。其中"高分子固体润滑剂"和"金属冷挤压工艺的应用"于 1978 年获得全国科学大会奖。但是，繁重的工作和各种压力进一步损害了徐僖的健康。加之经常带病工作，1980 年 5 月，徐僖因咯血不止，住院治疗，左下肺被切除了。

"工作就是他最大的爱好"。虽然身体抱恙，但徐僖从来没有停止过研究工作，直到去世的当天，他的闹钟仍定在早上5点，这是他进行科学研究数十年不变的作息时间。2012年，92岁高龄的徐僖行走已经有些不便，却仍然坚持要求相关人员上午9点准时来接送他到办公室。几十年的刻苦钻研，徐僖在高分子降解、共聚，高分子共混材料等方面取得了突出的研究成果，特别是成功地研究开发了五倍子塑料，为国家建设做出了重要贡献。

徐僖在指导研究项目

图片来源：四川大学校史馆

徐僖是一个不折不扣的爱国学者。他常用自己的亲身经历教育学生热爱祖国，他说："生为中国人，永远不能背离祖国，要为她工作，使她早日富强起来。"在他出席的各种国际场合，徐僖总要极力维护祖国的尊严。1989年，为了争取1991年度的亚澳地区高分子会议如期在上海召开，徐僖专门赶到法国和竞争对手进行激烈的辩论。会议开到一半时，主席团代表到会议室休息。这时，参加竞争的一名日本代表拿出名片恭恭敬敬地向每个人分发，走到徐僖面前时，他不屑地扭过头，单手递上名片。这时，所有人的眼睛都看着这个中国学者。怎么办？徐僖毫不犹豫地拿起名片甩在地下。日本代表深受震动，连忙捡起名片重新双手递上。在场的外国学者目睹了这一幕，有的人鼓起了掌。结果这小插曲变成了凯歌的前奏，大会最终决定：1991年的年会在中国上海召开。

徐僖一生节俭，但乐善好施。徐僖多次将外来的报酬和获得的奖金用于接济贫困的学生。1992 年他用自己的钱建立了"攀登奖学金",并进一步设置了助学金,用以帮助贫困的优秀大学生完成学业。1991 年和 1998 年发生特大洪灾时,徐僖立刻捐款数万元。2003 年,徐僖获得四川省科技杰出贡献奖,并得到现金奖励 50 万元,他悉数捐出。

徐僖常说,爱不爱国要看行动,不是嘴上说说的。身教重于言教。他的无私奉献精神,认真负责的工作态度,成为学生的表率。徐僖的一生是爱国的一生,他的人生格言是"人生的乐趣在于无私奉献",他用自己的一生践行了自己的人生信念。徐僖的名字已经和钱三强、钱学森、谢希德等人科学家一起被载入了党史。

案例点评

徐僖是我国高分子材料事业的奠基人和开拓者,被誉为"中国塑料之父"。他将爱国作为自己追求事业成功的唯一动力;他为了祖国可以抛弃自己的一切,包括荣誉、事业、优越的工作条件和生活待遇;他把个人的命运与祖国的前途紧密结合起来,为国家富强、民族振兴贡献自己的才华和智慧。所以,伟大的人生目标往往产生于对祖国深厚的爱。一个人对祖国爱得越深,历史责任感就越强烈,人生目标就越明确,人生信念就越坚定,他就能做出一番事业,使自己的人生有价值、有意义。徐僖为党和国家的科学和教育事业所做出的贡献,将被永远铭记。

教学建议

本案例可用于"中国精神"相关内容的教学。徐僖是一位爱国的科学家,这种对国家民族的深厚情感,既源自他的家庭教育的影响,更来自他从小目睹国家被侵略、人民被蹂躏的痛苦经历。他的求学之路以及科学研究之路都与此分不开。"生为中国人,永远不能背离祖国,要为她工作,使她早日富强起来。"这不仅是他的信念,更是他开创中国高分子材料科学事业的强大动力和目的。学习徐僖的故事,定会促进当代大学生理解"爱国主义是民族精神的核心"的内涵,以及新时代爱国主义的要求。

徐僖始终把自己的学习和科研与国家需要联系在一起。他注重理论与实际结合，不仅在理论上获得多项成果，而且将研究成果运用于生产实践，解决生产中的实际问题。他的人生乐趣就在于用科学知识奉献社会、造福社会。本案例可运用于"正确的人生观"的教学，引导大学生正确认识人生的自我价值与社会价值的关系，掌握正确评价人生价值的原则和方法。

1. 徐僖的人生格言是"人生的乐趣在于无私奉献"，你对他的这句话有何感想？

2. 结合本案例，谈谈你对个人的自我发展与国家民族的前途命运的关系的理解。

[1] 四川大学高分子科学与工程学院. 高分子材料科学的泰斗——记中国科学院院士徐僖教授 [M] //罗中枢：四川大学——历史·精神·使命. 成都：四川大学出版社，2009.

[2] 董仁威. 徐僖院士的故事 16 则 [EB/OL]. (2017－03－08). http://pri. scu. edu. cn/info/1041/1195. htm.

[3] 柴玉田. 我国高分子材料事业的奠基人和开拓者——记中国科学院院士徐僖 [J]. 化工管理，2014 (13).

[4] 高凡婷. 徐僖：高分子材料奠基人 [J]. 创新世界周刊，2020 (10).

[5] 齐雨. 著名高分子材料专家——徐僖 [J]. 化学工程师，1991 (6).

[6] 李后强. 一代宗师光照人间——沉痛悼念四川大学教授徐僖院士 [EB/OL]. (2013－02－22). http://news. scu. edu. cn/info/1183/23711. htm.

[7] 崔燃. "中国塑料之父"92 岁徐僖辞世 因他的研究 四川人用上塑料纽扣 [EB/OL]. (2013－02－22). http://news. scu. edu. cn/info/1183/23724. htm.

[8] 陈爽. "他是一个特别能给人正能量的人"——纪念我们的导师、中国高分子领域杰出的科学家和教育家徐僖院士 [EB/OL]. (2013－02－22). http://news. scu. edu. cn/info/1183/23735. htm.

涂铭旌："西迁精神"的书写者

涂铭旌

图片来源：四川大学官网

涂铭旌（1928—2019），四川巴县（今重庆市巴南区）人。材料学家，中国工程院院士。1947—1951年就读于同济大学，先后于哈尔滨工业大学、北京钢铁学院和德国卡尔斯鲁厄大学等地深造，1955年在北京钢铁学院获硕士学位。先后在同济大学、上海交通大学、西安交通大学、成都科技大学和四川大学工作，历任西安交通大学材料工程系系主任，金属材料及强度研究所所长，成都科技大学高新技术研究院院长。1995年被增选为中国工程院院士。长期从事金属材料强度与断裂、稀土钒钛功能材料及纳米材料等研究，为国家培养了一大批优秀科技人才，在金属材料强度潜力理论与应用、攀西战略资源综合利用等方面做出了重要贡献，先后获国家科技进步二等奖、国家自然科学三等奖、国家科技进步三等奖。

从上海到西安

长安好

建设待支援

十万健儿湖海气

吴侬软语满街喧

何必忆江南！①

这首沪上名医沈云扉创作于 1957 年的《忆江南》道出了无数西迁交大人的心声。20 世纪 50 年代，为了完善我国工业和高等教育分布格局，同时为了应对以美国为首的西方国家对我国的封锁，以交通大学为代表的一批高校、科研院所积极响应党和国家号召，从上海迁往西安，支持西部地区经济社会发展，投入大西北建设的时代洪流，铸就了以胸怀大局、无私奉献、弘扬传统、艰苦创业为主要内容的"西迁精神"。习近平总书记指出："'西迁精神'的核心是爱国主义，精髓是听党指挥跟党走，与党和国家、与民族和人民同呼吸、共命运，具有深刻现实意义和历史意义。"② 涂铭旌就是当年响应国家号召献身大西北建设的西迁队伍中的一员。

1951 年，涂铭旌毕业于同济大学机械系并留校任教，不久因院系调整，从同济大学调整到交通大学机械系。1958 年 10 月，涂铭旌带着家人登上了开往西安的列车。其实，在离开上海前，学校已决定在上海和西安两地同时发展交通大学的工学类学科。而作为机械系重点培养的青年教师，他若要申请留在上海根本不成问题。然而，涂铭旌却坚持服从组织安排，开启了扎根西部之旅。

在西安交通大学的 30 年间，涂铭旌主要跟随周惠久院士从事金属材料研

---

① 许佳辉、陈晨：《胸怀理想，为世界之光——记西安交通大学 120 周年办学史》，载成进：《永远飘扬的旗帜：西迁精神研究文集》，人民出版社，2020 年，第 147 页。

② 《习近平在陕西考察时强调：扎实做好"六稳"工作、落实"六保"任务 奋力谱写陕西新时代追赶超越新篇章》，《人民日报》，2020 年 4 月 24 日。

究，先后参与了"低碳马氏体的运用研究""液体金属对钢及耐热合金的强度、塑形影响"及"铁素休、耐热钢及其高温强度"等金属材料方面的课题。

1988 年 7 月，涂铭旌凭借其在"发挥金属材料强度潜力的理论研究"科学技术中的重大贡献，荣获了国家教委科技进步奖一等奖，为西安交通大学金属材料及强度国家重点实验室的成功申报奠定了基础。今天，西安交通大学金属材料及强度国家重点实验室，是我国最重要的以研究材料力学行为基本规律、特异现象和材料服役效能为主的科研机构之一。这个实验室的建成，有赖于西安交通大学金属材料学科人几十年的努力与付出，其中在金属材料及强度研究所工作多年、后期担任所长的涂铭旌功不可没。

从西北到西南

漫步于四川大学望江校区，经过工学图书馆旁，人们会看到一栋人称"纳米楼"的浅红色小楼。这栋小楼与涂铭旌息息相关。在从事金属材料研究 30 年后的 1988 年 8 月，涂铭旌已经 60 岁了。在本应该享受退休悠闲时光时，他却再次收拾好行囊，辞别西安交通大学，进入成都科技大学出任高新技术研究院院长，将研究方向转向功能材料。

涂铭旌教授在实验室

图片来源：四川大学校史馆

涂铭旌在花甲之年来到四川大学，面临的条件却十分艰苦。他说："那时我面临着'二次创业'的挑战，并将面临新的'生存能力'的巨大考验。"相比西安交通大学，成都科技大学的金属材料学科基础非常薄弱。没有实验室、没有科研项目、没有科研经费，仅有一间27平方米的旧房可以使用。于是，涂铭旌不仅要自己"掏腰包"，还要主动"走出去"，寻找校外企业、科研单位合作。徐铭旌筹措了一万元钱购置了实验室基本设施，为学校的磁性材料研究闯出了一条光明大道。

涂铭旌开辟了稀土及纳米材料研究的新天地。他创建了稀土及纳米材料研究所，如今的"纳米楼"拥有近2000平方米的实验室，下设四川省稀土材料及应用工程研究中心、四川省纳米科技应用工程技术研究中心、四川省功能材料物理化学与工程重点实验室（金属功能材料）、后续能源材料与器件教育部工程研究中心和四川大学纳米材料技术交叉学科研究中心等研究机构，先后承担了一大批国家"985"和"211"工程建设项目、国家"863"计划新材料项目和国家重大科技专项课题。涂铭旌指导或主持开展了"镧铈铈混合稀土在冶金和机械行业中的应用研究""利用四川混合稀土制取贮氢合金规模生产关键技术""无钕贮氢合金镍氢电池研究""高耐候性与抗菌型纳米改性粉末涂料技术研究""室温磁致冷材料开发"等项目研究。

1993年秋，成都科技大学获准设立金属材料及热处理专业（金属材料和纳米材料及纳米技术专业）博士授权点。1995年，因在材料学领域贡献突出，涂铭旌当选中国工程院院士。2001年，三校合并后的四川大学材料学学科被评为国家重点学科，四川大学材料科学与工程学科被评为一级学科国家重点学科，他的两项研究成果"室温磁致冷材料"和"无钕稀土系镍氢动力电池"分别被评选为2002年和2003年稀土十大科技新闻。2004年，四川大学金属材料系获准自主设立纳米材料与纳米技术专业博士授权点。

2008年，一个偶然的契机，涂铭旌与家乡的重庆文理学院结缘。他不顾年事已高，毅然担负起提携这所年轻大学的重任，受聘为重庆文理学院名誉校长、发展战略顾问。起初，学校的实验室只有4个人，设备空缺，资金匮乏，一切都是一张白纸。实验室招人也很困难，没有一个博士往这边投简历，最后只招到6名硕士。但涂铭旌却义无反顾，勇担总设计师的角色，画蓝图、指方向、写方案，推动着每一步有条不紊地进行。他先后主持建设了5000平方米的实验楼、6000 平方米的成果转化及产业孵化基地，领衔建设了重庆文理学院新材料技术研究院、微纳米光电材料与器件协同创新中心、重庆市高校微纳米材料工程与技术重点实验室，并组建了数十人的高层次科研团队。

除了实验研究，涂铭旌也积极关心科研和社会应用的关系。针对四川经济发展，涂铭旌提出了一系列切实有效的政策建议，如《关于大力发展四川稀土产业的建议》《关于四川制定纳米稀土发展规划的建议》《依托资源优势发展新材料产业打造四川新经济》《深度开发攀西钒钛资源，打造钢铁、钒钛产业"航母"的思考和建议》等。这些建议得到相关部门的广泛采纳，产生了很大的经济和社会效益。

案例点评

2011 年，时任四川大学校长的谢和平院士亲手书写了一幅作品赠予涂铭旌："师之懿范、人之楷模"。谢院士以此表达对前辈的敬仰与钦慕。

涂铭旌的一生总是把个人得失放在国家利益后面，把个人发展融于国家需要之中，为我国科技的发展倾尽毕生心血。"心有大我、至诚报国"，他是"西迁精神"的开拓者，亦是发扬者，并把这种精神照射在我们每一个人心中。《光明日报》曾评论："涂铭旌一生埋首科研，从无一刻懈怠，从不贪图功绩，扎实地实践着科技报国的承诺。"《新京报》评论："涂铭旌院士一生热爱祖国，忠诚党的教育事业，治学严谨、追求卓越、勇于创新，对中国材料领域的科技发展和人才培养做出了重大贡献，其勤奋、务实、律己、奉献的精神为后辈树立了学习的典范和楷模。"《中国科学报》评论："老骥伏枥，矢志不渝，一生都在为'科技报国'而不停奋斗的涂铭旌期望在耄耋之年，以毕生所学所思，为国家科技进步和地方经济社会发展做出更多的贡献。"

教学建议

涂铭旌一生中有三次人生重大选择，两次重新"创业"。每一次的选择都充满了挑战，都付出了许多。尤其是在四川大学的第二次创业，他倾尽全力把一个当时非常薄弱的学科发展为国家重点学科、重点实验室，取得了丰硕的研究成果，培养了一批材料科学领域优秀人才。涂铭旌的故事，反映出他对科学事业的热爱和执着，能够启发大学生思考什么是科学高尚的人生追求，什么是积极进取的人生态度，以及如何实现人生价值。

本案例可以为"中国精神""理想信念"相关内容的教学提供生动的素材。"西迁精神"是中国精神的组成部分，它所蕴含的家国情怀、使命担当，正是中国在过去几十年取得飞速发展的力量源泉。涂铭旌院士的故事就充分体现了这种精神。学习本案例，可以激励大学生更加深切地认识和学习中国知识分子的爱国奉献的家国情怀和高尚情操，以及他们为科学事业奋力拼搏、敢为人先、不断创新的精神。

学习思考题

1. 什么是"西迁精神"？"西迁精神"的本质是什么？在涂铭旌身上体现了怎样的"西迁精神"？

2. 怎样理解涂铭旌的三次重要选择？你从中得到哪些启发？

参 考 文 献

[1] 陈爽. "西迁精神"的生动诠释：涂铭旌院士的时代担当与家国情怀 [EB/OL]. (2018-01-23). http://www.scu.edu.cn/info/1204/2331.htm.

[2] 燕连福，李婧. 试论"西迁精神"的核心、精髓与弘扬路径 [J]. 思想教育研究，2020（5）.

[3] 党跃武. 四川大学校史读本 [M]. 成都：四川大学出版社，2013.

[4] 我国著名材料学家、四川大学涂铭旌院士逝世 [EB/OL]. (2019-01-01). http://www.scu.edu.cn/info/1207/8344.htm.

[5] 周昭成，徐辉冠. 总书记为何多次点赞"西迁精神" [EB/OL]. (2020-04-28). http://www.qstheory.cn/laigao/ycjx/2020-04-28/c_1125916845.htm.

后　记

　　本书是四川大学马克思主义学院思想政治理论课教学改革项目"四个故事"（中国故事、红色故事、川大故事、专业故事）的成果之一。本书从四川大学125年的校史中选择了42位有代表性的人物作为故事的主人公。他们既有曾在四川大学任教的教师，也有曾在四川大学学习过的学生；他们在四川大学的时间有长有短，其主要贡献也分属不同领域，但是他们都在四川大学百廿校史上留下了深深的印记，为四川大学留下的精神财富都同样宝贵。

　　本书编写者为马克思主义学院"思想道德与法治"教研室的老师们，由黄丽珊、李辽宁担任本书的主编，郭绍均、杜敏任副主编。参加编写的人员有（按姓氏拼音为序）何艺新、李世红、李琰、李燕红、申圣超、石立春、文行伟、谢卫东、杨兵，黄丽珊、郭绍均、杜敏负责统稿。每位编写者的写作风格虽各有不同，但都尽量体现客观性、真实性、生动性的原则，写作视角和选材尽量结合课程教学的理论和知识点，使案例适用于课程教学。

　　从确定选题到完稿历时一年多，其间经过多次集体讨论和反复修改。由于编写者水平的限制，以及2020年新冠肺炎疫情给编写组搜集、查阅资料带来的不利影响，尽管编写组成员付出了艰辛的劳动，但是仍存在资料收集不全，有的案例挖掘不够，故事性、生动性不足等问题。这些问题都有待日后进一步改进。我们诚恳地欢迎读者提出宝贵意见，帮助我们不断完善。

　　写作中，我们有幸得到赵少咸先生亲属和郎毓秀先生亲属提供的宝贵资料，并对相关部分的内容提出了中肯的修改意见，给予我们以极大的信任和支持。本书在写作过程中参考了大量的文献资料，我们都尽可能地注明了出处，在此我们向原作者表示感谢！如有遗漏或错误，请与我们联系，以帮助我们改正。

感谢四川大学档案馆和校史馆提供的大力支持，书中所使用的图片资料大部分都来自四川大学档案馆、校史馆。感谢四川大学出版社的编辑们为本书出版付出的辛劳！

黄丽珊

2021 年 5 月 4 日